KB071513

너를
만나러
가고 있단다

난임 스트레스 극복을 위한 마음챙김

Janetti Marotta 지음

이 인 실 옮김

학지사

서문

지난 20년 동안 보조생식술은 난임과 임신 사이에서 고민하던 많은 사람들에게 치료 기회를 제공하였다. 1978년 처음 체외수정시술이 성공한 이래 보조생식술을 통해 천만 명의 어린이가 태어났고 상상하기 어려울 정도로 의학적 발전을 이루었다. 남성에게 문제가 있는 경우에는 난자에 정자를 직접 주입하는 방법으로 치료가 가능하고, 여성의 연령과 관련된 난임에서는 젊은 여성의 난자를 이식하는 방법도 고려할 수 있게 되었다. 암을 비롯하여 난임을 초래하는 질환을 가진 경우 가임력을 보존하기 위해 난자를 동결시킬 수 있고 착상 전 유전자 검사로 질병 유무를 진단하기도 한다. 이것은 부모가 되고자 하는 이들에게 필요한 획기적인 여러 의학 발전 가운데 극히 일부에 불과하다.

그러나 보조생식술이 가져온 혜택의 이면에는 치러야 할 대가가 있을 수밖에 없어서 환자들로 하여금 경제적으로, 신체적으로 그리고 정서적으로 지치게 만든다. 난임 치료로 인한 스트레스는 물론 난임 자체가 유발하는 스트레스도 잘 알려져 있다. 많은 환자가 우울증이나 불안 증상을 경험한다. 치료가 강화될수록 그에 따른 스트레스도 대부분 증가한다. 이로 인해 치료를 조기에 중단하게 되고 결과적으로 임신율이 낮아진다. 이 분야에서 평생 일해 온 의사로서 환자들의 의학적 요구뿐 아니라 정서적 문제를 해결할 의무가 있다고 믿는다. 심리적 문제를 해결하게 되면 의학적 문제해결 능력도 실제로 높아진다.

전인적인 의료에서는 의학적 시술, 약제와 자기 관리를 필수 요소라고 여긴다. 이런 관점에서 정서적 안녕과 생활 습관에 따른 행동 조절은 치료에 중요한 부분을 차지한다. 심신 훈련을 통한 생활 습관의 긍정적 변화와 사회적 지지는 모두 치료에 도움이 된다.

마로타 박사와 같이 임상 경험이 풍부한 사람과 함께할 수 있다는 것은 커다란 행운이었다. 그녀는 가족을 구성하는 모든 방법을 동원해서 많은 환자에게 부모가 되는 길을 찾아 주었다. 그녀 자신의 경험과 다른 환자를 상담하면서 얻은 경험을 통해 희망과 용기, 가능성이라는 메시지를 전하고 있다. 난임을 겪으면서 배운 교훈을 통해 어떻게 하면 환자들이 치료를 계속하여 부모가 되는 꿈을 실현하도록 도울 수 있을까를 깊이 생각해 왔다. 마로타 박사는 환자들이 힘든 치료를 견딜 수 있도록 내면의 힘을 기르는 데 도움을 주고자 마음챙김에 기반한 난임 프로그램에 관한 이 책을 쓰게 되었다. 여기서 배우는 마음챙김과 자비 수련이 난임 치료에 임하고 있는 이들에게 도움이 되길 기원한다.

데이비드 아담슨(David Adamson)
의학박사
팔로 알토 난임재단 의료부 진료부장
스탠퍼드 의과대학교 임상교수
샌프란시스코 의과대학교 임상부교수

추천의 글

이 책은 난임으로 고통받는 사람들에게 추천할 만한 훌륭한 책이다. 저자 자신이 난임을 겪은 당사자로서 난임인 부부와 가족들의 깊은 공감을 자아낼 수 있는 경험을 토대로 명상 수련의 이득을 공유할 수 있는 훌륭한 프로그램을 제시하고 있기 때문이다. 또한 저자의 여정에 대한 따뜻하고 친절한 소개는 삶이 고정된 어떤 결과를 위한 수단이 아니라 그 자체가 끊임없이 변화하는 그래서 우리가 끊임없이 선택해야 하는 과정이며, 난임 극복을 위한 노력도 마찬가지라는 점을 자연스레 일깨워준다. 저자는 난임의 고통을 극복하려는 노력이 그 자체로 충분히 의미 있고 온전한 과정이며, 그 과정의 고통조차 편안하고 긍정적으로 받아들이면서 지혜로운 선택을 할 수 있는 힘을 제공한다는 것을 저자 스스로의 명상 수련 경험을 통해 보여 주고 있다.

좋은 책을 번역한 이인실 박사는 의사이자 명상가로서 명상의 이점을 사회적으로 널리 활용할 수 있도록 하기 위해 많은 노력을 하고 있는 과학 명상의 옹호자이다. 이인실 박사의 작업은 단순한 번역을 뛰어넘는다. 현재 난임 환자를 위한 심신건강클리닉을 운영하면서 임상집단의 특성에 맞는 명상기반 프로그램의 개발을 위해 많은 노력을 기울이고 있으며, 이 책도 그러한 노력의 일환으로 이해할 수 있을 것이다. 또한 직접 녹음한 명상안내용 유도문을 개발하여 공개하고 있어서 우리나라의 난임 부부가 이 책이 안내하는 명상들을 어려움 없이 스스로 따라해 볼 수 있도록 했는데, 이 점만으로도 이 책을 추천할 이유는 충분하다. 또한 명상에 관심이 있는 사람이라면 누구에게나 도움이 될 만한 좋은 책이다.

김완석

아주대학교 심리학과 교수

아주대학교 건강명상연구센터장

사단법인 한국명상학회 이사장

추천의 글

데카르트 이래로 서구과학에서는 몸과 마음을 분리하여 다루는 전통이 있었으나 최근에는 몸과 마음의 긴밀한 관계를 강조하는 관점이 우세해지고 있다. 대표적으로 심리신경면역학(psychoneuroimmunology)에서는 심리적 요인이 신경계, 내분비계 및 면역계와 긴밀한 관계가 있음을 보여 준다. 신경계, 내분비계 및 면역계가 서로 영향을 주고받는데 이들은 심리적 상태에 영향을 받는다. 특히 스트레스는 신경계, 내분비계 및 면역계에 부정적 영향을 주어 감기와 같은 작은 질병에서부터 당뇨, 심혈관질환, 암 등의 심각한 질병에 취약하게 만든다. 또 스트레스는 이미 발병한 질병 상태를 더 악화시키고 지속시키는 역할을 한다. 이와 같은 직접적 영향 말고도 스트레스는 흡연, 음주, 폭식, 약물사용, 수면 문제 등을 일으켜 질병의 발생과 악화에 간접적인 영향을 준다.

난임 또한 스트레스와 높은 관련성을 갖는다. 어떤 이유로든 난임이 확인되면 그 자체가 스트레스를 유발하게 되어 다시 임신을 어렵게 하는 악순환으로 빠져들게 만든다. 또한 난임을 극복하기 위한 여러 가지 의학적 처치를 받는 과정에서 난임 여성은 심리적으로 스트레스에 취약해지기 쉽다. 특히 임신을 하려는 마음 자체가 스트레스의 원인으로 작용하기 때문에 난임 관련 스트레스를 관리하는 것은 쉽지 않다.

이 책에서는 난임과 관련된 스트레스를 효과적으로 다루는 심리적 중재법으로 마음챙김에 기반한 난임 프로그램을 소개하고 있다. 마음챙김은 단순한 스트레스 관리 기법을 넘어 자기 자신과 삶에 대한 조망에 근본적인 변화를 가져오는 마음의 수행이다. 이 책의 저자인 마로타 박사는 단순히 난임 스트레스를 다루는 심리적 중재법을 개발한 심리학자가 아니다. 저자 본인이 난임 문제로 커다란 고통을 받았고 마음챙김에 기반한 여러 가지 심신 수련을 통해 많은 도움을 받았다. 이러한 본인의 경험에 바탕을 두었기 때문에 저자가 개발한 마음챙김에 기반한 난임 프로그램은 난임 부부에게 구체적이고 실제적인 도움을 주는 방식으로 만들어졌다. 이뿐만 아니라 이 책의 프로그램은 마음챙김 수행에 관심이 있는 일반인도 마음챙김을 체계적으로 배울 수 있도록 짜임새 있게 구성되었다.

이 책의 역자인 이인실 박사는 의사이면서 동시에 마음챙김을 수행하며 지도하는 명상가로서 누구보다도 이 책을 온전하게 번역하였다. 우리나라의 난임 부부와 마음챙김을 수행하려는 일반인에게 일독을 권한다.

김정호

덕성여자대학교 심리학과 교수

한국심리학회장 역임

한국건강심리학회장 역임

대한스트레스학회이사장 역임

저자 서문

『너를 만나러 가고 있단다: 난임 스트레스 극복을 위한 마음챙김』에 온 것을 환영한다. 당신이 난임이라는 여정에서 수없이 만나는 힘든 일들을 명료하고 열린 마음으로 대처할 수 있게 하는, 마음챙김의 가르침과 수련을 비롯하여 자신의 내적 능력을 강화하는 훈련들로 가득한 보물창고를 찾은 것이다.

마음은 신체적·정서적 건강에 영향을 미칠 수 있다. 요가나 당뇨병이 우리 건강에 영향을 주듯이 감정도 생리적 작용이다. 판단하지 않고 지금 이 순간 일어나는 일을 알아차림 하는 마음챙김은 이제 다양한 건강 문제를 해결하는 의학적 치료에서 지극히 중요한 역할을 하게 되었다. 또한 스트레스 감소와 대처 기술을 강화하고 신체적·정서적 안녕을 증진시키기 위한 다양한 마음챙김 프로그램이 교육 분야와 직장, 지역사회 전반에 걸쳐 생기고 있다. 마음챙김은 스트레스 감소 기법이나 자기-향상 계획을 넘어서, 삶의 시련과 고난에 대처하는 **존재의 방식**이다. 마음챙김과 자비심으로 난임과 그 치료를 보완하고, 난임으로 인한 짐을 조금이라도 덜게 하여 건강과 치유의 길을 가게 하려는 것이다.

난임과 스트레스는 밀접하게 연관되어 있다. 많은 연구에서 효과적인 심리 치료로 정서적 스트레스가 적어지면 임신율이 높아진다는 긍정적인 결론을 얻었다. 최고의 자기 관리는 최고의 의학적 치료 효과를 가져온다. 전인적인 관점에서 보면, 난임 치료에는 의술뿐 아니라 자신을 스스로 돌보는 부분이 반드시 포함되어야 한다.

난임은 인생의 위기이자 이제까지 겪어 보지 못한 가장 힘든 상황이다. 특히 난임은 그 자체가 스트레스이고 사람을 완전히 지치게 만든다는 것을 우리는 잘 알고 있다. 난임으로 인한 모든 일은 인생의 가장 중요한 영역에 영향을 미친다. 인간관계, 경력, 재정적 문제 그리고 무엇보다도 자신이 누구인가에 대한 의미가 달라지는 충격적인 일들이 생긴다. 이제까지는 누구나 언제든지 마음만 먹으면 아이를 가질 것으로 생각했고, 출산은 태어날 때부터 내게 주어진 권리로 여겼다. 난임은 이런 전제를 더 이상 누릴 수 없게 만들었고, 아이 아빠가 될 수 없다거나 임신을 할 수 없다는 것이 자신의 재앙이 되어 버렸다.

이미 난임 치료에 드는 비용과 각종 부담으로 허덕이고 있는데 거기에 또 다른 심신의학적 접근을 하라니 당황스럽게 느껴질 수도 있다. 그러나 실은 심신의학적 진료는 당신을 더 여유롭게 해 주고 삶의 요구에 부응하는 에너지를 만들어 낸다. 자신을 돌보는 데 투자하는 것은 거기서 얻을 수 있는 보상에 비하면 아주 작은 일이다.

자신을 치유하기 위해 시간과 여유를 만들어 내는 용기를 가진 것은 기쁘고 축하할 일이다. 현재 상황을 받아들이는 것이 불가능해 보일지라도 일단 이를 인정하는 것에서 시작한다. 달갑지 않은 심정이 들더라도 인정하면 친해지고 편안해질 수 있기 때문이다. 그것이 슬픔일지라도 스스로 느낄 기회를 제대로 갖고 마음챙김으로 자신을 돌보는 법을 배우면 치유될 수 있는 여유를 찾을 수 있다.

뭔가 잘못되면 대부분 자신을 탓하게 된다. "마음을 좀 편히 가져, 그럼 임신이 될 거야." 아마 이런 소리를 꽤 들었을 것이다. 심신의학이 스트레스와 난임의 관련성을 인정하지만 그 결과 **당신이 통제할 수 없는 상황을 통제할 수 있게 된다는 것을 의미**

하는 것이 아니다. 심신의학적 접근은 온전하게 자신을 전체적으로 돌봄으로써 스스로 책임을 진다는 것이다.

이제부터 소개하는 훈련은 마음챙김에 기반한 것이다. 유명한 마음챙김 지도자이자 과학자로 마음챙김에 기반한 스트레스 감소 프로그램을 창시한 존 카밧진(Jon Kabat-Zinn) 박사는 마음챙김 수련의 핵심인 명상을 다음과 같이 정의하였다. "명상이란 무엇보다 사랑에서 나온 행동이라고 여긴다. 자신과 타인을 향한 자비롭고 친절한 마음에서 나온 내적 몸짓이다. 자신의 단점, 상처, 집착, 고민 그리고 습관적으로 알아차림 하지 못하고 끊임없이 부주의한 것과 같은 명백한 약점에도 불구하고 내 안에 있는 완벽함을 인정하는 따뜻한 마음의 표시가 명상이다."

"이제부터 하는 훈련은
진정 자신이 누구인지를 상기시켜 주는 훈련이다."

난임의 위기가 해결되기 전에는 우울, 불안, 사회적 고립을 경험하기도 한다. "그냥 입양하지 그래?" 도와주려고 한 말이겠지만 이런 말들이 상처가 되기도 하고 초라한 기분이 들기도 한다. 가끔이라도 한 번씩 베이비 샤워 초대장을 받으면 내적 갈등이 생긴다. 친구를 위해 갈 것인가 아니면 나 자신을 보호하기로 마음먹을 것인가?

자신을 돌보고 배려하는 것을 목표로 하는 대처 기술을 배우면 이런 힘든 상황을 수습하는 데 도움이 된다. 그런 자리나 사람, 감정을 피하기보다 주도적으로 대처하고 도움이 되는 전략을 가질 수 있다. 어떻게 대응할 것인가를 의식적으로 선택할 수 있게 되면 **예, 아니요**라는 대답을 내 뜻대로 할 수 있게 된다.

이와 같은 가르침과 연습으로 난임의 여정과 함께할 수 있는 이해심과 명료함, 힘을 갖게 된다. 마음챙김에 기반한 이 훈련을 규칙적으로 하게 되면 명상 수련도 심화되고 자신을 신뢰하는 힘도 강해진다. 마음챙김과 믿음은 두려움에 대항하는 수단이다.

자기 스스로를 치유하는 능력을 기르기 위해 자비로운 마음과 친절한 마음으로 자신을 향해 보내는 몸짓에 경의를 표한다.

"자신을 위한 여유를 가지기 위해서
그대가 지금 있는 그대로 온전하기 위해서
자신을 믿기 위해서
난임이라는 여행을 하기 위해서
이 제안을 그대가 인정하고 받아들이기를"

감사의 말

나를 낳아 보살피고 인정해 준 나의 오랜 가족과, 내가 만들고 소중하게 간직한 아름다운 나의 가족 모두에게 감사한다. "오직 필요한 건 사랑뿐!"이라고 노래한 비틀스가 틀리지 않았음을 그들은 내게 보여 주었다. 난임이라는 여정을 함께 나누고 성장한 남편 스티브에게 특히 감사한다. 우리가 가족을 만들기 위해 애쓰는 동안 어린 시절을 함께한 프레어리와 테나야에게도 감사한다. 그리고 길고 험난한 난임의 여정을 통해 결국 우리에게 온 선물, 샤이엔에게 감사한다. 내가 배운 교훈 가운데 가장 고마워하는 단 한 가지를 고른다면 **내려놓아야만** 진정으로 찾는 것을 얻게 된다는 것이다.

나와 함께한 모든 난임 환자에게도 감사한다. 자신의 내면을 들여다보고 자기만의 길을 찾는 용기와 평정심에 깊은 존경을 표한다. 그대들과 여정을 함께하며 안내한 것은 영광이었다.

난임 영역에서 커다란 업적과 영향력을 지녔고, 의술은 물론 정서적 지원에도 헌신해 온 데이비드 아담슨 박사에게 깊은 존경과 감사를 드린다. 그가 운영하는 센터에서 심신 프로그램을 진행한 것은 영광이었다. 그는 고맙게도 이 책의 출판에도 많은 지원을 해 주었다. 협업을 가능하게 해 준 지테 포프에게도 감사를 전한다.

마음챙김에 기반한 모델을 융합시켜 적용하도록 도와준 심신 팀 모두에게도 감사를 전하며, 특히 프로그램 초반에 심신 치료 영역으로 환자들을 이끌어 준 직원 여러분에게도 감사를 전한다. 심신 치료 영역의 선도자들에게도 감사하며 누구보다도 획기적인 연구와 학문적 접근을 해 온 앨리스 도마 박사에게 경의를 표한다.

책을 디자인하고 삽화를 넣어 준 앤 오닐, 내 딸 샤이엔 우드워드에게도 감사하고, 서문에 대한 조언과 마음챙김에 대하여 교과서적인 가이드를 해 준 르네 버가드, 원고를 준비하고 써 나가는 데 조언을 해 준 남편 스티브 우드워드, 그 외에도 책이 나오기까지 힘써 준 모든 사람에게 감사를 표하고 싶다.

근본적으로 이 책에 나오는 모든 마음챙김 가르침과 훈련은 2,500년 전 붓다의 시대로 거슬러 올라간다. 붓다의 가르침은 인간이 어떻게 곤경에 빠지고 거기서 어떻게 해방되는가를 보여 주고 있으며 해탈의 길로 인도한다. 붓다와 그의 가르침에 한없이 감사드린다. 오늘날 자신의 지혜로 사람들에게 영감을 준 비범한 스승이신 성하 달라이 라마와 베트남의 승려 틱낫한, 마음챙김에 기반한 스트레스 감소 프로그램을 창시한 카밧진, 미국인 승려 페마 초드론에게도 깊은 감사를 드린다. 잭 콘필드, 샤론 살츠버그, 타라 브랙, 실비아 부르스타인과 같은 뛰어난 명상 지도자들에게도 감사를 전하며, 마음챙김 프로그램의 스승 밥 스탈과 명상을 지도해 준 사일라 캐서린에게도 감사드린다. 일상의 삶에서도 늘 마음챙김과 함께하도록 끊임없이 격려해 준 종교 지지 그룹에도 감사를 전한다.

가까이 또 멀리 있는, 고대에서 현재에 이르기까지의 모든 이에게, 가족, 친구, 스승 그리고 위대한 대가 모두에게 머리 숙여 절을 올린다!

내 딸 샤이엔

어떻게 왔건

모든 아이는 우주의 아들딸이자

그 너머에서 온 선물임을 가르쳐 준 아이에게

나의 온 마음을 다하여

차례

서론

　『너를 만나러 가고 있단다』가 난임을 겪어 내고 어렵게 출산을 하기까지, 그 여행길을 안내하는 '산파' 역할을 할 수 있기를 기대한다. 마음챙김과 자비 수련은 통제의 방식이 아니라 알아차림이라는 **존재의 방식**으로 단계적으로 하나씩 대처 기능을 변화시키는 과정이다.

　자비심을 가지고 마음챙김 하면서 난임이라는 길을 갈 수 있도록 안내하는 방편의 하나로, 공식적 명상 수련과 비공식 일상 훈련을 소개하려 한다. 공식 적이라 함은 따로 시간을 내어서 하는 명상 수련을 말하며, 이 수련에는 정적 인 상태에서 하는 수련과 움직이면서 하는 수련이 있다. 비공식 일상 훈련은 일상에서 마음챙김을 적용하는 훈련을 말한다. 치료를 지속하여 부모가 되 는 꿈을 실현시키기 위해, 열린 마음으로 수용하고 비판하지 않으면서 인내 하는 마음을 함양하려는 것이다. 또한 글쓰기와 마음챙김에 기반한 질의응 답 연습과 자신을 탐구하고 발견해 가는 훈련도 할 것이다.

마음챙김의 가르침과 수련 과정은 몸과 호흡을 마음챙김 하는 기본 훈련으로 시작한다. 이 과정은 이완 반응 스위치를 켜고 우리를 현재에 머물게 한다. 이어서 요가 수련도 소개하는데, 일부 요가 전문가들 사이에서 가임 능력을 높인다고 여기는 일련의 요가 자세를 알려 주고, 호흡이 몸과 마음에 결정적 영향을 미친다는 것도 요가를 통해서 가르친다. 또한 우아하고 느린 동작과 심호흡 관리를 통하여 에너지를 높이는 기공도 간단하게 소개하는데, 중국에서는 가임력을 높이는 보완책으로도 알려져 있다. 마음챙김 하고 알아차림 하는 수련을 통해 배운 것이 인생에서의 배움에도 적용된다는 것을 깨닫게 된다.

생각을 슬기롭게 다루는 법을 가르쳐서 만성적인 부정적 사고 패턴에서 벗어나 건전한 생각을 하게 만들고, 감정을 잘 보살펴서 넉넉하고 어유로운 마음으로 감정을 누그러뜨리거나 해소하는 방법을 알려 주려 한다. 자비심 수련은 자신과 타인을 사랑하는 마음을 갖기 위해 필요한 용기와 자양분을 제공한다. 이 용기와 자양분은 사람 사이에서 발생하는 힘든 상황에 대처하고, 친밀한 사이에도 균형을 유지하며, 가임 건강을 위해 젊음을 회복하고, 가족 구성 방법의 모든 가능성을 열어 놓기 위해 필요한 것들이다.

이 책은 개인에게 맞추어 10주 프로그램으로 사용하거나 다른 사람들과 함께 그룹으로 프로그램을 사용할 수도 있다. 난임 영역에서 마음챙김 프로그램을 진행하는 전문가라면 상담이나 그룹 프로그램 진행에 사용할 수 있다. 이 프로그램은 지난 8년에 걸쳐서 개발한 것으로 개인 상담이나 그룹 프로그램 형식으로 참여했던 수많은 남녀 참가자에 의해 좋은 프로그램으로 평가되었다. 현장에서 실제로 프로그램에 참여하는 것이 가장 이상적이지만 난임의 여정에 필요한 균형과 회복탄력성을 얻기 위해 책을 읽는 것도 하나의 방법이다. 마음챙김 프로그램을 제공하는 지역공동체와의 소통은 마음챙김 수련을 강화하고 심화할 수 있게 만들며, 난임 지원 프로그램에 참여함으로써 이런 어려움을 겪는 사람이 나 혼자만은 아니라는 것을 알게 된다. 책 마무리 부분에 난임 자료에 관한 정보도 제공하였다.

열 개의 장으로 나누어진 각각의 내용을 한 주에 하나씩 연습하면서 매일 마음챙김 수련을 확립하고, 이를 유지해 가면서 배운 것을 통합하고 연마한다. 일정한 시간과 장소에서 공식적으로 훈련하는 것이 마음챙김을 더욱 발전시킨다. 각 장에서 공식 수련과 비공식 훈련을 자세하게 기술하였고, 마음챙김의 가르침을 보완하고 견고히 하기 위한 연습을 넣었다. 매번 훈련 기록지에 발전해 가는 모습을 기록하게 하였다. 가르침을 더 깊이 이해하기 위해 지정된 기록지에 경험한 것을 기록할 것을 권장한다. 공식 수련을 보완하는 명상 안내는 www.youtube.com/c/LeeInsil을 참조하기 바란다.

가장 중요한 것은 자신에게 적합한 속도로 책 내용을 연습해 가는 것이다. 이미 내 안에 가지고 있는 온전하고 완벽한 자신의 진정한 모습을 이 과정을 통해 알게 되면서 자신만의 고유한 생명 탄생 과정이 펼쳐질 것이기 때문이다.

나의 난임 여행

나의 난임 이야기는 남편 스티브와 결혼한 1988년에 시작된다. 결혼하고 두 달이 지나 임신이 되었고, 양수천자검사에서 유전자 이상을 알게 되었다.

미국, 캐나다와 영국까지 온 나라에 있는 전문가를 찾아다녔고 우리 인생에서 가장 큰 결정을 해야 했던 그 짧은 2주 동안 다른 것은 거의 생각할 수도 없었다. 두려움과 혼란, 괴로움 그리고 사랑하는 마음으로, 최종적으로 임신 중절을 하기로 결정하였다. 그 후 닥칠 일에 대해서는 아무것도 준비되어 있지 않았다.

그 후 첫 유산이 되었고, 두 번째, 세 번째 유산 그리고 서른아홉이 되어서야 조기난소부전이라는 진단을 받았다. 난포자극호르몬 수치가 54였고, '곧 폐경이 될 것'이라는 가정하에 체외수정을 시도하였다(그리고 그 후 8년 동안 '이제 곧 폐경이 될 것'이라는 똑같은 말을 들었다). 예상된 일이었지만 우리가 만든 하나의 수정란은 임신까지 이르지 못하였다. 그 후 고맙게도 동생이 제공한 난자로 체외수정시술을 한 번 더 하였고, 마음 따뜻한 기증자 덕분에 네 번의 신선배아시술을 하면서 2년이 지났다.

이미 충분히 고통스러운 체외수정시술 과정이었지만 그중 두 번은 같은 기간에 자연 임신까지 되면서 더욱 복잡해졌고, 안타깝게도 임신은 유산으로 끝나게 되었다. 내 몸은 자라는 생명체를 유지할 수 없는 상태였다. 깊은 고심 끝에 입양과 대리모 양쪽을 동시에 알아보기로 마음을 돌렸다. 한 번 입양이 될 뻔하다가 안 되고 난 후, 우리 딸 샤이엔의 대리모였던 린과 연결되었다. 린과 나는 전화로 처음 만나자마자 마치 사랑에 빠진 듯한 기분이었다. 이야기를 나눈 두 시간 동안 우리는 서로가 놀라울 정도로 비슷하고 서로 통한다는 것을 즉시 알게 되었다. 양쪽 부부가 직접 같이 만났고, 그 후 린의 딸, 부모님과 남동생 그리고 친구들도 만났다. 이보다 더 좋은 시작은 상상하기 어려웠다.

그 후 다섯 달 동안 수정을 시도하면서 또 실패하는 것이 아닌가 불안해지기 시작하였다. 가장 좋은 조건에서도 대리모를 하는 것이 힘든데, 린이 다낭성난소를 가지고 있다는 것이 밝혀졌고 의사는 클로미드라는 약을 사용할 것을 권하였다. 린은 그 약을 먹는 것을 내키지 않아 했고 하마터면 이제까지 같이 노력했던 일을 그만둘 지경이 되었다.

난임을 겪는 4년 동안 육체적인 나, 감정적 존재인 나, 영적인 존재인 나 모두를 고쳐 보고자 모든 방법을 시도하였다. 진료 일정이나 상담 환자 수를 좀 더 수월하게 조절하기 위해서 스탠퍼드 대학교의 정신건강의학과 자리를 그만두고 개인 클리닉을 시작하였다. 나 자신이 환자이면서 개인, 부부 그리고 가족 상담을 하였다. '액땜 의식'을 동반한 침술을 받고, 약재로 된 차도 마셔 보았다. 여러 번의 영적 의식에도 참가하였고 나중에는 안내도 하였다. 또 선불교 모임에도 가입하였다.

이렇게 동서양의 영적인 길 위에서 안식처를 찾으려 하였고, 죄의식에서 벗어나 잃어버린 내 아이들에 대하여 좀 더 온전하게 슬퍼할 수 있었다. 린과의 다섯 번째이자 아마도 마지막 인공수정을 시도하는 바로 그날 나는 영적 친구들과 인도로 성지 순례를 떠났다. 스티브는 인공수정을 위해 로스앤젤레스로 그리고 나는 인도로 가기 위해 샌프란시스코 공항에서 서로 안녕을 고하였다.

인도로 간 성지 순례 첫날 차타르푸르 사원에 갔다. 그때가 파괴와 부활의 신인 시바신을 찬양하는 기간이었다. 임시로 만든 집회장에 불을 지피기 시작하였는데 몇 분이 지나지 않아 엉성하게 만들어진 그 건물은 불에 타기 시작하였다. 우리는 간신히 살아서 도망칠 수 있었다.

인도 전통에서 불꽃은 우리를 억압하는 의식 또는 업을 없애는 정화장치로 알려져 있다. 지구 반 바퀴 저편에서도 불꽃이 타올랐다. 나는 바로 이때 우리 아이가 잉태되었다고 믿는다. 아마 불이 난 동안이거나 거의 그 시간 즈음이었을 것이다. 한 달 후 샌프란시스코 공항에서 남편을 만났을 때 그는 커다란 베개를 옷 속에 넣고 있었다!

남은 임신 여덟 달 동안 나는 이루 말로 다할 수 없을 만큼 성장하였다. 경외하는 마음과 기대에도 불구하고 상실감, 질투와 두려움을 느꼈다. 결국 누군가 다른 사람이, 나와 내 남편을 위해서 아주 개인적인 일이자, 나는 더 이상 할 수 없는 일을 하는 것이었다. 매 단계마다 새로운 문제가 생겼지만 이제는 이런 감정들을 깨달음과 기회로 바꿀 수 있게 되었다. 괴로운 심정이 들 때마다 두려움으로 위축되었지만, 상황에 대응하면서 고통에 마음을 열게 되고 결국에는 믿음과 감사, 돌봄과 배려심을 갖게 되었다. 밀물과 썰물이 지나듯이, 마음이 위축되었다가 확장되는 매 순간을 겪으면서 마침내 열린 마음으로 수용할 수 있는 나 자신으로 다시 태어나는 경험을 하였다.

난임에 대처하려고 애쓰다 보니 전혀 예기치 못한 곳에서 우연히 심신수련이라는 보물을 만나게 되었다. 이제까지 내가 주로 쓰던 대처 방법은 열심히 노력하면 결국은 성공한다는 것이었다. 그러나 '지금까지 내가 살던 세상'과는 달리 난임에서는 이런 방법이 더 이상 통하지 않았다. 난임이 위기를 불러오는 이유는 난임이 생활의 모든 영역에 영향을 미칠 뿐 아니라 이제까지 어려움에 대처하던 방식이 더 이상은 효과가 없다는 사실 때문이다. 통제하기위해 기존의 전략을 쓰거나 성공하기 위해 열심히 노력할수록 실패와 절망감만 더 가져왔다.

우리가 변하는 것은 변하지 않으면 더 많은 것을 잃을 때뿐이라고 한다. 이 시점이 되면 위기가 기회로 변하고 생각지도 못한 방법으로 성장한다. 나 역시 알아차림 하고 수용하며, 판단하지 않는 마음, 인내심, 신뢰와 자비심을 가지게 되면서 눈앞의 일을 있는 그대로 인정하고 임할 수 있게 되었다. 그제야 모든 가능성을 열어 놓고 가족을 만드는 일에 관한 모든 선택 사항을 고려하게 되었고, 내가 아이를 가질 수 있다는 사실을 비로소 믿기 시작하였다.

난임에 관하여 심리학자로서의 전문성은 개인적 여정을 통하여 갖추기 시작하였고 마음챙김을 통하여 함양되고 강화되었다. 책을 쓰는 것을 비롯하여 난임의 어려움을 겪는 사람들을 돌보는 일의 근간은 개인적인 경험과 수년간 난임을 상담하면서 얻은 임상경험 그리고 마음챙김 수련에서 얻은 것이었다. 바라건대 내게 그랬듯이 당신에게도 이 가르침이 치유와 변화의 계기가 되길 빈다.

내 딸 샤이엔은 이제 23세가 되었고 그간 감사하지 않은 날이 하루도 없었다. 힘들고 비용도 많이 들었지만 함께한 경험을 통해 린과 그 가족을 사랑하게 되었으며 우리 모두가 축복받았다고 느낀다. 샤이엔을 가진 3년 후에 나의 난포자극호르몬 수치는 5로 감소하였다. 그 당시 누군가 나에게 "이제 당신 자신의 아이를 가질 수 있어요."라고 언급하였다. 그녀는 몰랐지만 나는 이 긴 여정을 통해 알게 된 사실이 있다. 내가 진정으로 내 아이를 가졌다는 것이다. 이제는 세상을 다른 방법으로 납득할 수 있게 되었다. 난임과 대리출산이라는 과정을 통해 샤이엔은 다른 모든 아이와 마찬가지로 우주의 자녀이고 그 너머에서 온 선물이라는 것을 알게 되었다.

제 1 장

너를 만나러 가고 있단다

이
완
반
응

이완 반응

모든 종에는 금이 가 있다. 바로 그 틈으로 빛이 들어온다.

−레너드 코헨(Leonard Cohen)

난임의 역설

난임은 의학적 사안임에도 종종 그 이상으로 간주되곤 하는데 그 중심에는 정체성에 대한 도전이라는 문제가 있다. 당사자는 난임의 사전적 정의대로 불모의, 생산을 할 수 없는, 쓸모없는 또는 불임의 상태가 곧 자신이라고 마음속으로 받아들인다. 여기에 근본적인 모순이 있다. 이 세상에 새 생명을 데려오는 바로 그 여행에 우리 자신의 인생은 어쩜 그리 아무것도 아닌 것이 되어버리는가?

난임에 대한 사전적 정의를 믿게 되면 정말 두려워진다. 그래서 본능적으로 감추거나 달아나게 된다. 도저히 받아들이기 힘든 난임이라는 진단을 할까 봐 너무 겁이 나서 의사와의 약속을 계속 미루거나 병원에 가지 않을 수도 있다. 그와는 반대로 치료를 받기 시작하면 도저히 멈출 수 없어 마치 중독이 되듯이 점차 성공 가능성이 낮아지는 길을 계속 가게 된다. **하나의 좋은 난자를 얻기 위해 시간을 거슬러 경주하듯이, 임신을 향해 가는 것이 아니라 말 그대로 생명을 걸고 달음질하는** 기분이 들게 된다.

역설적이게도 가장 필요한 심성을 갖기에 가장 힘든 상황이 된다. 마치 사실인 듯 가정하고 비판하고 불신하며 과도하게 애쓰거나 초조해진다. '이래야 한다'는 것에 고정되어, 매달리거나 밀어내는, 집착과 회피 사이에 갇히게 된다. 자신을 비난하고 비판하기 시작한다. 결국에는 모든 것이 내 탓이라고 믿게 된다. 웹스터 사전의 정의에 항복하여 쉽게 자신이 망가졌다고 여긴다. 이렇게 되면 자신을 고쳐야 한다는 자연스런 충동이 생기고, 목표가 달성되어야만 자신이 온전하다고 믿게 된다.

난임을 위해 애쓰는 기간이 길어질수록 대부분 치르는 대가도 커진다. 시간이 지나면서 난임은 배우자, 친구, 가족과 공동체 전반에 걸친 인간관계를 침식하고 망가뜨린다. 자신이 낯설어지고 직장 생활이나 가정에 상처를 주게 되고 정신적 · 신체적 건강을 해치는 결과를 가져온다.

왜 난임은 이와 같은 소외와 상실을 초래하는가? 우리는 보통 부부 사이의 기본적인 관계에서 아이가 있다는 것이 사랑을 공유하는 결정적인 확증이라고 생각하며, 아이를 세상에 데려오는 것이 시간의 흐름과 인류의 발전에 대한 하나의 진정한 관여라고 여긴다. 난임은 우리 자신에 대한 이런 대전제를 허무는 것이다. 난임은 세상에 있어야 할 나의 자리에 의문을 던진다.

부부가 함께 아이를 만드는 일을 계속 실패하게 되면 근본적인 관계를 부정하게 될 수 있다. 해결되었다고 믿었던 일들이 다시 문제가 되고 별것 아니었던 문제가 확대되기도 한다. 힘을 합해 이들 문제를 풀기보다는 배우자끼리 서로 싸우거나 반대편이 되기도 한다. 달이 가고 해가 가면서 난임 문제를 질질 끌면 서로에게 점점 더 많은 것이 필요하게 되지만 오히려 서로에게 줄 것이 점점 남아 있지 않게 된다. 이것도 난임이 가진 여러 역설 가운데 하나이다.

삶의 다른 중요한 영역에서도 난임으로 인한 또 다른 모순들이 기다리고 있다.

가족, 친구와 사회공동체도 그중 하나이다. 아무리 친한 사람들이라도 그들이 난임에 대해서 잘 모른다면, 별생각 없이 하는 이야기가 무신경하고 전혀 배려하지 않는 말이 되기도 한다. 기뻐해야 할 친구의 첫 임신, 그 친구가 난임으로 고생하다 생긴 아이여도 그 소식에 가슴이 철렁하기도 한다. 유모차로 가득한 쇼핑센터에서 마치 지뢰를 밟은 듯 감정이 폭발하기도 한다. 이런 일로 예민해지다 보면 자신을 점점 고립시키게 된다. 어느 때보다 지지와 이해가 필요함에도 점점 더 도움을 멀리하고 숨게 된다.

난임 치료에 힘을 쏟으면서 **직장 생활**이 수습 곤란한 지경이 될 수도 있다. 자긍심과 수입의 원천인 나의 경력이 어느 한순간 위기에 처할 수 있다. 당연히 더 열심히 하지 않으면 안 되겠지만 그래도 속도를 조절해야 한다.

난임은 **시간**과의 싸움이다. 난임은 종종 생물학적 시계에 반하는 경기를 하게 된다. 시간의 압박 속에서 그 영향이 일생 동안 지속될 수도 있는 중요한 결정들을 해야만 한다. 빨리 앞으로 나아가야 하는데 어떻게 참을성을 가질 수 있겠는가? 더 빨리 움직이고 더 열심히 해야 하는데 어떻게 천천히 할 수 있겠는가?

난임 관련 **결정**들에서도 모순은 존재한다. 아이와 함께 가족을 만들려고 애쓰는 우리는 첨단 생식술(Advanced Reproductive Technology: ART)로 인해 어느 때보다도 다양한 선택이 가능해졌지만, 이 선택이 무엇을 의미하는지 더 깊이 알아야만 한다. 난임 치료에서의 1년은 마치 대학원에서의 1년과 같다. 생식생물학, 내분비학, 가족법, 계약서, 청구가능 불법행위, 국제법 그리고 어쩌면 다른 나라 언어까지 알아야 한다. 대부분 밤에 시간을 내서 공부해야 할 것이다. 이런 일들은 마음으로 결정해야 하는데 선택의 폭이 커지면서 오히려 그렇게 하기 힘들어진다. 난임의 어려움을 헤쳐 나간다는 것은 첨단 생식기법에 대해 아는 것만이 아니라 궁극적으로는 내가 누구인가를 알아 가는 것이다. 많은 것을 알아야 하는 동시에 하나를 제대로 알아야 하는 문제이기도 하다.

난임에서 거의 공통적으로 경험하는 것이 **통제가 불가능**하다는 느낌이다. 즉, 나의 세계가 무너진 것이다. 이제까지 항상 작동하던 일들이 더 이상은 아니게 되었다. 열심히 하면 할수록 더 큰 실패를 느낀다. 인생을 걸고 싸움을 하고 있는데 싸움의 규칙을 모른다. 일이 생길 때마다 언제나 그만해라, 내려놔라, 이제 정말 그만하라고 한다. 그런데 통제하기를 포기할 수 있는 비밀은 내 안에서만 찾을 수 있다. 융 학파의 분석심리학자들은 "신은 상처를 통해서 들어온다."고 하였다.

이제 **마지막 모순**이다. 난임은 말 그대로 모든 면에서 재앙이다. 그러나 난임을 견디기 위해 애쓰면서, 삶의 모든 영역에서 비축해 둔 자원이 점차 사라진다는 사실이 바로 자신을 재충전하고 더 나아가게 만든다. 우리 밖에서 행복을 찾는 것이 아니라 안에서 찾아야 할 필요가 생긴다. 움츠리고 분노하고 두려움과 공포를 겪으면서 계속 위축되다 보면 다시 날개를 펴고 성장하고 싶다는 갈망이 생긴다. 신뢰하고 수용하며 마음의 평화를 느끼고 결국에는 자유로워지고 싶어진다.

누구나 행복을 원한다. 행복이 사라진 것 같은 바로 그 순간, 인간의 심성은 행복이 살던 곳을 찾기 위해 치열하게 투쟁한다. 난임의 **마지막 모순**은 난임의 과정이 필연적으로 출산의 과정이라는 것이다. 출산은 힘들고 두려운 일이며 우리는 이에 매달리거나 회피하려 한다. 그러나 그 과정을 통해, 마음을 열고 있는 우리 모두의 안에서는 새로운 영혼이 탄생한다.

마음챙김의 역설

마음챙김은 스트레스를 감소시키는 기술이라기보다는 **존재의 방식**이다. 도교에서 말하는 인생경험 속에 들어 있는 '무수한 슬픔과 무수한 기쁨'을 만날 수 있는 길이다. 마음챙김은 우리에게 가장 필요한 특성인 수용, 인내, 믿음을 함양하여 넘을 수 없는 장애물이나 역경을 성장의 기회이자 도전으로 바꾼다. 마음챙김은 상황, 여기서는 난임이라는 상황을 바꾸거나 없애는 것이 아니라 변화 그 자체가 되도록 매개 역할을 한다.

마음챙김은 편안하게 내려놓고 받아들이라고 가르친다. 원하는 것을 단단히 움켜쥐려 하거나 싫은 것을 없애려고 애쓰느라 위축된 모든 신체 부위로 호흡하는 법과 눈앞에 펼쳐지는 삶을 향해 있는 그대로 마음을 여는 법을 알려 준다. 훈련을 통해 **저항**하면 할수록 옴짝달싹 못 하게 되지만 **수용**하면 자유로워진다는 것을 가르친다.

마음챙김은 지금 여기 있는 것이 무엇이건 환영한다. 매 순간 지금 일어나는 일과 함께 하도록 이끈다. 마음챙김은 상황을 바꾸거나 심지어 자신을 바꾸려고 하기보다는 현재 이곳에서 일어나고 작동되는 일과 나와의 **관계**를 변화시킴으로써 통제하겠다는 생각을 버리는 것을 배운다. 통제를 포기하는 것이다. 이렇게 열린 마음으로 받아들이고 이해하면서 저항하고 싶은 것과 기꺼이 마주하는 **수용**이라는 요긴한 심성을 키운다. 모순인 듯 보이지만 사실 있는 그대로 수용하면 그 상황을 더 잘 가늠할 수 있게 되고, 자신의 강점을 알게 되어 현명한 선택을 할 수 있으며 건전한 방향으로 행동하게 된다.

인생을 살다 보면 통제할 수 없는 일들을 많이 만난다. 싫다고 해서 그것을 바꾸려고 하면 할수록 문제를 더 악화시킬 뿐이다. 통제하고 싶은 마음, 불안하고 경직된 마음을 버리고 마음을 열어 있는 그대로를 자유롭게 인정하라. 뭔가를 바꾸고 통제하겠다는 대처 기능을, 있는 그대로 함께하고 받아들이는 대처 방법으로 바꾸는 것이다.

서양의 심리학과는 대조적으로 불교심리학에서는 모순되는 것들을 통해 지혜를 발견한다. 불교심리학의 중심인 마음챙김은 인생의 난제를 해결하는 데 모순되는 사실을 이용한다. 따라서 마음챙김은 모순으로 가득한 난임이라는 지뢰밭에서 살아남을 수 있는 완벽한 방어수단이 된다.

마음챙김은 종종 빙판에서 운전하는 것에 비유된다. 얼음이 덮인 길에서 미끄러져서 바퀴가 제어가 안 되고 헛돌게 되면 이를 멈추기 위해 당연히 본능적으로 미끄러진 방향과 반대로 핸들을 돌리게 된다. 그러나 제어를 하려면 오히려 미끄러진 쪽으로 핸들을 돌려야 한다. 이처럼 마음챙김도 불쾌하거나 불안한 일을 피하지 말고 마음을 그리로 향하라고 가르친다. 이것이 자유로워지는 길이다.

마음챙김 수련은 감정, 경험, 생각이 생기고 사라지는 것을 있는 그대로 보고 관찰하는 것이다. 자신의 경험에 대하여 온전히 생생하게 깨어 있도록 이끈다. 마음챙김 하면 여유로운 기분이 들어서 마음을 열고 제한 없이 모든 것을 담을 수 있게 된다. 마음챙김은 비판 없이 호기심을 가지고 문제에 다가가는 마음가짐을 지니는 것이다. 마음속 깊은 곳에 있는 자신을 발견하고 탐구하도록 마음을 여는 방법이다. 여유롭고 호기심을 품은 마음은 인내심, 즉 어떤 상황은 나의 통제 밖에서 그 나름의 예정대로 일어난다는 것을 받아들이는 참을성을 길러 준다. 중요한 것은 여행의 과정이지 목적지가 아니라는 것을 알게 된다. 베트남의 마음챙김 지도자이자 승려이면서 평화운동가인 틱낫한(Thich Nhat Hanh)은 "행복에 이르는 길은 없다. 행복이 곧 길이다."라고 하였다.

마음챙김은 당신이 어떤 흠결을 가졌거나 단점이 있더라도 당신 그 자체로 이미 온전하고 완벽하다는 관점에서 출발한다. 서양의 원죄의 개념과는 반대로 불교심리학에서는 원래 내 안에 가지고 있던 미덕, 우리의 본성인 선함과 순수함에서 출발한다. 이런 관점에서 나온 일련의 사고와 행동은 항상 자신이 부족하고 불안정하다는 속박에서 우리를 해방시킨다.

마음챙김으로 들어가는 길은 명상을 매개로 한다. 명상을 통해 주의를 대상, 예를 들면 호흡에 고정시키고 그 대상과 함께하려는 의도를 가지고 대상에 머무는 법을 배운다. 마음은 원래 종잡을 수 없이 여기저기 돌아다니기 때문에 이때도 가만있지 못하는 마음의 습관을 보게 된다. 생각이 이야기를, 그것도 어둡고 끝이 없는 골목길로 우리를 이끄는 "난 절대 임신하지 못할 거야." "난 실패작이야." 같은 이야기를 어떻게 지어내는가를 깨닫게 된다. 또한 그런 이야기는 나의 정체성과 상관없다는 것도 알게 된다. 노력과 포기 사이를 오가기도 하고 역동적으로 흘러가는 인생의 일부가 되기도 하지만, 동시에 자신이 의도한 대로 한발 나아간다는 것을 깨우치게 된다. 이런 모순을 납득하는 시점이 바로 마음챙김 여정의 중요한 분기점이다.

마음챙김을 하면 당신이 **누구**이고, **왜** 이 일을 하고 있으며, **무엇**을 하는가에 대해 지금까지 가지고 있던 전제나 억측을 의심하기 시작한다. 마음챙김 문답을 통해 깊이 생각하게 된다.

"난임은 나에게 바꿀 수 없는 장애물인가, 아니면 도전할 만한 일인가?"
"난임은 나에게 일어난 일인가, 아니면 나를 위해 일어난 일인가?"
"내가 진정 원하는 것은 임신인가, 아니면 부모가 되는 일인가?"
"난임으로 꿈을 잃어버린 것인가, 아니면 아직 꿈에서 깨어나지 않은 것인가?"

단지 어느 한 시점에서 다음 시점에 이르기 위한 처방을 따르는 것이 아니라 가슴 깊은 곳에 닿으려는 요구에 응하는 것이다. 모순의 수레바퀴 속에서 돌고 돌아 제자리로 돌아가려는 것이다. 있는 그대로의 나를 사랑하는 것에서 출발하여 있는 그대로의 나를 사랑하면서 끝을 맺는다. 이 관문을 통해서

나 자신으로 다시 태어나는 것이다.

첫발을 내딛다

　난임을 극복하기 위한 여정의 첫발은 자신이 원래 지니고 있는 가장 중요한 근본인 내 안의 본성에서 시작한다. 잘못된 것이 무엇인가에서 출발하면, 모자란 것을 채우거나 보완하려고 애쓰면서 문제를 없애려는 필사적인 시도를 끝없이 하게 되기 때문이다. 그러나 **잘못되지 않은** 일에 중점을 두는 것은, 난임을 비롯하여 내가 아무리 부족하고 불안정하더라도 있는 그대로의 나를 받아들인다는 관점에서 시작하는 것이다. 역설적으로 들리지만 있는 그대로의 나를 인정해야 비로소 변화가 가능해진다.

　본래 지닌 자신의 본성으로 향하는 문을 열고 내 안에 **원래 지니고 있는** 임신 가능성을 불러온다. 당신은 이미 부유하고 풍요롭고 생산적이며 창조적이다. 마음을 가라앉히고 가슴을 열어, 이 책을 읽겠다는 심오한 의도를 드러낼 채비를 하는 것으로 시작하자. 천천히 눈을 감고 편안하게 깨어 있는 자세로 허리를 세우고 우아하게 똑바로 앉아서 지금 하고 있는 자연스러운 호흡을 알아차림 한다. 호흡을 알아차림 하면서 숨을 들이쉬고 내쉴 때의 리듬도 주목한다. 눈이 안구에서 아래로 내려와 마치 가슴에서 **본다고** 상상한다. 심장까지 숨을 들이쉬고 심장에서 숨이 나간다고 마음속에 그려 본다. 매번 호흡으로 가슴을 열고 숨결이 닿는 범위를 어떤 제한도 없이 확장한다.

　자신에게 묻는다. "지금 이곳으로 나를 데려오게 만든 내 마음 깊은 곳에 있는 동기는 무엇일까? 내가 인정하는 내 안의 무엇이 이 여행을 계속하게 만드는가?" 답을 찾기보다는 답이 자신에게 오도록 한다. 준비가 되면 천천히 눈을 뜬다. 의도를 확인하고 이때 동반된 마음의 특성을 확인한다. 이제까지 찾아다니던 대상이 바로 지금의 당신이었음을 감지하였는가? 미세하더라도 그런 느낌이 드는지 살핀다.

스트레스, 임신 그리고 몸과 마음의 연결

난임 진단을 받은 여성의 우울이나 불안의 수준이 암이나 후천성면역결핍증, 심장병을 진단받았을 때 느끼는 정도와 같다는 연구 결과는 난임과 그로 인한 지대한 영향이 인생의 중대한 위기임을 잘 보여 주고 있다(Domar, Zuttermeiser, & Friedman, 1993). 처음 난임 클리닉을 방문한 여성을 인터뷰한 결과, 40.2%가 정신건강 질환 중 하나에 해당하였으며 이는 인구 평균 이환율 3%에 비하면 매우 높은 것이다(Chen et al., 2004). 또 다른 연구에서는 여성의 삶에서 가장 스트레스를 주는 경험이 난임이라고 하였다(Freeman et al., 1985).

다른 문헌 고찰(Eugster & Vingerhoets, 1999)에서도 체외수정시술(In Vitro Fertilization: IVF)이 여성은 물론 배우자에게도 신체적·감정적으로 스트레스가 많은 일이라는 것은 의심할 여지가 없고, 치료에 대한 제일 흔한 반응이 불안이나 우울이라고 하였다. 더구나 이런 심리적 고통이 클수록 치료를 중도에 끝내게 되는 상관관계가 있음이 알려져 있다(Domar et al., 2010). 최근

40세 이하 여성 400여 명을 대상으로 한 연구에서도 스트레스가 높은 여성이 배란 기간 동안 임신할 가능성이 40% 감소하였다(Akhter et al., 2016). 그렇다면 스트레스와 임신은 어떤 관련성을 가지는가? 건강과 치유를 향해 나아가기 위해 능동적으로 무엇을 어떻게 할 수 있을까?

스트레스가 어떻게 신체에 나쁜 영향을 미치는지를 알기 위해서는 자율신경계를 살펴보아야 한다. 잠재의식 수준에서 작동하는 자율신경계는 신체의 여러 장기 기능과 호르몬 분비를 비롯하여 각종 샘의 기능을 조절한다. 감정이란 뇌가 만들어 낸 정신적 표출이면서 건강에 영향을 미치는 생리적 상태로, 이 감정을 느끼고 경험하는 것은 인간의 중요한 능력이다. 자율신경계는 우리 뇌와 신체 그리고 마음을 연결시키는 역할을 한다.

자율신경계는 교감신경계와 부교감신경계 두 가지로 이루어져 있다. 교감신경계는 투쟁-도피 반응으로도 알려진 스트레스 반응을 조절한다. 스트레스 반응은 몸이 즉각적으로 행동하도록 명령한다. 위험이 닥치면 교감신경계는 호흡을 얕고 빠르게 하도록 유도한다.

스트레스가 유발되면 스트레스 호르몬인 아드레날린과 코르티솔을 모든 장기로 퍼붓고, 엔도르핀이 나와서 통증을 느끼지 못하게 하며, 도망갈 수 있도록 근육이 동원되고, 심장 박동과 혈압 및 호흡이 증가한다. 반면에 에너지가 필요하지 않은 부위인 피부나 신체 내부의 혈관은 수축되고, 뇌와 팔다리 같이 에너지 공급이 필요한 곳의 혈관은 확장된다. 인류가 검치호랑이 같은 맹수를 피해 달아나 지금까지 지구상에서 살아남을 수 있게 만든 것은 바로 이 스트레스 반응이다. 일단 위험이 지나가면 몸은 짧은 시간 안에 정상으로 돌아온다.

그러나 이런 스트레스 상황이 만성적으로 지속된다면 어떤 일이 일어날까? 아침부터 울리는 요란한 자명종 소리를 시작으로, 현대 사회에서는 불안한 일들이 하루에도 몇 번이고 일어난다. 난임과 같이 오래 걸리는 의학적 문제를 가지게 되면 스트레스는 기하급수적으로 증가한다. 불행하게도 우리의 뇌는 생명을 위협하는 상황과 감정적으로 위협이 되는 상황을 구분하지 못한다. 근처 수풀 속에 숨어 있는 것이 '악마' 같은 맹수일 거라고 속삭이는 마음의 소리는 비관적이고 절망적인 생각으로 가득해서 우리를 겁에 질리게 만든다(Marotta, 2013, p. 17). 우리 몸은 계속 위기 모드라서 지속적으로 과민 반응을 보인다. 만성적인 스트레스는 많은 질병을 일으키는데 고혈압, 근육 긴장, 면역 기능 저하, 소화 기능 저하를 예로 들 수 있다. 고혈압으로 인해 혈관에 손상을 가져오고 근육은 딱딱하게 뭉치거나 경련을 일으키며 질병과 싸우는 면역계의 기능에 악영향을 미친다. 소화 기능 저하로 위산의 분비가 증가하고 과민성대장증후군을 일으키기도 한다.

생리적 기전에 대하여 아직 결론이 난 것은 아니지만 스트레스는 생식 기능도 억제하는 것으로 보이며 따라서 임신을 어렵게 할 것이다. 난임 자체가 만성적인 스트레스 요인이기 때문에 스트레스 반응이 지속적으로 활성화된 상태이고 몸은 방어하는 입장이 된다. 따라서 자동적인 반응은 자신을 보호하기 위해 나 대비 그들 모드로 작동하게 된다. 이때는 가슴으로 숨쉬는 흉식 호흡을 하게 되고 숨이 짧고 빠르고 얕아지면서 스트레스 반응 스위치를 켜게 된다. 이런 조건화된 호흡은 마치 가속 페달에 발을 올려놓은 것과 같이 신체 기능이 너무 항진되어 시간이 지남에 따라 점점 지치고, 그 결과 신체 건강과 정서적 안녕을 해치는 대가를 치르게 된다.

스트레스 요인과 어떻게 관계를 형성하는가에 따라 어떤 변화가 일어날까? 마음이 몸에게 "걱정하지 마, 다 괜찮을 거야."라고 이야기할 수 있다면 어떨까? 지난 20년 동안 임신율을 높이기 위해 스트레스 감소에 중점을 두어 심리사회적인 개입을 실시한 훌륭한 연구들이 있었고, 그 결과 몸과 마음의 연관성이 난임에 중요한 영향력을 행사한다는 것을 충분히 보여 주었다. 양질의 39개 연구 결과를 종합한 최근 메타분석 결과에 따르면 심신 중재를 한 그룹에서 심리적 고통의 감소는 물론이고 임신율도 높았다(Frederiksen et al., 2015). 실제로 이들 중재 그룹에 속한 여성의 임신율이 대조군에 비해 2배 가까이 높았다. 이와 같이 난임과 관련된 정신적 고통을 감소시키는 심리사회적 중재를 한 그룹에서 임신율이 더 높다는 것은 스트레스가 생식 기능에 나쁜 영향을 미친다는 가설을 뒷받침한다.

🌿 연습: 난임 스트레스 검사

다음 문항은 난임과 관련된 정서적 증상들이다. 이 스트레스 검사(〈표 1-1〉 참조)를 하고 몇 개의 항목이 자신과 상관있는지 살펴본다. 난임을 견디다 보면 불안하고 우울해지는 것이 당연하다. 도움을 청하려면 임상적으로 우울한지 여부를 제대로 아는 것이 중요하다. 우울증이 있는가를 가늠하기 위해 벡(Beck)의 우울척도 같은 선별검사 도구를 사용해 볼 수 있다.

〈표 1-1〉 난임 스트레스 검사

	예	아니요
임신을 하거나 임신을 유지하지 못하는 나는 인생 낙오자인 것 같다.		
나는 절대로 임신을 할 수 없을 것 같아서 걱정이다.		
배우자가 내게 필요한 지지를 해 주는 것 같지 않다.		
누군가 다른 사람의 임신 소식을 들으면 시기심이 생기거나 슬퍼진다.		
임신을 했거나 아이가 있는 친구나 가족은 피한다.		
난임을 어떻게 해결할 것인지 결정을 하기가 힘들다.		
벌을 받는 것 같은 느낌이다.		
난임이 내 인생을 망치는 것 같아 원망스럽다.		
내 인생이 멈춘 것 같다.		
내 인생을 통제하기 힘들다는 느낌이 들고 당황스럽다.		
난임으로 인한 고통을 경시하는 것 같아서 "이제 좀 편하게 지내."라는 말에도 상처를 받는다.		
기쁜 일도, 즐거운 경험도 줄어든 것 같다.		
성생활이 고통스럽다.		
난임이 나의 경력에 좋지 않은 영향을 미치고 있다.		
난임과 관련된 생각으로 잠을 잘 이루지 못한다.		

이완 반응

이완 반응은 부교감신경계가 지배한다. 스트레스 반응과 마찬가지로 호흡의 변화는 이완 반응을 유발한다. 투쟁-도피 반응을 촉매하는 빠르고 얕은 호흡 대신에 깊은 복식 호흡은 미주신경을 자극해서 이완 반응을 일으킨다. 몸 전체를 구석구석 훤하게 잘 아는 미주신경이 뇌와 장기 사이를 다니면서 천천히 하라는 그리고 이완하라는 신호를 몸에 보낸다.

이완과 명상이 면역 기능을 증강시키는 반면, 심박동이나 혈압, 스트레스 호르몬 수치를 낮추어서 스트레스 반응을 감소시킨다는 여러 연구가 있다. 또한 불면증, 고혈압 그리고 편두통과 같은 건강에 나쁜 증상들도 감소시킨다. 사회심리적인 중재가 임신율의 증가를 보인다는 연구는 스트레스와 난임 사이의 연결 고리를 확립하는 데 기여하였다.

길고 천천히 깊은 복식 호흡을 하는 것을 자연 호흡이라고 부른다. 왜냐하면 우리가 태어날 때 이렇게 숨을 쉬기 때문이다. 자연 호흡은 발을 브레이크 페달에 올려놓은 것 같아서 신경계는 차분하게 진정되고, 몸은 편안하게 활동하며, 뇌는 평화로운 상태에서 작동한다. 즉, 온전하고 타인과 연결된 상태인 우리 모드에서 작동하는 것이다. 단지 기억을 되돌려서 자연 호흡으로 돌아가면 된다. 앤드루 와일(Andrew Weil) 박사가 말하는 '스스로 치유하는 마스터키'인 자연 호흡을 하는 것이다.

호흡하기는 수백 년 된 것으로, 스트레스 감소 테크닉이자 건강에 긍정적인 영향을 미치는 중요한 수단으로서 건강을 돌보는 전문가들은 갈수록 이를 권장하고 있다.

사실 이제까지 건강을 증진시키기 위해 권장했던 모든 접근법 가운데 긍정적인 피드
백을 가장 많이 받은 한 가지를 고른다면 그것은 호흡이었다. 호흡은 각종 질병의 호
전과 전반적인 안녕감을 높이는 하나의 기술로서 그 영향력은 헤아릴 수 없이 크고
매우 감동적이었다. 이들 경험을 바탕으로 올바른 호흡이 건강에 가장 중요한 마스터
키라는 강한 믿음을 가지고 있다(Weil, 2005, p. 12).

이제 스트레스 반응 스위치를 **끄고** 이완 반응 스위치를 **켜는** 복식 호흡을
배움으로써 건강과 웰빙에 능동적으로 참가하는 여정을 시작한다. 스트레스
를 낮추고 자신을 전체적으로 돌보는 방법을 경험하면서 안전하고 고요한 피
난처가 생긴다. 이제 게슈탈트 치료의 창시자이자 심리학자인 프리츠 펄스
(Fritz Pearls)의 "두려움이란 호흡이 없는 동요일 뿐이다."라는 말이 주는 지혜
를 깨닫게 된다.

🌱 연습: 복식 호흡

복식 호흡 훈련은 등을 바닥에 대고 누워서 시작한다. 누우면 복부가 이완
되고 호흡하는 패턴을 가장 쉽게 정할 수 있다. 한 손은 복부에 놓고 다른 한
손은 가슴에 놓는다. 그리고 부드럽게 살짝 눈을 감는다.

배에 올려놓은 손이 숨을 들이쉬면서 올라가고, 내쉬면서 가슴에 놓인 손보
다 더 낮게 내려가면 복식 호흡을 하는 것이다. 횡격막은 가슴과 복강을 구분

하는 근육인데, 호흡이 길고 느리고 깊으면 숨을 들이쉴 때 횡격막이 더 내려가서 배가 올라오고, 내쉬면 횡격막이 위로 올라가서 복부를 납작하게 만든다.

숨을 들이쉬면 마치 풍선처럼 배가 공기로 가득 차고, 내쉬면 공기가 나간다. 이렇게 채우고 비우는 동안 산소와 이산화탄소가 각각 들어오고 나간다. 폐와 가슴, 등과 복부가 리드미컬하게 열리고 닫히면서 횡격막이 심장, 폐, 복부의 장기를 마사지한다. 호흡이 깊고 느리며 고요하고 부드럽다.

올바르게 복식 호흡을 하고 있는지 더 미세하게 조율하기 위해서 숨을 내쉴 때가 아니라 들이쉴 때 배가 팽창하는지 다시 한번 확인한다. 그렇지 않으면 호흡을 반대로 하고 있는 것이다. 만일 가슴에 놓인 손이 배 위에 놓인 손보다 더 높이 움직인다면 가슴으로 얕은 숨을 쉬는 것이다. 또한 숨을 들이쉬는 시간이 내쉬는 시간보다 긴가(그렇지 않다면 과호흡을 하고 있는 것이다. 그러나 내쉴 때 몸이 더 이완되는 느낌이 든다), 호흡이 반드러운가(들이쉴 때와 내쉬는 사이에 끊김이 없는가) 그리고 코로 숨을 쉬는가(아니면 반대로 입으로 쉬는가) 등을 알아차림 한다.

느리고 깊은 호흡을 하기 위해서 심상훈련을 해 본다. 눈을 감고 누워서 대지가 나를 감싼다고 느낀다. 따뜻하고 화창한 날 부드러운 모래사장이 펼쳐진 아름다운 해변 그늘에 누워 있다고 상상한다. 천천히 밀려오는 잔잔한 파도 소리가 가까이서 들리고 파도가 부드럽게 밀려오고 밀려 나간다. 숨을 들이쉬면 해변에 부드러운 파도가 밀려오는 소리가 들리면서 복부가 팽창하고, 내쉬면 파도가 속삭이듯 다시 바다로 돌아가면서 내 배가 납작해진다. 들이쉬는 파도에 복부가 부드럽게 올라오고 내쉬는 파도에 복부가 부드럽게 내려간다. 마치 주기적으로 느리게 파도가 해변에 밀려오고 다시 바다로 돌아가듯이 느린 리듬에 맞추어 숨쉬는 내내 따라간다. 이렇게 호흡의 주기적인 힐링 마사지 속으로 들어가 편안하게 이완한다.

해변을 떠날 준비가 되면 천천히 눈을 뜬다. 지금 기분은 어떤가? 만일 편안하고 안락하거나 이완된 느낌이라면 복식 호흡을 한 것이다. 훈련을 계속하면 저절로 호흡이 느리고 깊어진다. 일상에서도 이렇게 평온하고 고요한 곳으로 언제든지 돌아갈 수 있음을 알아차린다.

치료를 지속하려면

체외수정시술이 처음 성공한 이래 천만 명 이상의 아기가 보조생식술을 통해서 태어났다. 체외수정이 수백만 명의 부모에게 선물을 주었지만 그 이면에는 원치 않는 일이 발생하기도 한다. 체외 인공수정 클리닉에서 치료를 중단한 비율이 23~65%이고, 전형적인 난임 클리닉의 평균 치료 중단율이 50% 정도라는 조사 결과가 놀라운 일도 아니다. 연구에 따르면 이 환자들이 치료를 중단하는 가장 근본적인 이유는 경제적인 문제나 진단 관련 혹은 예후 때문이 아니라 바로 스트레스 때문이었다(Domar, 2004). 치료 중단에 관한 22개 연구를 체계적으로 분석한 결과에서도 치료 중단의 가장 큰 원인은 심리적인 요인, 예를 들면 치료의 연기, 개인적 또는 인간관계로 인한 문제와 심리적인 부담이라는 사실을 강조하고 있다(Gameiro, Boivin, & Verhaak, 2012). 체외수정시술을 한 번 하고 난 후 치료를 중단하는 일이 생기는데, 이는 치료 시작 전에 우울하거나 불안한 사람에서 더 많았다(Smeenk et al., 2004). 아쉽게도 가장 고통을 받고 있는 환자들은 심리적인 지원을 제대로 찾지도 않았다(Boivin, Scanlan, & Walker, 1999).

난임 치료에 스트레스 관리를 포함할 것인가에 대한 캉파뉴의 조사(Campagne, 2006)에서도 체외수정시술과 관련된 스트레스를 감소시키기 위한 심리적 개입이 전반적으로 효과가 있었다. 이는 심리적인 고통이 가임 능력에 영향을 미치고 당연히 체외수정시술 결과에도 영향을 미친다는 충분한 증거이다. 캉파뉴는 체외수정 치료의 시작부터 스트레스를 감소시키는 중재를 같이 시작해야 한다고 주장하였다. 이렇게 함으로써 부부가 초기 첫 시도에서 생길 수 있는 실패에 대비할 수 있고, 전체 치료 횟수를 줄일 수 있으며, 침습적인 시술의 필요성을 감소시킬 수 있다고 하였다.

슐라프와 브레이버만은 정신 건강을 난임 치료에 통합시킨 포괄적인 치료 모델의 중요성을 강조한 논문을 연속적으로 발표하였다(Schlaff & Braverman, 2015). 도마는 통합 모델을 강력하게 권고하였는데(Domar, 2015) 이는 우울이나 불안 증세는 환자에게 좋지 않고 돌보는 사람도 힘들게 하며, 이렇게 고통스러워하는 환자들이 치료를 중단할 가능성이 더 높고, 심리적 고통은 낮은 임신율로 이어지기 때문이다. 보이빈과 가마이로는 난임 치료 과정에서 환자 자신, 클리닉 그리고 치료 요인 등으로 인해 발생하는 여러 가지 부담을 어떻게 통합적인 접근 방식으로 감소시킬 수 있는가에 대하여 역설하였다(Boivin & Gameiro, 2015).

미국 루이빌 지역에서 실시한 역학조사(Akhter et al., 2016)도 스트레스가 높으면 임신 가능성이 40% 감소한다는 것을 확인시켜 주었다. 책임 연구자인 테일러 박사는 "이 조사 결과가 의사와 일반 대중에게 경종을 울리기 바란다. 임신을 하기 위해서는 이제까지 위험 요인으로 널리 알려진 흡연, 술 그리고 비만만큼이나 심리적 건강과 안녕이 중요하다는 것을 알아야 한다."고 주장하였다.

난임 문제를 인정하고 진단을 받아들이고 치료를 찾아서 제대로 임신 계획을 세우기 위해서는 스트레스를 건강하게 관리하는 방법을 알아야 한다. 스트레스를 낮추면 더 좋은 결정을 할 수 있다는 것은 잘 알려진 사실이다. 맑은 머리와 현명한 가슴이 있어야만 진정한 선택을 할 수 있기 때문이다. 스트레스 감소는 체외수정시술의 성공 가능성을 높일 뿐 아니라 **치료 과정에 계속 남아 있게** 함으로써 부모가 되는 꿈을 실현시킨다.

호흡 알아차림 명상

전통적으로 모든 명상은 호흡 알아차림을 기초 훈련으로 삼았다. 호흡은 매 순간 사용할 수 있고 항상 이곳에 있으면서 우리와 함께한다. 명상을 하면 호흡이 자연스럽게 느리고 깊어지며 이완 반응 스위치를 켜게 된다. 호흡은 과거에 대한 후회나 죄의식, 오지 않은 미래에 대한 걱정과 두려움에서 벗어나 주의를 현재에 고정시킨다. 호흡 알아차림은 주의를 안정시키기 때문에 시도 때도 없이 변하는 종잡을 수 없는 마음을 교정하는 수단이다. 종잡을 수 없는 마음은 대개 불행하다. 마음을 훈련한다는 점에서 명상은 스트레스를 감소시킬 뿐 아니라 난임의 **치료 과정에 남아 있기** 위해 필요한 심성을 기르고 통찰력을 갖게 한다.

🌿 명상 수련: 호흡 알아차림 명상

호흡 알아차림 명상에는 주의를 안정시키는 네 가지 조력자가 들어 있다. 각 부분을 1분씩 하고 다음으로 넘어간다. 남은 시간 동안에는 자신에게 가장 **적합한** 것을 실시한다. 편안한 자세로 눕거나 허리를 편안하게 펴고 바로 앉아서 천천히 눈을 감고 깊고 긴 호흡을 세 번 한다. 코를 통해 생기 있는 삶의 에너지가 들어오고 입으로 내쉬면서 몸 안의 긴장감을 내보낸다. 그 후에는 평소의 호흡 리듬으로 돌아와서 코로 숨을 들이쉬고 내쉰다.

- **호흡을 센다:** 숨을 들이쉬면서 하나, 내쉬면서 둘, 이렇게 해서 열까지 세면서 호흡을 한다. 어디까지 세었는지 잊어버리면 처음부터 다시 시작한다.
- **호흡의 감각을 느낀다:** 몸에서 호흡의 파동을 느낀다. 숨을 들이쉬면서 몸을 들어 올리고 확장하였다가 숨을 내쉬면서 몸이 가라앉고 사라진다고 느낀다.
- **가볍게 터치하고 내려놓는다:** 숨을 들이쉬면서 호흡을 느끼고 마음속으로 '터치'라고 말한다. 숨을 내쉬면서 몸과 마음의 긴장을 내려놓으면서 마음속으로 '내려놓는다'라고 되뇐다.
- **만지면서 호흡을 표시한다:** 묵주, 염주, 구슬로 만든 끈을 손에 쥐고 매번 숨을 들이쉬고 내쉬는 과정마다 다음 염주로 옮겨 간다. 혹은 대신에 주먹 쥔 손가락 관절을 한 번에 하나씩 만지면서 호흡을 따라가도 좋다. 이 과정을 계속한다.

늘 생기는 일이지만 마음이 오락가락하면 부드럽게 그러나 단호하게 마음을 호흡으로 다시 가져온다. 마음이 길을 잃고 헤매다가 매번 다시 호흡으로 돌아오게 훈련하는 것은 내가 마음을 어디에 두겠다고 의도한 대로 가져와 지금 여기에 머물도록 마음을 훈련시키는 것이라는 것을 알아야 한다. 마음이 호흡으로 다시 돌아오는 것이 가장 중요하다는 것을 잊지 말아야 한다.

훈련 기록지에 경험을 기록한다. 호흡 알아차림을 어떻게 하는 것이 더 좋았는지 기록한다. 호흡으로 돌아오거나 호흡에 머물 수 있게 하는 상황이 무엇이었는지, 무엇을 배웠고 어떤 도움이나 혜택을 받았는지도 기록한다. 훈련을 하지 않았거나, 훈련하는 데 방해가 되었거나, 어려움이 있었다면 그것도 알아차림 하고 기록한다. 안내가 필요하다면 www.youtube.com/c/LeeInsil에서 호흡 알아차림을 따라 한다.

🌱 일상 훈련: 복식 호흡 알아차림, 호흡의 감촉 훈련

이 훈련은 일상에서 복식 호흡이 자연스런 호흡 패턴이 되도록 촉감으로 상기시켜 주는 훈련이다. 신체 감각을 이용하여 주의를 고정시키는 데 묵주, 말라염주, 안심염주를 사용하듯이 '호흡의 모든 사랑스러운 감촉을 느껴 보세요.'라는 일상 훈련은 감촉에 근거한 마음챙김 훈련이다(Marotta, 2013, pp. 24-25). 원래 가지고 있는 치유적 존재인 호흡과 긍정적으로, 사랑으로 연결된다면 이는 몸과 마음이 연결되는 것이다.

작은 하트 모양으로 자른 헝겊에 '호흡의 감촉'이라고 써서 여기저기 눈에 띌 만한 곳에 놔둔다. 휴대 전화 뒷면이나 컴퓨터에 붙일 수도 있고 주머니

속에 넣고 다니거나 책상 위에도 놔둔다. 호흡의 감촉 훈련을 하기 위해 깊은 복식 호흡을 두세 번 천천히 한다. 호흡 알아차림을 상기시키는 도구들을 가까이 두고 하루 종일 당신과 함께하면서 '호흡의 감촉'을 느낀다. 훈련 기록지에 호흡의 감촉 훈련 경험을 기록한다. 복식 호흡을 상기시켜 주고, 몸을 돌보는 듯한 호흡의 감촉과 연결되는 느낌을 갖게 하는 이 훈련을 하면서 호흡을 상기시켜 주는 물건의 사용이 가져다주는 변화를 기록한다.

명상 수련: 호흡 알아차림 명상
무엇을 배웠고/어떤 도움이나 혜택이 있었는가? 어려운 점/방해 요인은 무엇인가?

1일

2일

3일

4일

5일

6일

7일

훈련 기록지 1-2

일상 훈련: 복식 호흡 알아차림, 호흡의 감촉 훈련
복식 호흡을 하기 위해 호흡을 상기시켜 주는 물건을 사용하면 어떤 변화가 있는가?

1일

2일

3일

4일

5일

6일

7일

제
2
장

너를 만나러 가고 있단다

닻을 내려 호흡을

제2장

호흡을 닻으로

> 마음을 들여다보아야만 시야가 명료해진다.
> 밖을 보는 자는 꿈을 꾸고 있다. 안을 들여다보는 자는 깨어난다.
>
> —칼 융(Carl Jung)

호흡은 자연발생적 치유의 힘과 안정을 유지하는 힘을 가지고 있다. 그 힘과 더욱 심오하게 연결하기 위해 이 장에서는 마음챙김과 호흡 알아차림이라는 기초 훈련을 소개한다. 틱낫한(Thich Nhat Hanh, 2004, track 1)은 호흡을 마음과 몸을 잇는 다리라고 하였다. "마음과 몸이 다시 하나가 되어 한곳에 존재하고 …… 생각을 멈춘다. 이것은 기적과 같다."

호흡을 알아차림 하면서 지금 이 순간에 머무는 것은, **뇌로 하여금** 지금 이곳에 그대로 머물도록 **훈련시키는** 것이다. 과거로 돌아가거나 미래를 미리 그려 보고 싶은 유혹을 떨치고 평온함, 힘, 명료함이 살아 있는 순간인 지금, 온전하고 완성된 나로 태어날 수 있는, 지금 이 순간의 알아차림 속에 존재하는 것이다. 자신을 인도하는 안내자로 마음챙김을 사용하기 위해서 명상 수련을 확립하고, 체외수정시술이나 각종 주사, 임신 여부를 알리는 전화에 대비하기를 포함하여 난임으로 인한 우여곡절을 관통하는 마음챙김 로드맵을 만들고자 한다.

　왜 마음챙김이 난임 극복에 도움이 되는가? 생식이 가지는 주기적 특성은 매월 반복적으로 난임을 상기시키기 때문에 과거에 있었던 상실과 실패를 다시 떠올리게 되고 두려움과 미래에 대한 불안이 커지면서 현재는 하찮은 것이 되어 버린다. 매월 다시 떠올리게 되면서 이제까지 임신하기 위해 애쓴 지나온 세월이 더 또렷해진다. 마음챙김은 현재에 머물면서 중립적 관점을 유지하게 하고, 난임이 **자신을 정의**하는 것이 아니라는 것을 알게 만든다. 마음챙김은 지금 무슨 일이 일어나고 있는지를 있는 그대로 바라보고 알아차림 한다. 몸과 마음이 통합되면서 내 앞에 실제로 펼쳐지는 일에 주의를 기울인다. 마음챙김 하면 생각의 힘이나 감정에 압도되지 않고 새로운 관점과 가능성, 전략이 생긴다. 어떤 상황과 마주해도 비판하지 않으며, 좋다, 나쁘다라는 꼬리표를 붙이지 않고 중립적으로 관찰하는 태도를 계발할 수 있다. 이렇게 비판단적이고 중립적인 렌즈로 바라보면 난임과 자신을 동일시하는 것에서 벗어나 굽이굽이 돌아 부모가 되는 여행이 얼마나 달라지는지 알게 된다.

그 어느 곳도 아닌 바로 지금 여기에

　평소 특별한 일 없이 쉬는 동안에도 지금 이 순간에 머물고 있는 시간이 그리 많지는 않다. 실은 우리가 보내는 시간의 46.9%는 마음이 여기저기 방황하면서 보낸다고 한다. 그러니까 살아가는 시간의 반을 정신없이 보내고 있는 것이다. 실제 자신이 존재하는 곳에 있지 않고 자동 반사적 모드 속에 빠져 있다. 가수 존 레넌(John Lennon)이 말했듯이, "다른 일을 계획하느라 바삐 보내는 사이에 일어나고 있는 일이 바로 우리 인생"이다.

우리는 '스트레스 홍수' 속에 살고 있다. 그러면서 타인과 특히 자신에게 더 혹독하게 비판적이다. 외부 상황은 무엇이 잘못되었고, 자신이 뭘 잘못했는가를 통해 경험을 걸러 내는 것을 판단이라고 한다. 우리는 이 판단이라는 렌즈를 통해 세상을 본다. 그리고 자신이 중심축에서 10도 정도 기울어진 것을 알게 된다. "좀 더 날씬하기만 했어도, 돈이 더 있었다면, 더 성공했다면, 더 똑똑했더라면, 더 예쁘기만 했어도……." 이러한 것들은 끝도 없이 나열할 수 있다. 과거 우리가 사냥꾼이나 채집자였다면 이제는 가장 좋은 거래를 위한 구매자로 바뀌었다. 그리고 가장 좋은 것을 찾았어도 종종 실망하기도 하고, 그 기쁨이 오래 지속되지 않음도 알게 되었다. 늘 뭔가를 하느라 우리가 존재하는 것만으로도 의미가 있는 인간이라는 사실을 잊어버렸다.

성공하고 싶은 마음에 과거나 미래를 걱정하느라 하루에도 몇 번씩 무의식적으로 스트레스 반응이 유발될 뿐 아니라 '노력과 달성'을 동일시하다 보니 의도적으로 스트레스 반응을 자극하기도 한다. 그러고는 왜 이렇게 지치고 짜증 나고 쉽게 당황하고 녹초가 되는지 모르겠다고 자문한다. 실은 평온한 상태라야 일도 쉽게 배우고 잘 해낼 수 있다. 편안하고 안정된 상태에서 뇌가 더 창조적이기 때문이다.

난임으로 인해 끊임없이 자신이 부족하다는 생각과 씨름하면 할수록 난임은 두려움과 공포로 귀결된다. 두려움과 밀착되다 보면, 이 두려움을 내려놓으면 절대로 목적지에 도달하지 못할 것이라고 믿게 된다. 그 결과, 힘든 여행을 버티는 데 필요한 심성을 기르기보다는 단지 성공을 좇아 애쓰고 또 애쓰게 된다.

2500년 전 붓다는 마음의 본성을 들여다보고, 고통과 마음의 관계 그리고 고통에서 벗어나는 것과 마음의 관계를 살폈다. "그 가르침의 중심에는 네 가지 성스러운 진리가 있어 이를 사성제라고 한다. 고집멸도(苦集滅道), 즉 고통을 알아야 하고, 고통의 원인이 집착, 번뇌임을 알고 이를 내려놓아야 하고, 고통은 사라진다는 것을 깨달아야 하며, 고통을 끝내기 위한 길을 열어야 한다는 것이다."(Catherine, 2008, p. 23)

붓다는 명상을 통하여 고통에서 벗어나는 길을 보여 주었다. 명상은 지혜롭게 산다는 것이 어떻게 사는 것인지 알려 준다. 붓다는 한 번도 자신을 신성한 힘의 전령이라고 하지 않았다. "붓다 당신은 신이십니까?"라는 물음에 "아니요, 나는 깨어 있는 자입니다!"라고 대답하였다. 붓다는 불자가 아니다. 그는 깨달은 사람이다.

마음챙김 훈련은 깨어나는 것이다. 자신을 진정으로 알게 되는 것은 오직 현재이다. 지금 자신이 존재하는 곳이 아닌 다른 곳에 있어야 한다는 망상을 내려놓는다. "진정 어디에도 가지 않아도 되고 해야 할 것도, 얻어야 할 것도, 아무것도 없다. 지금 있는 그대로의 당신으로 이미 충분하고 완전하다. 자기만의 알아차림을 따뜻하게 받아들여 감싸 안은 지금 그대로, 더할 나위 없이 완벽하다."(Kabat-Zinn, 2013, p. 574)

마음챙김, 마음챙김에 근거한
스트레스 감소 프로그램과 명상

마음챙김은 오래 전 붓다가 살던 시대에 만든 명상이라는 형식과 주류 의학 사이에 문을 열어 주었다. 카밧진이 마음챙김을 근간으로 8주 동안 진행하는 스트레스 감소 프로그램(Mindfulness Based Stress Reduction program, 이하 MBSR)을 만든 1989년 이래로 이 프로그램은 각종 치료법의 하나로 널리 알려지게 되었고, 오늘날의 '마음챙김이 가져온 혁명'에 박차를 가하게 만들었다. 이 프로그램은 만성 통증을 비롯한 다양한 의학적 질환과 스트레스 관련 질병 치료에서 훌륭한 업적을 이루었다. 마음챙김, MBSR, 명상이 신체적·정신적 건강, 관계 형성, 삶의 방편 개발, 뇌와 면역 기능 등에 유익하다는 연구 결과가 지속적으로 나오고 있다.

그중 하나가 위스콘신 대학교의 리처드 데이비드슨(Richie Davidson) 박사 팀이 첨단기술회사 직원을 대상으로 하여 무작위로 MBSR 그룹과 대기자 명단 그룹인 대조군으로 나누어 실시한 연구(2003)이다. 프로그램 시작 전에 전체를 대상으로 뇌 자기공명단층촬영(이하 MRI)을 하여 뇌의 활성이 '오른쪽으로 기울었다'는 결과를 얻었고, 이는 부정적 정서가 우세한 우측 뇌의 활동이 더 높다는 것을 의미한다. 8주 프로그램 실시 후에 MBSR 그룹에서 다시 MRI 검사를 하였고, 뇌 활동이 '왼쪽으로 기울었다'는 결과를 얻었다. 이는 긍정적인 정서가 우세한 좌측 뇌의 활동이 더 높아진 것을 의미한다. 반면에 대기자 명단에 있던 그룹은 처음 촬영 결과와 마찬가지로 뇌 활동이 '오른쪽으로 기운'

양상을 보여 부정적 정서가 우세한 우측 뇌의 활동이 계속 높게 유지되고 있음을 알 수 있었다. 또한 전체 연구 대상 직원에게 독감 접종을 하고 8주 후에 항체 검사를 하였다. 그 결과 MBSR 그룹이 대기자 그룹보다 독감 항체 역가가 더 높았고 이는 면역 기능의 항진을 의미한다. 이 연구는 마음챙김 훈련이 뇌의 구조와 기능을 바꿀 수 있다는 것과 면역 기능을 향상시킨다는 사실을 분명하게 보여 주었다.

스탠퍼드 대학교의 필립 골딘(Philippe Goldin) 박사는 불안장애 환자를 대상으로 8주 MBSR 프로그램을 실시하였다(2010). 프로그램 실시 전후에 기능적 뇌 MRI 검사를 하였다. 아주 안정된 사람조차 MRI 장치 안에 들어가면 좁은 공간과 소음으로 불안해질 수 있다. MBSR 프로그램 참가자 그룹은 MRI 검사에서 편도의 활성도 감소를 보였다. 편도는 스트레스, 불안과 관련이 있는 뇌 부위이다. 참가자들은 중재 이후 불안 증상이 줄었고 침착하고 평온한 마음을 유지할 수 있게 되었다고 보고하였다.

위스콘신 대학교의 안투앙느 러츠(Antoine Lutz) 박사 연구팀은 주의조절에 필요한 뇌 부위가 명상에 의해 어떻게 활성화되는가를 보여 주었다(2008b). 주의를 집중하려면 애를 써야 하는데 명상이 궁극적으로 이 노력을 어떻게 감소시킬 수 있는가를 연구하였고, 또 이 연구진의 다른 연구(2008a)에서는 오랫동안 명상을 해 온 전문가들이 자비명상을 하는 동안, 신체 감각이나 정서적 반응과 관련이 있는 뇌 영역이 초보자에 비해서 더 크게 반응하였음을 보여 주었다. 명상은 공감과 관련된 뇌 영역에 영향을 미치는 것으로 보인다.

일반적으로 가장 널리 알려진 전통적인 명상 두 가지는 집중명상과 통찰명상이다. 집중명상은 문구나 진언, 호흡과 같이 한 가지에 집중하는 명상이다.

진언에 주의를 두는 초월명상이 한 예이다. 집중명상에서는 신체 감각이나 느낌, 생각이나 감정을 방해꾼으로 여겨 집중을 유지하려는 의도를 흩뜨린다고 간주한다. 명상 수련은 마음을 안정시키고 평온하게 하며 마음이 의도하는 대로 할 수 있도록 힘을 실어 준다.

위빠사나라고도 하는 통찰명상에서는 생각, 감정, 신체 느낌이나 감각이 방해꾼이 아니라 관찰하는 경험과 함께 전개되는 자연스런 본질의 하나라고 여기기 때문에 그저 비판단적으로 알아차림 한다. '명료하게 보다'라는 뜻의 위빠사나는 알아차림 훈련으로 통찰에 이르게 하고 지혜를 갖게 한다. 통찰명상의 중심에는 명료하고 변치 않는 비판단적인 알아차림 능력을 기르는 마음챙김 수련이 있다.

공식적 명상 수련

공식적 마음챙김 수련에는 정적인 명상과 동적인 명상이 있다. 마음챙김을 하려면 주의를 집중하는 마음과 명상하려는 의도, 이 두 가지가 필요하다. 지금 이 순간에 마음을 집중하여 중립적인 자세로 관찰하는 대상에 주의를 가져가는 것과 지금 관찰하고 있는 것이 무엇인지 즉각적으로 알아차릴 수 있도록 온전하게 명상 상태를 유지하겠다는 의도가 필요하다.

위빠사나, 즉 통찰명상을 배울 때 전통적인 가르침은 주의를 여러 가지 다른 대상에 보내라고 한다. 가장 보편적인 순서는 호흡, 몸, 생각 그리고 감정이다. '순수한 주의'를 대상에 보내 지금 이 순간 내 안에서 그리고 나에게 실제 일어나는 일을 한결같이 알아차림 하는 것이다. 이때 감각과 밀접하게 마주하게 되는데 감각을 분석하거나 평가하거나 고치려고 하지 말고 단지 주의를 보내는 대상인 감각과 내가 어떤 관계를 형성하는지 알아차린다. 판단하고 저항하는가? 초대하듯이 참여하고 수용하는가? 명상은 주의를 보내고, 그 주의의 대상에 머물겠다는 의도가 있어야 한다. 인간관계에 관한 신경생물학의 창시자이자 정신건강의학과 의사인 댄 시걸(Daniel Siegel)은 마음챙김이란 **관찰자로서 객관적이고 열린 자세로 주의를 조준하고 유지하는 능력**을 갖는 것이라고 하였다(2010, p. 32).

　마음챙김 명상에서 아무리 주의를 호흡에 집중하겠다는 의도를 가져도 마음은 다른 곳에 가기 마련인데, 그 이유는 마음이란 원래 그렇기 때문이다. 마음이 지어내는 이야기나 우연히 떠오른 생각에 사로잡혀서 자신이 경험하는 가장 중요한 바로 지금 이 순간을 놓치기 쉽다. 그러나 여기저기 방황하는 산란한 마음은 행복하지 않은 마음이라서 이런 마음의 역류에 휩쓸려 가지 않고 현재의 흐름에 머무는 것을 명상 수련의 기반 속에서 배우는 것이다. 난임이 가져오는 강박적인 생각이나 견디기 힘든 감정을 다룰 때 이러한 안정된 마음이 주는 혜택을 상상할 수 있을 것이다.

　명상을 하는 동안 마음이 방황할 때마다 그저 '생각하는구나'라고 마음속으로 알아주고 다시 자연스레 주의를 대상으로 가져온다. 한 번 앉아서 명상하는 동안 500번을 방황한다면 500번 다시 대상으로 **돌아오는** 훈련을 하는 것이다. 이는 그 자체로 가치 있는 훈련이다. 정신없이 재잘대는 마음의 수다에서 벗어나 마음을 달래고, 안정을 유지하는 심성을 기르며, **통제 모드에서 알아차림 모드로** 전환하는 것을 명상을 통해 배운다.

마음챙김이 마음을 비우는 것이 아님을 명심해야 한다. 이는 마음이 산란해진다고 명상에 방해가 되는 것이 아니라는 것을 뜻한다. 소리가 들리거나 몸의 감각이 느껴지면, 주의가 산만해지거나 성가시다고 짜증 내지 말고 관찰하는 경험과 함께 펼쳐지는 특성으로 여겨 비판하지 않고 단지 그 대상을 알아차림 하는 관계를 형성한다. 잘하는 명상, 잘 못하는 명상은 없다. 마치 이 나무 저 나무를 옮겨 다니는 '원숭이 마음'같이 마음이 길을 잃고 떠돌 때는 마음이 어디까지 방황할 수 있는지 알아본다. 마음의 습관을 아는 것이 변화 과정의 기본이다.

명상을 하는 동안 다루기 힘든 마음의 습관을 알기 시작하면 이 습관이 일상에서 발휘하는 힘을 알게 된다. 문제가 있는 패턴을 알면 자신의 삶의 방식이 마음이 편안해지는 데 전혀 도움이 안 되는 것임을 알 수 있는 실마리가 된다. 붙잡고 싶어 하거나 피하고 싶어 하는 마음, 당기거나 밀어내는 마음, 좋아하는 것은 움켜쥐고 싶고, 싫어하는 것은 없애고 싶은 마음을 알게 된다. 이 때문에 얼마나 애를 쓰고 있는지, 또 그런 노력이 얼마나 효과가 없는지도 알게 된다. 인생에는 우리가 통제할 수 없는 일이 너무 많고, 역설적이게도 싫어하는 것을 바꾸려고 노력할수록 더 문제를 만들게 된다. 따라서 이런 경향을 아는 것이 고통에서 벗어나는 가장 중요한 단계이다.

주의를 보내는 대상, 예를 들면 호흡, 몸, 생각이나 감정을 어떻게 대하는가는 내가 삶을 어떻게 대하는가, 삶과 어떤 관계를 형성하는가에 적용된다. 알아차림이 깊어지면 모든 일에는 서로 인과관계가 있음을 알게 된다. 명상을 통해 상황을 바꾸려 하기보다는 그 상황과의 관계 설정이나 대하는 태도를 바꾸는 것을 배운다. 이것은 엄청난 변화를 가져온다.

명상을 하는 동안 주의를 보내는 대상을 **수용**(호기심을 느끼고 친절한 마음으로 개입)하는지, **저항**(조바심을 내고 지루해하고 졸려 하거나 불안해하고 특정한 방식으로 경험을 판단)하는지를 알게 된다. 즉, 대상과 어떤 관계를 형성하는지 알아차리는 것이다. 모든 경험을 '즐겁다' '즐겁지 않다'의 범주로 나누는 것에서 알아차림을 통한 이해와 지혜로 옮겨 가도록 마음챙김이 이끌어 준다.

호흡의 흐름에 자신을 맡기면서 호흡을 어떤 방법으로도 바꾸려 하거나 평가하지 않고, 있는 그대로의 호흡과 함께하며 수용하는, 즉 다정하고 부드러운 관계가 만들어지는 것이다. 이를 통해 믿고 맡기는 것을 배우게 된다. 이렇게 호흡과 함께하면서 더욱 자신을 믿고 자신과 함께하게 된다. 언제 곤혹스러움을 느끼고 언제 평온함을 느끼는지 알게 되고, 마음을 열고 내려놓고 받아들이는 것을 배우면서 점점 자신을 알아 가게 된다.

마음챙김이나 명상이 뭔가를 이루거나 어딘가에 도달하려고 애쓰지 않기 때문에 수동적이고 소극적이 되는 것이 아닌가 하고 걱정할 수도 있다. 그러나 마음챙김은 변화와 전개를 용이하게 만드는 심성을 기른다. 초연한 목격자적인 관점을 통해 마음의 덫이나 쓸모없는 습관에 빠지지 않게 된다. 과거의 생각에 잠겨 반추하지 않게 되고, 우울한 감정과 불안한 생각들이 힘을 잃는다. 나의 MBSR 스승 밥 스탈(Bob Stahl)과 나눈 이야기로, 그의 마음챙김 학생 가운데 누군가가 한 말을 소개한다. "지금까지는 스트레스가 나를 그 손아귀에 쥐고 있었다면, 이제는 내가 스트레스를 쥐고 있고 이제 그것을 놓아 줄 수도 있게 되었다."

불쾌한 일에 저항하기보다 불쾌한 것을 향해 다가갈 줄 알게 되면, 난임이 없어져야 할 대상일 필요가 없고 오히려 난임을 다르게 대하기 시작한다. 비판하지 않고 단지 전개되는 대로 어떤 일이 생기는가를 관찰하면 이제까지 문제라고 여기던 것들이 더 이상 문제가 아니란 것을 알게 된다. 쥐고 있던 손의 힘을 풀게 된 것이다. 이제는 '내가 누구인가'를 난임으로 규정짓지 않기 때문에 더 이상 자신을 불량품으로 여기지 않는다. 문제는 내가 아니다. 단지 난임이라는 난제를 만나서 이것을 슬기롭게 해결해야 하는 것뿐이다. 상황과 나와의 관계 설정만 변하는 것이 아니라 나 자신이 달라진다. 그 과정을 통해 우리는 애쓰지 않더라도 변화한다.

수련 확립하기

명상은 마음이라는 바다를 여행하는 배이다. 명상은 파도와 해류, 조수간만을 헤치고 지탱하면서 항로에서 벗어나지 않게 한다. 그리고 여정에 필요한 심성을 기르기 위해 필요한 자극도 제시해 준다. 이 매개 수단을 잘 확립하기 위한 첫 번째 단계는 매일 훈련하기로 마음먹는 것이다. 두 번째 단계는 언제 어디서 어떻게 훈련할 것인가에 대한 계획을 세우고, 세 번째 단계는 그 과정을 잘 따라가는 것이다.

- 1단계: 하루 10분씩 훈련하겠다는 **의도**를 가지고, 점차 하루에 20분 이상으로 증대시키는 것을 고려한다. 각 장에서 명상 수련을 자세히 안내하고 있지만 실제로 듣고 해 보고 싶다면 우선 www.youtube.com/c/LeeInsil을 방문해 보기 바란다. 처음에는 짧은 안내를 따라서 하고, 만일 더 오래 하고 싶으면 시간에 따라 선택한다. 물론 오래 하면 훈련의 깊이를 확립하기 좋겠지만 더 중요한 것은 일관성, 즉 얼마나 자주 지속

적으로 하는가이다. 훈련을 빠뜨렸다고 해서 실망할 것은 없다. 그저 **새롭게 시작**하면 된다.

■ **2-1단계: 훈련할 시간을 낸다.** 일상적 활동을 이미 시작하고 나면 명상을 위해 다시 앉는 것이 어렵기 때문에 일반적으로 아침에 일어나자마자 훈련하는 것을 권장한다. 아침 훈련은 하루 종일 자신의 분위기를 결정하기도 한다. 조금 일찍 일어나게 자명종을 맞춰 놓고 그것이 울리면 훈련을 시작하라는 마음챙김 종소리로 여긴다. 또 다른 시간으로는 일과가 바뀌는 시간을 권하는데 이는 그 전에 하던 일을 이미 멈춘 시간이기 때문이다. 학교나 직장에서 집으로 돌아와서라든지 점심 먹기 전이나 잠자리에 들기 전이 그 예이다.

■ **2-2단계: 훈련할 장소를 찾는다.** 명상용 방석이나 의자 그리고 시계, 담요와 같이 명상을 하기 위해 필요한 도구들을 가까이 두고 즉시 사용할 수 있는 공간을 만든다. 작은 조각상이나 촛불과 같이 영감을 주거나 마음을 고요하게 하는 물건들을 가져다 놓아도 좋다. 시간이 되면 마치 자석과도 같이 마음이 당신을 이곳으로 이끌 것이다.

■ **2-3단계: 자세를 잡는다.** 가부좌를 하고 방석 가장자리에 앉으면 허리가 굽지 않고 똑바로 앉을 수 있다. 또는 의자에 앉아서 양발은 바닥에 직각으로 바로 놓고 등을 의자에 기대지 말고 허리를 곧게 세우고 눈을 감는다. 마치 정수리에 끈이 있어서 상체는 하늘을 향해 들어 올리고 하체는 바닥에 굳건하게 닿아 있다고 여긴다. 허벅지에 손을 놓을 때 손바닥이 하늘을 향하면 수용하는 자세를 갖는 것이고, 손바닥이 아래로 향하면 안정감을 고무시키는 것이다. 고귀함, 평온함이나 안정감 같은 고결

한 특성을 몸으로 '구현'하는 시간이 되게 한다. 명상을 하면서 평온함, 고요함 같은 안녕한 상태가 되는 것을 느낀다. 이 경험이 명상을 하도록 이끄는 데 도움이 된다. 몸과 마음이 편하게 **이완되면서 깨어 있는 상태**, 즉 주의를 보내는 대상을 경쾌하고 부드럽게 **접하면서** 온전하게 알아차림 하는 상태를 유지하고 앉아 있다. 앉아서 하는 것이 선호하는 자세이기는 하나 눕거나 서서 하는 것도 가능하다.

■ 3단계: 수련을 **기록**한다. 매 장이 끝날 때마다 한 주 단위의 훈련 기록지에 기록을 하면 마음챙김 수련을 확립하고 강화하는 데 도움이 된다. 명상과 마찬가지로 매주 훈련 상황에 성공이나 실패는 없다. 훈련을 하면서 무엇을 배웠고 그것이 어떻게 도움이 되었는가? 무엇이 훈련으로 이끌었는가? 마음이 어떻게 작동하는가에 관해 무엇을 배웠는가? 훈련을 하지 않았다면 어떤 방해 때문이었는가? 저항이 어떤 형태로 나타났는가? 너무 바빠서, 피곤해서, 마음을 다른 곳에 뺏겨서, 너무 긴장해서인가? 무엇을 알아차림 했건 간에 알아차림 한 모든 것은, 자신이 어떻게 곤경에 빠졌고 어떻게 고통에서 벗어났는가에 대한 중요한 정보가 된다. 언제, 얼마 동안 훈련을 했는가를 기록하는 것은 효율적인 훈련 패턴을 찾는 데 도움이 된다.

호흡 명상

　호흡 알아차림 명상에서는 주의를 호흡에 고정시키기 위해서 호흡 수를 세거나 만질 수 있는 염주 같은 도구를 사용한다. 호흡 명상은 호흡에 모든 주의를 가져가서 매번 펼쳐지는 호흡이 주는 감각 그대로 긴밀하게 교감한다. 숨을 들이쉬고 내쉬면서 공기의 흐름을 느낀다. 매번 호흡을 분석하거나 평가하거나 수정할 필요 없이 그 자체로 리듬과 움직임, 결, 소리와 시간을 가진 파도와도 같은 호흡을 알아차림 한다. 호흡과 어떻게 관계를 형성하는가도 알아차린다. 판단하고 저항하는가, 아니면 참여하고 수용하는가? 마음이 방황하면 호흡의 감각으로 주의를 다시 가져온다.

🌱 명상 수련: 호흡 명상

　호흡 명상을 비롯한 여러 훈련을 매일 10분 이상 하기로 마음을 먹는다. 발을 바닥에 대고 의자에 앉거나 가부좌를 하고 방석에 앉는다. 척추를 바로 하고 편안하면서 깨어 있는 자세로 양손은 무릎에 놓는다. 손바닥을 위로 향하게 하여 수용하는 자세를 하거나 손바닥을 아래로 향하게 하여 안정적인 위치에 놓는다. 마음가짐을 어떻게 몸가짐으로 구현하는가를 알아차림 한다. 어쩌면 왕이나 여왕 같은 기품 있는 자세이거나 연못에 떠 있는 수련 같은 평온한 모습, 산이나 커다란 세쿼이아 같은 공고한 느낌일 수도 있다. 내 안에서 사방으로 발산하는 특성을 온전히 내 것으로 만들면서 그 자세를 충분히 음미한다.

　자연스러운 호흡을 알아차린다. 주의를 편안하게 호흡으로 가져와 몸이 느끼는 호흡의 감각을 알아차린다. 몸의 부위별로 호흡을 느낀다.

- **복부**: 숨을 들이쉬면 배가 올라오고 내쉬면 공기가 빠지듯 배가 아래로 내려간다.
- **가슴**: 숨을 들이쉬면 가슴이 올라오고 내쉬면 내려간다.
- **몸 전체**: 숨을 들이쉬면 몸이 확장되고 내쉬면 몸이 줄어든다.
- **콧구멍**: 숨이 들어갈 때 차가운 공기가 들어가고 나올 때 따뜻한 공기가 나온다.
- **윗입술**: 콧구멍 가까이 갔다가 내쉴 때는 산들바람이 스치듯 공기가 와 닿는다.

　몸의 한 부위에서 다른 곳으로 주의를 옮겨 가기보다는 호흡이 가장 생생하게 느껴지는 곳으로 주의를 보낸다. 호흡에 주의를 계속 유지하면서 매 호흡의 고유한 특성에 세심한 주의를 기울이면 숨결과 톤(숨이 유려한가, 고르지 못한가), 감각(흐름, 리듬, 맥, 오름과 내림, 부풀림과 꺼짐), 길이와 멈춤(내쉬는 시간이 들이쉬는 시간보다 약간 길다거나 들숨과 날숨 사이에 잠시 호흡이 멈추는 순간) 같은 특성을 알아차림 할 수 있다.
　몸에서 호흡의 흐름을 느끼고 그 흐름 속에 있으면서 매 호흡이 주는 감각의 파도를 탄다. 마음이 방황하면 '생각을 하는구나.'라고 그저 마음속으로 알아차리고 마음을 다시 호흡으로 온화하게 이끌어서 매 순간 호흡의 감각과 함께한다. 호흡을 어떻게 대하는가도 알아차림 한다. 저항하는가? 예를 들어, 참을성 없이 마음이 성급하거나, 지루해하거나, 게으름을 피우고 아무렇게나 하거나, 흥미가 없거나, 졸리거나, 흥분되거나 하였는가? 경험을 이상한 잣대로 판단하였는가, 아니면 받아들이고 인정하였는가? 예를 들어, 호기심을 가지고 친절한 마음으로 참여하면서 호흡과 조화를 이루며 있는 그대로 받아들였는가?

이제 명상을 끝내며 건강과 치유를 위한 시간을 가진 것을 기쁘게 여기면서 준비가 되면 천천히 눈을 뜬다. 훈련 기록지에 명상 수련을 기록한다. 호흡을 어떻게 대했는가, 저항하였는지 수용하였는지 아니면 양쪽 모두였는지 알아차린다.

- ■ **저항**: 조바심을 내거나, 졸려 하거나, 비판하는 것이 저항의 모습이다. 나 자신이나 나의 경험을 좋다, 나쁘다로 심판하였는가? 호흡에 흥미를 잃고 마음이 방황하였는가? 소리가 방해한다고 여기거나 신체 감각이 내 경험을 좌지우지하였는가?
- ■ **수용**: 호기심을 가지고 세심하고 친절한 마음으로 적극적으로 임하는 것이다. 지금 실제 존재하는 것과 '함께' 하였는가? 중립적인 마음으로, 싫어하는 것을 향하여 관심을 보일 수 있었는가? 매 순간 호흡의 고유한 특성을 알아내고 있는 그대로의 호흡과 함께할 수 있었는가? 마음이 방황하면 '생각'이라고 마음속으로 알아차리고 다시 마음을 호흡으로 데려왔

는가? 앞일을 계획하거나, 걱정을 하거나, 과거 일을 다시 떠올리는 경우와 같이 내 마음이 어디를 방황하고 있는지 그 패턴을 알아차릴 수 있을 만큼 호기심 많은 태도로 임하였는가? 고요함, 기쁨, 평온함, 안정감, 편안함 같은 건강한 느낌이 내 안에서 생기는 것을 느낄 수 있었는가?

호흡 알아차림을 위한 안내를 www.youtube.com/c/LeeInsil에서 찾아서 따라 한다.

비공식 일상 훈련

마음챙김 비공식 일상 훈련은 일상에서도 항상 지금 여기에 주의를 집중하는 것이다. 일상에서도 마음챙김 하면서 알아차림 하는 것을 배우는 것은 감각의 세계로 들어가는 것이며, 좀 더 완전하게 존재하는 것이다. 예를 들면, 설거지를 할 때 빨리 끝내고 다른 일을 해야겠다는 생각과 같이 그저 떠오르는 생각이나 비판적인 생각에 마음을 빼앗기기보다는 단지 식기를 닦는 경험에 주의를 집중한다. 내 손에 닿는 따뜻한 물과 비누거품의 감촉을 느끼고 더러운 접시가 깨끗이 씻겨 어떻게 달라지는가, 식기세척기로 들어간 접시의 움직임도 느껴 본다. 어쩌면 당연하게 여기거나 안 하면 좋겠다 싶기도 한, 단순하고 반복되는 접시 닦는 행동을 통해 역동적이고 미묘한 삶의 현상을 알게 되고 인정하게 된다.

마음챙김이 가져다주는 선물 중 하나는 즉각적으로 반응하기 전에 잠시 멈출 수 있다는 것이다. 이는 **현명한 멈춤**이라고도 하는데, 비공식 훈련은 이 기술을 강화하는 데 도움이 된다. 대부분의 비공식 훈련에서는 의식적으로 복식 호흡을 하느라 잠시 멈추게 되면서 자동적인 반응에서 벗어날 수 있고, 생각과 감정, 신체 감각을 관찰하고 알아차림 하게 되면서 지금 이 순간으로 돌아오는 것이 가능함을 알려 준다(Germer, Siegel, & Fulton, 2005, p. 227).

🌿 일상 훈련: 호흡 알아차림-멈춤

비공식 **멈춤** 훈련을 하루 중 시간 날 때마다 2~3분씩 한다. 호흡에 주의를 기울여 무모한 생각이나 나쁜 감정으로부터 피난처를 찾아 안녕과 평온함이 있는 현재로 돌아오는 방법이다. 2~3회에 걸친 깊은 복식 호흡으로 시작한다. 복부에 주의를 가져가서 숨을 들이쉬면 복부가 올라가고 내쉬면 복부가 내려가는 것을 알아차린다. 호흡의 파동, 리듬을 느끼고 호흡이 몸속을 마사지한다고 상상한다. 이는 마치 호흡이 천천히 이완하라는 신호를 몸에 보내는 것과 같다. 마음챙김 호흡을 계속하면서, 지금 실제로 하고 있는 단순한 행동으로 알아차림을 확장한다. 만일 걷고 있다면 매 걸음마다 땅에 닿는 발을 느낀다. 앉아 있다면 몸이 의자와 접촉하는 면, 발이 바닥에 닿아 있는 느낌, 무릎에 놓은 손을 알아차림 한다. 접시를 닦고 있다면 손에 흐르는 물의 느낌을 체험하고 접시가 닦이는 모양을 체험한다. 하고 있는 행동이 무엇이건 간에 지금 여기에 모든 주의를 보낸다.

멈춤을 시각적으로 상기시켜 줄 물건을 만든다. 예를 들면, 하얗고 자그마한 조약돌에 '멈춤'이라고 써서 주머니나 지갑, 운전석의 계기판이나 컴퓨터의 옆같이 바로 가까이에 둔다. 잠시 멈추어야 할 바람직한 경우로는 상황이 안 좋거나 괴로운 감정이 들 때, 자연스레 일을 쉴 때나 쉬고 싶을 때이다. 빨간 불이 켜진 신호등 앞에서, 병원 대기실이나 식품점에서 줄을 서 있을 때도 잠시 멈춤을 훈련한다. 멈춤 훈련을 하면 할수록 **현명한 일**이라는 느낌이 들면서 자연스럽게 점점 더 멈추기로 마음먹게 된다. 일상에서 한 멈춤 훈련의 원인과 결과의 체험을 훈련 기록지에 적는다.

치료를 찾아서

부부 여섯 쌍 가운데 한 쌍은 난임을 경험한다. 난임의 원인은 다양하여 35%는 정자를 비롯한 남성 요인에 의한 난임이고, 35%는 나팔관이나 자궁에 문제가 있으며, 15%는 배란과 관련된 문제이고, 10~15%는 원인을 알 수 없다(Speroff, Glass, & Kase, 1999, p. 1021). 지난 30년 동안 눈부신 과학의 발전으로 보조생식술을 통한 임신이 가능해졌다. 이 가운데 가장 중요한 치료가 체외수정시술이다. 대부분의 난임클리닉이 체외수정시술 첫 시도 성공률을 50% 정도로 예상한다. 3회까지는 시도를 계속할수록 전반적인 성공 확률이 증가한다.

오늘날 냉동배아 이식의 성공률도 신선배아 이식 성공률에 접근하고 있다. 또한 정자의 운동성이나 형태와 관련된 남성 난임 문제들은 정자를 직접 난자에 주입하여 수정을 돕는 미세조작시술인 세포질내 직접 정자주입술(Intracytoplasmic Sperm Injection: ICSI)로 치료한다. 유전적인 문제나 잦은 유산 관련 문제는 체외수정시술 후 5일째 되는 날 태아에서 생검을 하여 유전적 이상 유무에 대한 포괄적 염색체 선별검사(Comprehensive Chromosomal Screening: CCS)를 실시하고 있다.

우리가 흔히 범하는 잘못은 체외수정시술을 잘 모르면서 하려고 한다는 것이다. 그래서 종종 기대치가 비현실적이거나 현명하지 못한 결정을 하기도 한다. 이 책의 부록으로 '난임 101'을 넣어 체외수정시술을 비롯한 난임과 그 치료에 대한 의학적 이해를 돕고자 한다.

체외수정시술 과정에서 전혀 예기치 못한 결과를 병원에서 듣기도 하고, 본인에게 일어나는 일을 자신이 통제하지 못한다는 느낌이 들어서 체외수정시술을 **롤러코스터**에 비유하기도 한다. 매번 새로운 시도를 위한 오르막길은 느리고 신중한 반면, 내리막은 빠르고 갑작스럽다. 그 사이 겪는 우여곡절은 변덕스럽고 예기치 못한 일로 가득해서 언제든지 문제가 생길 수 있다. 초기 약물 복용으로 낭종이 생기기도 하고, 자궁 내막의 두께가 충분하지 않을 수도 있고, 수정률이 낮거나 난포가 충분하게 생기지 않아 난자 채취가 취소되기도 한다. 프로토콜대로 정확하게 따르고 경제적으로나 정서적으로 잘 관리한다고 해도 반드시 성공이 보장되는 것은 아니다.

정확한 진단을 받아야 하고 치료를 이행해야 하며 잠재적 상실감을 해결해야 하는데, 게다가 치료 결과도 좋지 않다면 누구나 감정적으로 힘들어진다. 여기에는 많은 내외적 요인이 있다. 문제를 부정하거나 난임으로 자존심이 상한다는 생각, 자신을 가치가 없다고 믿거나, 경제적으로 힘들거나, 특별한 경우이긴 하지만 결혼할 배우자를 찾아야 하거나, 일에 치어 살거나 생계를 책임져야 하는 경우, 경력을 위해 많은 일을 하고 있는 경우, 질병이 있거나,

가족 위기에 봉착한 경우 등 그 목록은 셀 수도 없다.

가족을 만들려는 사람에게 체외수정시술은 희망을 주는 치료이긴 하지만, 까다롭고 전문적이며 고도의 기술적인 과정을 선택한다는 것이 한편으로는 하나의 도박이기도 하다. 체외수정시술은 일단 시작하면 마치 중독된 듯이 시술에 사로잡혀서 언제 치료를 그만둘지 결정하기 힘들어진다. 언제 **잭팟을 터뜨리게 될지** 미리 알 수 있는 방법이 없기 때문이다. 지금까지 공들인 시간, 자원과 돈, 에너지를 생각하면 치료 과정과 작별하기란 쉬운 일이 아니다. 유전적 인연을 놓아 버리는 것이라고 여기기 때문에 치료 중단은 특히 더 고통스러운 일이다. 스스로에게 늘 묻고 있다. 언제가 되면 이제 그만이라고 할 수 있는 건가?

체외수정시술(IVF)을 준비하며

체외수정시술이라는 밧줄 위에서 줄타기를 잘하려면, 내가 가진 내외적 자산을 명료하고 균형 잡힌 마음으로 잘 가늠해야 한다. 마음챙김은 자기만의 외곬에서 벗어나도록 가르친다. 마치 목숨이라도 달린 듯이 원하는 것에 매달리거나, 피할 수 없는 일인데도 원치 않는 일이라고 회피하거나, 모래 속에 머리를 숨기듯 "내가 모르면 적어도 상처받지는 않을 거야."라고 분명한 현실을 부정하는 것과 같은 덫에 갇히지 않도록 마음챙김이 도와준다.

판단하지 않고 지금 이 순간을 알아차림 하는 렌즈를 통해 세상을 바라보는 법을 한 번에 한 걸음씩 따라 가면서 배운다. 매 걸음은 그다음 무엇을 할 것인가에 대한 중요한 정보를 준다. 실패한 체외수정 시술은 다음번에는 프로토콜을 어떻게 변화시킬 것인가, 다음에도 시도를 할 것인가 말 것인가에 대한 자료를 제공한다. "마음챙김 훈련의 역설은 마음챙김은 잘하고 못하고 가 없다는 것이다."(Germer, Siegel, & Fulton, 2005, p. 114) 모든 상황을 통해 배우고 성장한다. 준비가 덜된 상태에서 뭔가 결정을 해야만 하더라도 그것을 지지하고 되게 만든다면 어떤 결정을 하건 간에 그것은 온전한 결정이다.

우리는 모두 경제적ㆍ정서적 잔고, 시간과 신체적 잔고를 가지고 있고 이 것을 관리해야 한다. 관리를 잘하려면 여러 요인을 고려해야 한다.

- **경제적 잔고**: 치료 방법과 얼마나 오랫동안 치료를 지속할 것인가를 결정하려면 돈이, 그것도 아주 많이 있어야 한다. 잘 안 되었을 때 성공 가능성이 높은 다른 시도, 예를 들어 난자공여를 이용한 체외수정시술을 경제적인 문제로 하지 못하는 일이 없도록 계획을 잘 세워야 한다. 지금 들고 있는 보험에 난임에 대한 보장이 없다면 난임을 위한 보험을 생각해 봐야 한다.
- **정서적 잔고**: 감정이 고갈되는 것을 면하려면 실패할 확률이 높은 선택을 계속 반복하지 않아야 한다. 이는 다른 방법을 알아볼 수 있는 에너지를 고갈시킨다. 끝까지 최선을 다하고자 하는 성향을 가지고 있다면 '마지막으로 한 번 더'가 필요할 수도 있다. 이제 내려놓고 다음으로 나아갈 수 있게 되면 다른 선택을 하도록 한다.
- **시간 잔고**: 나이를 계산에 넣어야 하고, 임신하기 위해 지금까지 얼마나 오랫동안 노력했는가를 심각하게 고려해야 한다. 난임에 대한 도전이 언제 끝날지는 알 길이 없지만 내가 부모가 되기 위해 할 수 있는 것에 무엇이 있는지는 알 수 있다. 확인하고 제대로 이해하여 모든 가능성을 열어 둔다.

■ 신체적 잔고: 매달 하는 호르몬 요법도 시간이 가면서 신체적·정서적 소모를 가져온다. 난임을 위한 전인적 치료 방침은 약물이나 시술과 자기 관리 사이에서 균형을 유지하는 것임을 반드시 기억해야 한다.

🌿 글쓰기: 나의 종합 잔고

경제적·정서적, 시간 그리고 신체적 잔고를 찬찬히 들여다본다. 치료 방법과 부모가 되는 여러 가능한 방법을 잘 알고 있고 그것을 수행할 수 있는 종합적인 능력이 있는가? 어느 부분은 이미 바닥난 상태인지, 혹은 거의 바닥을 보이는지 살핀다. 각 영역에서 '부'를 축적하기 위해 무엇을 할 수 있는가? 종합 잔고를 글쓰기 노트에 적어 본다.

주사 맞기

마음속에 그려 보는 것도 직접 행동하는 것과 비슷한 정도의 변화를 가져온다고 알려져 있다. 마음속에 그리는 심상화는 일부 명상 수련의 기초이기도 하며 의학, 스포츠, 음악과 같은 다양한 영역에서도 쓰인다. 달리기 선수는 결승선에 일등으로 들어오는 모습을 마음속에 그려 보는 훈련을 한다. 대중 연설가는 자신감을 가지고 연단에 서는 모습을 마음속에 그리는 지도를 받는다.

심신건강 부문에서 암 환자를 돌보는 의사이자 작가인 버니 시겔(Bernie Siegel)은 어린 뇌종양 환자 이야기를 하였다(1986, p. 154). 이 소년은 암 치료의 보조요법으로 심상화 훈련을 배워서 항암치료 약물을 비디오 게임에 나

오는 로켓으로 상상하였다. 이것을 장착한 비행선이 머릿속을 날아다니면서 암을 향해 로켓을 발사한다고 상상하였다. 시겔 박사는 소년이 치료와 긍정적인 관계를 가짐으로써 항암치료를 좀 더 수월하게 받을 수 있을 뿐 아니라 치료 효과도 높일 수 있다는 가능성에 주목하였다.

심상화는 치료의 어려움, 특히 체외수정시술 치료 과정에서 주사가 힘들 때 사용하면 도움이 된다. 주삿바늘 때문에 유달리 공포심을 느끼는 것은 치료에 위협이 되기 때문에 심상화는 치료적 측면이 있다. 주사를 임신을 돕는 비밀 요원이라고 상상하는 것이 실제로 도움이 된다.

🌿 연습: 심상화

스스로 주사를 놓아야 할 때, 이 심상화 훈련은 복식 호흡으로 이완 반응을 작동시키고, 주삿바늘 속 약제가 임신을 위한 전령이라고 마음속으로 그리면서 주삿바늘에서 주의를 돌리게 만든다.

집중하여 여러 번 길게 호흡한다. 코로 깊숙이 들이쉬고, 내쉴 때는 입으로 불안과 긴장을 내보내는 것으로 시작한다. 복식 호흡을 시작하면서 천천히 깊게 호흡하여 숨을 들이쉬면 복부가 팽창하고, 숨을 내쉬면 공기가 빠지는 것을 알아차림 한다. 주사할 준비가 되면, 주사약이 내 몸의 가임 능력을 높이는 임신 요원이라고 상상한다. 주삿바늘이 몸속으로 들어갈 때 호르몬 균형이 생기고 난포가 자라며 자궁 내벽이 두꺼워지고 배아가 편안히 자리 잡는다고 마음속에 그린다. 호르몬제의 도움을 받는 시술의 어느 단계이건 상관없다. 이 주사약이 **가능성**이라는 **효능**을 가진 것에 감사하는 마음을 갖는다.

전화를 기다리며

수년에 걸친 임상 상담과 개인적인 난임경험을 통해 알게 된 자료들을 모으면서 생각났다. 난자공여로 체외수정시술을 시도할 때, 배아 이식 후 열흘이라는 길고 불안한 날들을 보내야 했다. 임신 여부를 알리는 전화를 기다리면서 마음의 준비를 하기 위해 온갖 지능적 속임수를 다 시도해 보았다. 치료과정 중 가장 견디기 힘든 시기였다. 체외수정시술을 스무 번 시도한 고참이 해 준 조언이라며 누군가 내게 말해 주었다. "희망은 높이 갖되 기대치는 낮추어라." 이 충고를 따르려고 최선을 다했지만, 올라탄 밧줄에서 떨어지면 그 대가가 너무도 큰 상황이라 아무리 애를 써도 그렇게 가느다란 줄 위에서 균형을 잡을 수는 없었다.

난임 치료를 위한 다른 많은 시도에서와 마찬가지로 그동안 친구나 가족이 내게 해 준 조언은 좀 **긍정적으로 생각**하라는 것이었다. 그럴 수만 있다면! 긍정적일 수만 있다면! 좋은 의도였겠지만 대부분의 사람은 이것이 불가능한 것은 아닐지라도 얼마나 힘든지 알지 못한다. 이제까지 모든 시도가 실패했는데 그리고 드러난 확률은 끊임없이 불운한 결과만 보이는데도 긍정적으로 생각할 수가 있기는 한 것인가?

내가 상담했던 수많은 여성과 똑같이, 긍정적으로 생각하다가 실패하면 나 자신이 완전히 무너질 것 같아서 긍정적으로 생각하기 두려웠고, 부정적으로 생각하다 과정이 실패하면 내가 부정적으로 생각한 탓인 것 같아서 부정적으로 생각하는 것도 두려웠다. 실제 느끼는 상황과는 반대로 느껴 보려는 시도는 조절이라는 대처기전의 부작용이다. 특히 노력에 의해서 결과가 결정되지 않는 이런 경우라면 이 전술은 불안감만 증가시키고 통제의 전반적인 상실을 가져오게 된다.

치료 결과를 희망적이라고 느끼는지, 절망적이라고 느끼는지를 아는 것도 또 다른 딜레마이다. 안 그래도 난임이라는 요동치는 롤러코스터를 타고 있는데 희망은 어쩌면 거기에 보태는 일이 될 수도 있다. 희망은 현재보다는 미래에서 그 힘을 찾고 있기 때문이고, 또 전혀 통제가 가능하지 않은 결과의 성공과 실패라는 인식과 늘 함께하기 때문이다. 한편, 희망이 없다는 감정 주기에 들어가는 것도 생산적이지 않다. 절망적이라는 느낌이 정서적 붕괴로부터 자신을 보호하기도 하지만 우울증의 길로 빠질 수 있다. 매번 치료에 실패할 때마다 감정의 기준선이 낮아지기 때문이다. 제자리로 올라오더라도 이전에 있던 자리만큼이기 때문에 실제로는 자신을 우울해지도록 훈련하는 꼴이다! 이것이 그동안 상담했던 수많은 여성과 내가 깨달은, 마음 깊이 새겨야 하는 교훈이다.

긍정과 부정적 생각 사이에서, 희망과 절망적 감정 사이에서 곡예를 하듯이 줄타기한다는 것을 알고, 마음챙김 수련으로 주의와 의도를 가지고 자신의 진로를 조종해서 나아가야 한다.

자신이 조절할 수 있는 것, 즉 과정에 **주의**를 집중한다.

- 치료 프로토콜을 지시대로 따른다. 모든 병원 방문을 반드시 지킨다.
- 식습관, 운동, 수면과 같은 신체적 건강관리를 한다.
- 정서적 건강관리를 위해 마음챙김 훈련을 하고, 지지 그룹에 가입하여 연대를 맺고, 건강하고 사기를 높이는 활동에 참여한다.

• 공식·비공식 마음챙김 훈련에 참여하여 인내심, 수용, 신뢰, 자비심이 난임의 여정을 이끌고 지원하도록 그 심성을 기른다.

자신이 통제할 수 없는 결과에 대하여 수용하겠다고 **마음**먹는다.

• 생각에 마음챙김을 적용하여 치료 결과를 중립적 관점에서 보도록 한다. 예를 들면 다음과 같다.

"매번 하는 시술은 다음에 무엇을 할 것인가에 대한 정보를 제공하고 아기에게 한걸음 더 가까이 데려간다."
"결과가 어떻든 내가 최선을 다했다는 것을 안다. 앞으로도 그렇게 할 것이다."
"체외수정시술이 실패하더라도 가능성을 열어 둔다면 아이를 갖게 될 것임을 확신한다."

마음챙김을 한다고 해서 안 좋은 결과에도 슬프지 않거나, 상실감을 느끼지 않거나, 정서적 붕괴가 없거나, 우울하지 않다는 것이 아니다. 마음챙김은 내 안에 있는 평온함을 찾아서 빨리 좀 더 쉽게 그곳으로 돌아오는 방법을 가르쳐 준다. 게다가 마음챙김 훈련은 스트레스를 낮추는 능력이 있다. 치료 과정에 남아 있게 하는 데 필요한 심성을 기르고 현명한 치료 결정을 하도록 마음을 명료하게 만든다. 어려운 상황에서 어떻게 대응하길 원하는지 선택할 수 있게 하고, 원치 않는 결과에도 나 때문에 실패했다고 여기지 않게 만든다.

마음챙김으로 자신을 돌보는 법을 배우면 난임 여정에 필요한, 따뜻하고 애정 어린 행동을 하게 된다. 반복되는 친절하고 따뜻한 행동은 시간이 흐르면서 바로 당신의 됨됨이가 된다.

🌱 연습: 계획 세우기

임신 결과를 기다리며 어떻게 할 것인지 미리 구체적으로 계획을 세운다. 힘든 시기에는 계획을 세우는 것이 도움이 된다.

- **생각**: 아이를 갖기 위해 이제까지 한 일과 이번 과정이 실패하더라도 어떻게 잘 견딜 것인가에 대하여 긍정적으로 마음챙김 하면서 생각을 잘 확립하고 정리하였는가?
- **감정**: 난임을 겪으면서 어떤 심성을 길러야 도움이 될 것인가? 이런 특성을 강화하기 위해 무엇을 할 수 있는가?
- **행동**: 결과를 어디서 듣기를 원하는가? 예를 들어, 집인가, 직장에서인가? 누가 함께 있어 주면 좋을까? 배우자인가? 결과를 들은 후에 무엇을 할 것인가? 영화를 보거나 산책을 할까? 누가 도움이 될까? 친구에게 전화를 할까, 아니면 상담을 할까?

🌿 마음챙김 문답: 장벽인가 난제인가

바닥에 등을 대고 눕거나 허리를 펴고 편안하게 앉아서 천천히 눈을 감는다. 코로 숨을 들이쉬고 입으로 내쉬면서 깊고 긴 호흡을 세 번 한다. 이제 본래 자기 호흡으로 돌아와서 코로 숨을 들이쉬고 내쉬면서 자연스레 느리고 깊은 호흡을 한다. 매번 호흡이라는 파도의 부드러운 흐름을 탄다. 준비가 되면 심장으로 돌아와 심장으로 숨이 들어가고 심장에서 숨을 내쉰다고 상상한다. 숨을 들이쉬면서 심장이 열리고 확장된다고 느끼고, 내쉬면서 심장이 부드럽고 편안하게 이완된다고 느낀다. 문답 훈련에 임하면서 자신에게 묻는다. "난임은 바꿀 수 없는 장벽인가, 아니면 난임은 그저 가임을 위해 도전해 볼 만한 난제인가?" 가슴을 활짝 열고 모든 응답을 기꺼이 맞이한다.

명상 수련: 호흡 명상
무엇을 배웠고/어떤 도움이나 혜택이 있었는가? 어려운 점/방해 요인은 무엇인가?

1일

2일

3일

4일

5일

6일

7일

훈련 기록지 2-2

일상 훈련: 호흡 알아차림–멈춤
호흡을 알아차림 하면서 잠시 멈추면 어떤 변화가 있는가?

1일

2일

3일

4일

5일

6일

7일

제3장

몸 돌보기

고통, 기쁨 그 모든 것과 함께하는 바로 이 몸이야말로

가장 인간다워야, 가장 깨어 있어야,

가장 생동적이어야 한다는 것을 깨닫기를.

―페마 초드론(Pema Chodron)

　　이 장에서는 몸을 마음챙김 하는 기초적인 수련을 소개한다. 마음챙김은 **신체화된**, 즉 몸으로 구현된 수련이기도 하다. 생각, 감정과 경험에 몸이 어떻게 반응하는가에 주의를 집중하는 것이다. 마음챙김에서는 '몸을 이완하면 마음도 따라서 이완된다.'는 것을 가르친다. 종종 사실이 아닌 이야기를 마음이 지어내고, 제멋대로 생겨난 감정은 생각이 만들어 낸 두려움을 더욱 심화시킨다. 그러나 몸은 지금 여기에서 일어나는 것에 대해서 믿을 만한 직접 경험을 제공한다. 몸을 알아차림 하면 마음이 부드러워지고 안정되고 달래진다.

　　호흡을 의식적으로 알아차림 하면서 몸에 주의를 보내면 정신적 · 감정적 스트레스가 육체적으로 어떻게 나타나는지 적극적으로 관찰할 수 있다. 확

실한 정보를 주는 몸은 믿을 수 있기 때문이다. 슬픔으로 가슴이 아프고, 불안으로 머리가 지끈거리고, 덫에 걸린 듯 가슴이 답답한 적이 있었는가? 몸을 이완하고 내려놓으면 어지럽고 산란한 생각과 거리를 두게 되고, 부정적인 감정에서 벗어나는 경험을 할 수 있다.

불쾌한 일 마주하기

카밧진(Kabat-Zinn, 1990, pp. 76-79)은 전통적인 몸 명상을 재해석하여 바디스캔으로 만들었다. 이 수련은 발가락 끝에서부터 머리 꼭대기까지 몸을 알아차림 한다. 한 번에 한 곳씩 몸의 각 부분의 감각을 알아차리면서 전체적으로 죽 훑어본다. 그 느낌을 좋아한다, 싫어한다, 느낌이 좋다, 나쁘다는 그 모든 판단을 내려놓고, 느낌을 없애려고 하거나 저항하지 않고, 몸을 세밀하게 깊이 탐구하면서 매번 느끼는 감각이 무엇인가를 알아 가는 것이다. 마음이 산란해지면 주의를 다시 대상, 즉 몸의 감각으로 가져온다.

카밧진은 바디스캔을 하면 몸과 일종의 친밀감이 생긴다고 하였다. 판단하지 않고 몸과 조율하면서 마음챙김 하면 "그 순간의 인생, 자신의 몸을 되찾는 것이고, 말 그대로 자신이 더욱 실체적이고 진정 살아 있는 느낌"이 든다고 하였다(Kabat-Zinn, 1990, p. 76). 대부분 난임을 겪으면서 몸과 친밀하거나 몸을 반기고 용서하는 마음을 갖지 못하기 때문에, 몸을 알아차리는 훈련을 통해서 몸을 돌보고 아끼며 배려하는 것이 난임의 고통에 대한 강력한 치료가 될 수 있다.

몸 명상하기

몸을 부위별로 하나씩 살펴보는 바디스캔과는 달리 몸에 대한 명상은 몸 전체를 하나의 대상으로 하여 알아차림 하는 것이다. 현재 몸에서 가장 감각이 뚜렷한 곳에 주의를 보내어 알아차림 하고, 또 다른 곳이 주의를 끈다면 그곳을 알아차림 한다. 바디스캔과 같이 몸의 감각을 자세히 탐구하고, 비판단적인 태도로 단지 주의를 기울여 몸의 부분을 느끼고, 그 감각의 전반적인 느낌과 그 감각의 특별한 느낌은 무엇인지 알아차림 하고, 자신이 그 감각을 어떻게 대하는가, 즉 저항하는가(판단하고 피하고 싶어 하는가), 수용하는가(있는 그대로의 감각과 함께하는가)를 알아차린다. 감각을 부드럽게 달래 주거나 혹은 그저 있는 그대로 놔두는 여유를 갖기 위해 호흡을 이용할 수 있다는 것을 알게 된다. 마음이 다른 곳으로 가면 다시 몸의 감각으로 돌아온다.

자신이 무엇을 느끼는지 알아차리는 행동이야말로 긴장을 해소하는 강력한 기전이다. 그 긴장은 통증에 대한 저항이거나 통증을 심화하는 불안감이기 때문이다. 불쾌함과 싸우기보다는 대상을 향해 마음을 보내면 감각이 스스로 둔화된다. 그런 불편한 마음과 함께하는 법을 배운다는 것은 '있는 그대로 놔두는', 즉 매달리거나 밀어내지 않고 그 자체를 그대로 인정하는 심성을 배우고 연마하는 것이다. 몸을 대상으로 명상하는 것은 정신적 불안이나 마음의 괴로움을 어떻게 다루는가에 대한 준비 과정이다.

🌱 명상 수련: 몸 명상하기

　몸 명상 수련을 하기 위해 바닥에 등을 대고 눕거나 똑바로 앉아서 눈을 감는다. 몸이 느끼는 호흡의 감각에 자연스럽게 맞추어서 들숨과 날숨의 간만을 탄다. 이제 촉감을 알아차림 하기로 한다. 몸 구석구석 매트와 닿거나 의자, 바닥, 옷이나 공기와 닿는 몸의 부위를 느낀다. 담요에 포근하게 누워 있다면 그 촉감도 알아차림 하여 피부에 닿는 감각과 몸속 근육, 결합조직, 정맥, 동맥과 혈류, 장기와 뼈 등의 몸속 감각도 느껴 본다. 온도의 변화(뜨겁다, 차다, 따뜻하다, 시원하다)를 알아차림 하고, 밀도(조이는 느낌, 긴장, 저린 느낌, 무감각), 움직임(저림, 떨림, 진동, 흔들림, 따끔거림)과 아무 느낌이 없거나 감각이 뚜렷하지 않은 것도 알아차림 한다. 가장 뚜렷하고 강하며 생생한 느낌이 있는 곳에 주의를 가져간다.

　감각이 느껴지면 그것을 없애려고 하거나 그 느낌에 매달리지 않고 단지 있는 그대로 알아차림 한다. 그 감각으로 숨을 들이쉬고 그 감각에서 숨을 내쉬면서 그 느낌이 누그러지고 사라지도록, 아니면 그저 그 느낌대로 있도록 여지를 준다. 또한 어떤 감각이건 간에 생기고 사라지는 변화를 호흡의 흐름과 함께한다. 마음이 방황하면 다시 주의를 감각이라는 대상으로 가져온다.

　감각을 어떻게 대하는가, 즉 어떤 관계를 갖는지도 알아차린다. 판단하고 짜증 내면서 저항하는지, 그저 있는 그대로 감각을 수용하는지 알아차린다. 감각이 너무 강렬하거나 그대로 있기 어려울 정도라면 자신을 달래고 안정시키기 위해 주의를 호흡으로 돌린다.

　준비가 되면 몸 전체를 씻어 내는 듯한 호흡을 두세 번 하고 끝맺는다. 숨을 들이쉬면서 아래쪽 발부터 다리, 척추, 목과 머리까지 몸 전체를 훑듯이 살펴서 남아 있는 긴장감이 있는가를 알아차린다. 숨을 내쉬면서 정수리에 있는 상상 속 '분수공'을 통해 남아 있는 혼란스러움이나 그 잔해를 내보낸다고 여긴다. 이제 평소의 자연스러운 호흡으로 돌아와 몸 전체를 느껴 본다. 준비가 되면 서서히 눈을 뜬다.

훈련 기록지에 여기서 배운 것과 도움이 된 것을 기록한다. 훈련을 하지 못했다면 왜 하지 못했고, 무엇이 방해하였는가를 기록한다. 훈련에 성공이나 실패는 없다. 모든 과정을 통해 배우기 때문이다. 공식 훈련을 위해 www.youtube.com/c/LeeInsil에서 바디스캔을 찾아 수련한다.

🌿 일상 훈련: 몸 알아차림-멈춤

하루 일과 중이나 혹은 긴장한 상황에서 2~3분 동안 멈춤 훈련을 한다. 머릿속에서 떠나지 않는 생각을 멈추게 하거나 잔뜩 화난 마음을 가라앉히는 방편으로 몸에 주의를 집중한다.

깊은 복식 호흡을 두세 번 하고 나서 평소의 자연스런 호흡으로 돌아와 다음의 대상을 관찰하기 시작한다.

■ **생각**: 지금 무엇을 생각하고 있는가? 생각을 해석하거나 분석하지 않고 단지 가장 뚜렷한 생각을 알아차린다(예: "의사가 분명히 안 좋은 소식을 알려 줄 거야.").

- **감정**: 지금 어떤 감정을 느끼는가? 그 감정에 매달리거나 피하려 하거나 그 감정과 나를 동일시하지 말고, 단지 알아차리고 가장 뚜렷하게 온통 마음을 차지하고 있는 감정이 무엇인지 꼬리표를 붙인다(예: 만일 그것이 불안이면 자신에게 속으로 말한다. "이건 불안한 마음이야.").
- **몸의 감각**: 신체가 느끼는 감각은 무엇인가? 지금 일어나는 일에 집중한다. 긴장한 부위를 알아차리고 호흡과 움직임을 통하여 몸의 긴장을 풀고 내려놓는다. 예를 들면 다음과 같다.
  - 턱에 긴장을 느끼면 입을 크게 벌렸다 닫기를 두세 번 한다.
  - 목이 뻣뻣하면 한쪽 방향으로 몇 번 돌리고 다시 반대 방향으로 몇 차례 돌린다.
  - 잠시도 손을 가만두지 못하면 한 번에 한 손가락씩 양손을 마사지한다.
  - 가슴이 아프면 심장으로 숨을 쉰다고 상상한다. 숨을 들이쉬면 심장이 팽창하고 숨을 내쉬면 심장이 말랑해진다고 마음속으로 그린다.
  - 근육이 긴장하면 긴장한 근육으로 숨이 들어가고, 긴장한 부위에서 숨이 나간다고 상상하고 긴장감이 생기고 사라지도록, 또는 있는 그대로 긴장감을 느끼도록 여지를 준다.
  - 몸 전체가 긴장하면 스트레칭하고 구부리고 비틀고, 작고 크게 흔들어 마사지한다.

이렇게 차분하게 집중하고 늘 깨어 있는 주의를 유지하겠다는 다짐을 하면서 끝맺는다. 훈련을 강화하기 위해 시각적으로 상기되는 물건을 사용하기도 한다. 예를 들면, 하얀 조약돌이나 유리알, 지우개에 '멈춤'이라고 적어서 가까이에 둔다. '멈춤'을 훈련하면 할수록 이렇게 하는 것이 **현명**하다고 느끼기 때문에 자연스레 멈추기로 마음먹게 된다는 것을 반드시 기억하고 실행한다.

멈춤 훈련을 하면서 인과관계를 경험했다면 훈련 기록지에 기록하고 어떤 혜택을 보았는지도 기록한다.

요가를 통해 자신의 한계 알기

산스크리트어 요가는 '통합하다'라는 의미이다. 몸과 마음이 조화롭게 균형을 이루게 하는 일종의 명상이다. 요가에서는 자신의 한계, 즉 너무 넘치지도 모자라지도 않게 행하는 균형의 장을 보여 주기 위해 자세를 사용한다. 특히 이 수련은 지금 여기에 존재하는 것 이외에 다른 어디에도 가려고 하지 않는, 즉 너무 애쓰지 않는 품성을 연마한다. **딱 알맞은 노력**으로 깨어 있으면서도 편안하게 주의를 기울여 균형 유지와 스트레칭을 배우면 정신적·감정적 동요를 다루는 방법을 깨닫게 되어 이 능력을 일상의 경험에 적용할 수 있다. 요가는 고통에서 벗어나는 문을 여는 수련의 장을 일상에서 제공한다.

수련을 통해 육체적 불편함을 해결하고 호흡을 이용하여 긴장된 부위를 부드럽게 하는 방법을 알려 준다. 요가는 호흡이 우리 몸과 마음에 강력한 영향력을 행사한다는 것을 가르친다. 자세를 만들고 유지하면서 호흡이 얕고 빠르거나 멈추면 신체적·감정적 긴장감이 증가하는 것을 알 수 있다. 호흡이 느리고 길고 안정적이면 자세가 더 오래 유지될 수 있으며 스트레칭도 더 잘되고 아주 편안한 느낌을 가지게 된다.

요가의 자세에 주의를 보내고 그 자세를 유지하려는 의도에 집중하면서 지금 이 순간에 일어나는 일을 지속적으로 알아차림 하는 마음챙김 훈련을 하는 것이다. 주의가 다른 곳으로 가면 알아차린다. 예를 들어, 생각에 빠지면 '생각하는구나.'라고 알아차림 하고 다시 요가 자세로 돌아온다. 자세를 유지하면서 몸의 감각을 알아차림 하고 가장 강력한 감각을 느끼는 곳으로 숨을 들이쉬고 내쉬면서 호흡을 알아차림 한다. 호흡의 파도를 타면 편안하게 이완되면서 요가 자세에 몰입하게 된다.

난임과 함께하는 마음챙김 요가

난임을 대상으로 하는 마음챙김 접근 방법에 왜 요가를 포함하였는가? 요가는 몸과 반갑게 만나도록 관계를 재설정하는 역할을 한다. 요가는 부교감신경을 강화하고 활성화하여 이완 반응을 촉진한다. 호흡에 동작이 추가되면서 스트레스와 신체적 긴장도를 감소시킨다. 혈액 순환, 생식기로 가는 혈류와 에너지를 증가시킨다. 뇌신경계의 산소 공급이 증가하고 복강 내 장기의 기운을 돋우며 마사지하는 효과가 있어서 전반적으로 에너지가 증진된다.

임신을 위해서 하타요가를 권하는데 신체 운동(아사나)과 호흡 방식(프라나야마)을 결합하여 여러 호르몬 샘 기능과 생기를 증가시키기 때문이다. 서양에서 가장 선호하는 것은 다양한 형태의 하타요가이다. 요가를 하면 자연스럽게 마음챙김 하면서 알아차림 하게 되지만, 일부 요가 지도자는 요가 수련에서 다른 무엇보다 마음챙김을 강조하기도 한다.

가임 능력 증진을 위한 특수 요가에는 소도구를 사용하여 자세를 유지하였다가 부드럽게 방출하는 회복요가와 여성의 에너지에 집중하는 음의 요가 등이 있다. 비크람, 아쉬탕가, 파워 요가는 난임 환자에게는 별로 권하지 않는다. 특히 비크람 요가는 더운 방 안에서 수련하는 관계로 과열이나 과로를 초래할 수 있다.

　배란유도제 치료를 받는 시기에는 몸을 비트는 운동, 예를 들면 수영에서 공중 플립턴을 하거나 조깅을 하는 것과 같은 격렬한 운동은 반드시 피해야 한다. 이 기간에는 난소가 무거워지고 커져서 위아래가 뒤집어지거나 꼬이면서 기능을 잃을 수도 있기 때문이다. 조심해서 나쁠 것이 없으므로 이 기간에 요가는 피하도록 한다.

　검증된 연구 결과는 아니지만 일부 요가 지도자는 임신에 도움이 되는 자세와 피해야 할 자세가 있다고 믿는다. 골반 부위나 허리 아래쪽에 힘을 가하는 자세, 예를 들면 상체를 뒤로 젖히는 자세나 코브라 자세, 물구나무서는 것과 같이 심하게 전도하는 자세는 권하지 않는다. 도움이 되는 요가 자세는 엎드린 개 자세, 하품하는 고양이 자세와 같이 척추를 늘이면서 강화하여 에너지를 증강시키고 호르몬 샘을 자극하는 자세이다. 몸을 앞으로 접듯이 숙이는 자세는 시상하부-뇌하수체-부신 축을 활성화하여 호르몬의 균형을 유지하도록 한다. 다리 자세는 임신에 반드시 필요한 갑상선 기능을 활성화한다. 앉아서 하는 척추 비틀기 자세는 복부 장기를 마사지하는 효과가 있고, 독소를 배출하며 소화를 촉진한다. 누워서 다리를 벽에 올리는 자세는 특히 생식기관으로 가는 혈류를 증가시키는 데 도움이 된다.

모든 요가 자세에서는 다음의 호흡 원칙을 지킨다.

- 몸의 전면이나 복부를 수축하는 자세, 허리를 굽혀 앞으로 숙이는 자세와 등을 바닥에 대고 누워서 한쪽 다리를 드는 자세에서는 **숨을 내쉰다.**
- 몸의 전면을 펴서 신장하거나 등 쪽을 수축하는 자세와 허리를 뒤로 젖히는 자세, 배를 바닥에 대고 누워서 다리를 드는 자세를 취할 때에는 **숨을 들이쉰다.**

시간이 지나면서 점차 유연성이 증가하므로 새로운 시도는 천천히 하면 된다. 예를 들면, 엎드린 개 자세를 할 때 처음에는 매트에서 무릎을 구부리고 발뒤꿈치를 들고 하다가 점차 무릎을 펴고 발뒤꿈치도 바닥에 편히 둔다. 어떤 자세이건 너무 오래 했다고 느끼면 언제든지 거기서 빠져 나온다. 기력을 회복시키는 '하품하는 고양이 자세'로 잠시 휴식한다. 자세로 인해서 신체적 증상이 심해지는 경우 언제든지 의사나 물리치료사와 상의해야 한다.

🌱 명상 수련: 난임과 함께하는 마음챙김 요가

마음챙김 요가 열네 가지 자세([그림 3-1] 참조)를 순서대로 한다. 지금까지 고요한 곳에 앉아서 하는 정적인 명상과 움직이면서 하는 요가의 두 가지 공식 수련을 소개하였다. 이 두 가지를 번갈아 선택할 수 있다. 요가 자세는 일곱 가지씩 나누어서 하거나 열네 가지 자세를 이어서 해도 좋다. 이것을 훈련 기록지에 기록한다.

바닥에 매트를 깔아서 요가를 위한 수련 장소를 마련하고 베개나 담요도 준비한다. 편안하게 스트레칭할 수 있는 옷을 입고 매트에서 발이 미끄러지지 않도록 양말을 벗는다.

❶ 정좌 자세

- 매트 위에 방석이나 담요를 접어서 놓고 가부좌를 하고 앉아서 몸통을, 특히 아래 부분을 좌우로 흔들면서 어디로도 기울지 않은 중립적인 자세를 취한다.
- 등을 곧게 펴고 바로 앉은 자세로 어깨를 아래로 내려 이완하고, 머리는 어깨와 가지런히 두고 턱은 약간 안쪽으로 당긴다.
- 손은 손바닥이 위로 향하게 하여 무릎에 놓는다.
- 눈을 감고 이 자세 속에서 내 몸을 전체적으로 느끼고, 현재 자세가 안정감, 평온함과 균형이라는 특성 및 태도를 어떻게 몸으로 구현하는지 가늠해 본다. 자연스러운 호흡에 맞추어 몸속에서 느껴지는 호흡의 파도를 타면서 지금 여기 존재하고자 하는 깊은 의도를 가슴에 새기면서 이 수련은 사랑에서 우러난 것임을 알아차린다.

❷ 새가 날듯이 양팔을 벌린 자세

- 앉은 자세에서 양손은 손바닥을 위로 하여 몸통 옆에 둔다. 이제 숨을 깊게 들이쉬면서 마치 새가 날듯이 양팔을 천천히 들어올린다. 이때 양팔이 서로 반대 방향으로 뻗는 듯한 느낌으로, 손바닥은 위를 향하고 손가락은 벌린다. 움직이면서 매 순간 나의 모습과 위치를 알아차린다.

- 점점 더 들어 올려서 양 손바닥이 마주 닿으면 하늘을 향해 올리는 자세를 유지한다. 이제 숨을 내쉬면서 천천히 팔을 내려 손가락은 벌리고 팔은 서로 반대 방향으로 뻗어서 새가 날듯이 양팔을 벌린 자세를 한다. 움직이면서 매 순간 나의 모습을 알아차린다.
- 천천히 양팔을 내려 몸통 옆에 두고 자연스럽게 호흡을 한다. 정지 자세에서도 매 순간 내가 어디에 어떤 모습으로 있는지 알아차림 한다.
- 다시 한 번 반복한다.

❸ 어깨와 목 스트레칭

- 숨을 들이쉬면서 어깨를 양쪽 귀 높이까지 올려, 긴장감을 느끼면서 잠시 그 자세로 머문다. 숨을 내쉬면서 어깨를 툭 떨구고 긴장감에서 벗어나 해방감을 느낀다. 다시 한 번 반복한다.
- 호흡을 알아차림 하면서 각자 평소와 같이 호흡하며 어깨를 앞으로 돌리고 다시 뒤로 돌리는 운동을 반복한다. 어깨는 고정한 채로 왼쪽 귀를 왼쪽 어깨로, 오른쪽 귀를 오른쪽 어깨로 가져가면서 반대편 목이 당겨지는 것을 알아차린다. 이를 반복한다. 고개를 앞으로 숙였다가 뒤로 젖힌다. 이를 반복한다. 작은 원을 만들면서 머리를 돌리고 이번에는 큰 원을 그리면서 머리를 돌린다. 방향을 바꾸어서도 하고 이를 반복한다.
- 어깨를 힘차게 움직이면서 여러 방향으로 흔들어 남아 있는 긴장감이 있으면 모두 풀어 준다.

❹ 수선공 자세

• 무릎을 굽히고 다리를 벌려 마름모꼴이 되게 하고 무릎이 밖을 향하게 앉아서 양쪽 발바닥이 몸의 중심을 향해 서로 마주 보는 자세를 잡고 앉는다.

• 양발을 잡고 몸의 중심을 향해 숙이듯 몸통을 움직인다. 또 팔을 뒤로 돌려 양손을 등 쪽에서 잡고, 몸의 앞쪽 중심을 향해 모아진 발쪽으로 몸을 숙인다.

• 어깨를 이완하고 턱을 안으로 당기듯 움직여 목을 길게 늘이고 양 무릎은 열린 상태로 온몸을 늘이면서 앞으로 숙여 앉은 자세를 한다. 그 자세 속에서 몸이 이완되는 것을 느끼면서 호흡을 알아차림 한다.

❺ 앉아서 몸통 비틀기

• 가부좌 자세로 척추는 길게 펴고 바로 앉아서 무릎을 바닥에 가까이 한다.

• 숨을 들이쉬면서 양팔을 머리 위로 길게 늘이듯 올리고, 내쉬면서 팔을 내린다. 몸을 오른쪽으로 돌려 허리를 최대로 틀면서 오른손을 뒤쪽 바닥에 멀리 놓고 왼손은 오른쪽 골반이나 허벅지에 놓는다. 호흡을 알아차림 하면서 비틀린 자세로 숨을 쉰다. 숨을 내쉬면서 모든 것을 '내려놓는 마음으로' 몸을 더 비틀고 더 멀리 늘일 수 있음을 알아차린다. 준비가 되면 다시 중앙으로 돌아온다.

• 다른 쪽도 똑같이 실시한다. 숨을 들이쉬면서 마치 새와 같이 팔을 머리 위로 들어 신장시킨다. 숨을 내쉬면서 팔을 내린다. 이제 몸을 왼쪽으로 가능한 만큼 틀어서 왼손을 뒤쪽 바닥에 멀리 놓는다. 오른손은 왼쪽 골

반이나 허벅지에 놓는다. 호흡을 알아차림 하면서 비틀린 자세로 숨을
쉰다. 모든 것을 '내려놓는' 내쉬는 호흡으로 몸이 더 비틀리고 더 멀리
늘여지는 것을 알아차린다. 준비가 되면 다시 중앙으로 돌아온다.

- 몸을 비틀면서 늘이는 동작의 유익함 속에서 호흡을 몸으로 느낀다.

❻ 고양이-젖소 자세

- 손과 무릎이 매트 바닥에 닿게 엎드려 팔과 다리는 테이블 다리로, 등은
테이블 윗면으로 만드는 자세이다.

- 숨을 들이쉬면서 머리와 꼬리뼈를 높이 들어 올리고 복부는 아래로 내
려가게 하여 마치 젖소의 배와 같이 처지게 만든다. 이 자세로 호흡 알
아차림을 한다. 숨을 내쉬면서 머리와 꼬리뼈를 밑으로 내리고 등을 구
부려서 올라가게 한다. 마치 웅크린 고양이 모습처럼 보인다. 이 자세로
호흡 알아차림을 계속한다.

- 모든 움직임을 호흡의 리듬에 맞추면서 이 자세를 여러 번 반복한다. 숨
을 들이쉬면서 늘어진 젖소 자세를, 숨을 내쉬면서 웅크린 고양이 자세
를 한다.

- 호흡 알아차림과 함께, 척추를 늘이고 긴장을 푸는 자세를 반복하면서
그 효과를 느끼고 다시 테이블 모양의 중립 자세로 돌아온다.

❼ 엎드린 개 자세

- 엎드린 자세에서 손가락을 벌린 채 손바닥을 매트에 놓고 엉덩이를 들
어 올려 삼각형 모양으로 자세를 만든다. 이때 팔은 살짝 굽혀도 되고 발

을 매트에 놓을 때에는 발뒤꿈치를 바닥에 대고 발목이 편안하게 늘어
나는 느낌으로 한다. 가능하면 무릎이 펴진 상태로 다리를 이완시킨다.
이때 무리하지 않도록 한다.
- 어깨는 귀에서 멀어지는 느낌으로 이완시키고, 들린 엉덩이를 움직여
손과 발 사이를 길게 늘이는 자세이다. 목은 아래로, 턱은 살짝 안으로
당기면서 머리를 편안하게 내린다. 이 자세로 호흡 알아차림을 하면서
스트레칭 정도를 느끼고 알아차림 한다.

❽ 하품하는 고양이 자세
- 엎드린 개 자세에서 무릎을 굽혀 엉덩이가 발뒤꿈치에 닿게 하고 발등
은 매트에 닿는 자세를 만든다.
- 손바닥을 아래로 향하고 손가락은 벌린 자세로 팔을 되도록 길게 늘여
서 앞쪽에 놓고 앞이마가 매트에 편안히 닿게 한다.
- 호흡 알아차림을 하면서 이 자세의 이완 효과 속에 머문다.

❾ 엎드린 개 자세
- 하품하는 고양이 자세에서 다시 엎드린 개 자세로 돌아온다. 손바닥으
로 바닥을 짚고 엉덩이를 올리고 발뒤꿈치를 바닥에 대고 발목을 편안
하게 바닥 쪽으로 늘이는 삼각형 모양의 자세이다.
- 이 자세로 호흡 알아차림을 하면서 스트레칭 정도를 느끼고 알아차림
한다.

❿ 앞으로 숙인 자세

- 엎드린 개 자세에서 숨을 내쉬면서 양발로 걸어서 양손 사이로 가져온다. 무릎을 살짝 굽히고 이 자세로 숨을 쉬기 시작하면서 가능한 만큼 천천히 다리를 곧게 편다.
- 숨을 들이쉬면서 점차 몸을 들어 올린다. 이때 엉덩이에서 시작하여 한 번에 척추를 한 마디씩 펴는 느낌으로 몸을 바로 하여 양팔을 몸통 옆에 늘어뜨리고 마지막에 머리를 바로 한다.

⓫ 산 자세

- 양발을 살짝 벌리고 양쪽 고관절에 무게를 고르게 분산시키고 서서 눈을 감는다. 무릎은 살짝 굽히고 가슴을 열고 손바닥을 편다. 어깨 사이에서 머리가 어느 쪽으로도 기울지 않게 안정시키고 턱은 바닥과 나란히, 어깨는 힘을 빼고 뒤쪽 골반을 바로 하고 선다.
- 산이 서 있듯이 굳건하게 바로 서서 길고 깊은 호흡을 한다. 굳건하고 안정되며 튼튼한 산과 같이 똑바로 선다.

⓬ 다리 자세

- 이제 등을 바닥에 대고 눕는다. 무릎을 굽히고 양팔을 몸통 옆에 둔다.
- 숨을 들이쉬면서 엉덩이와 허리를 바닥에서 들어 올려 복부는 하늘을 향해 올리고 턱은 힘을 뺀다. 숨을 내쉬면서 척추 마디를 위에서부터 하나씩 바닥으로 내려놓는다.
- 알맞은 속도로 몇 번 반복하고 호흡과 조화를 이루어, 숨을 들이쉬면서

몸을 들어 올리고 내쉬면서 아래로 내린다.

❸ 무릎 감싸 안기

• 다리 자세와 반대로 양팔로 무릎을 감싸고 앞으로 구르고 뒤로 구르듯이 앞뒤 방향으로 움직인다. 머리를 바닥에 대었다가 바닥에서 떨어뜨려 앞으로 숙이는 식으로 번갈아서 반복한다. 옆으로도 구르듯이 오른쪽, 왼쪽으로 반복한다. 호흡 알아차림을 계속한다.

• 준비가 되면 무릎을 펴서 바로 하고 눕는다.

❹ 열린 자세

• 눈을 감고 바닥에 누워 팔은 몸통 옆에 손바닥이 하늘로 향하게 놓고, 다리는 살짝 벌리고 어깨에 힘을 뺀다. 골반이 넓고 깊고 무게가 있으며 중요하다고 느낀다.

• 복부로 가볍게 호흡하면서 눈에서 힘을 빼고 턱은 살짝 풀고 혀도 힘을 빼고 내려놓는다. 온몸에서 힘을 빼고 이완하여 대지 속으로 가라앉게 놔둔다. 수련을 통해 좋은 기운이 몸속으로 스며드는 것을 느낀다.

• 이 자세로 편안하게 쉬면서 이 자세의 취약성과 열린 자세에서 오는 무한한 용기를 동시에 느낀다. 새롭게 소생하는 치유의 시간을 가진 것을 스스로 뿌듯하게 생각한다.

[그림 3-1] 요가 자세

명상 수련: 몸 명상하기/난임과 함께하는 마음챙김 요가
무엇을 배웠고/어떤 도움이나 혜택이 있었는가? 어려운 점/방해 요인은 무엇인가?

1일

2일

3일

4일

5일

6일

7일

훈련 기록지 3-2

일상 훈련: 몸 알아차림–멈춤
몸을 알아차림 하면서 잠시 멈추면 어떤 변화가 있는가?

1일

2일

3일

4일

5일

6일

7일

제4장 너를 만나러 가고 있단다

몸과 마음을 젊게

몸과 마음을 젊게

여행할 목적지가 있다는 것은 좋은 일이다.

그러나 결국 중요한 것은 여행 그 자체이다.

―어슐러 르 귄(Ursula Le Guin)

이 장에서는 자기-관리의 역할을 살펴보고자 한다. 마음챙김 하면서 가임 능력을 높이는 생활 방식을 확립하고 이를 따른다면, 난임 과정 전반에 스며들어 있는 통제 불가능에 대해서도 의도적 접근이 가능하다는 느낌을 갖게 된다. 무엇을 먹을 것인가, 운동, 휴식, 스트레스 감소를 통하여 몸을 어떻게 돌볼 것인가를 마음으로 선택하고, 다른 접근 방식의 추가 여부를 결정하게 되면 건강과 행복을 최적화할 뿐 아니라 가임 가능성도 높일 수 있다.

국립건강통계센터(National Center for Health Statistics: NCHS), 미국 질병통제센터(Center for Disease Control: CDC)와 국립보건원(National Institutes of Health: NIH)에서 나온 수치에 따르면 미국은 보건 위기를 겪고 있다. 현대를 사는 사람들은 건강에 대하여 자기 스스로 책임지기보다는 의료 관리 체계에 책임을 떠넘기고 있다. 건강에 영향을 미치는 요인을 살펴보면 의학적 치료가 10%, 생활양식 선택이 50%를 차지하였고, 유전이나 환경은 각각 20%의 영향력을 가지고 있었다.

스스로 건강을 관리하는 대신 약제와 시술을 중요하게 여기는 경향은 일반 의학계뿐 아니라 난임 영역에도 존재한다.

> 생식에 관한 완벽한 기술을 개발하고 완성시키기 위해 수십조의 돈을 쓰고 있는데 반해 식습관과 난임의 관련성 같은 것은 전혀 주목받지 못하고 있다. 이는 의학의 역할이 수익을 창출하는 약이나 기계 장치, 시술에만 마치 레이저를 쏘듯이 극미하게 초점을 맞추고 있다는 것과 한편으로는 누구나 돈을 들이지 않고 할 수 있는 스스로 관리하는 부분을 완전히 경시한다는 것을 잘 보여 주고 있다(Chavarro, Willett, & Skerrett, 2008, p. 2).

보조생식술이 수많은 난임 문제를 해결하고 성공 가능성을 높였지만 100% 성공하는 것은 아니다. 또한 비용과 시간, 침습적 시술이 가지는 문제와 부작용 때문에 누구에게나 보조생식술을 적용할 수 있는 것은 아니다. 건강관리에 적극 참여한다면 돈도 들지 않을 뿐 아니라 각종 시술에서도 벗어날 수 있다.

목적지보다 여행이 중요하다

종종 '마차가 말을 끄는' 상황을 보게 된다. 자신을 돌보지 않으면서 약물과 수술이나 시술로 임신을 하려는 경우가 바로 그것이다. 알코올 중독자 자가치료모임(Alcoholics Anonymous, 이하 AA)은 스스로 돌본다는 자기-관리 원칙에 의거하여 만들어진 프로그램으로, 회복하겠다는 욕구를 최우선으로 강조한다. 모든 것은 거기에서부터 시작되기 때문이다. 말이 마차 앞에 있으면 마차는 자연스레 뒤에서 따라가게 되어 있다. AA는 '한 번에 하루씩' 하자고 하지만 마음챙김은 '한 번에 한 순간씩' 하자고 한다. **마음속 매 순간**, 정신적 · 정서적 · 신체적 안녕을 돌보자는 것이다. 목표(어디서 길을 잃고 자신을 통제하지 못하는가)보다는 과정(어떻게 자신을 돌보고 관리하는가)에 중점을 두는 것이다.

가임 능력 높이기

획기적인 책『불임극복 식이요법(The Fertility Diet)』(2008)의 저자이자 의사인 샤바로, 윌렛과 스케렛(Chavarro, Willett, & Skerrett)은 식습관, 운동과 체중 조절이 생식 능력에 미치는 영향에 대하여 조사하였다. 잘 알려진 간호사 건강연구(Nurses' Health Study)에서는 임신을 시도했던 18,000명의 여성을 대상으로 8년에 걸쳐 추적 조사를 하였다. 나팔관 폐쇄와 같은 구조적 문제를 제외하고 배란 문제에 의한 난임, 난포의 성숙이나 성숙한 난자를 매월 배출하는 데 문제가 있는 경우를 대상으로 조사한 결과를 종합하여 배란과 관련된 난임을 예방하고 반전시키기 위한 권고사항을 발표하였다.

음식

간호사 건강연구에서는 과일, 채소, 정백하지 않은 곡물 섭취를 늘리는 건강하고 균형 잡힌 식사의 중요성을 강조하였다. 이는 음식을 가공하고 정제하기 전 우리가 자연스럽게 먹던 것과 비슷하게, 즉 '기본으로 돌아가자'는 것이다.

권고사항과 그 근거는 다음과 같다.

- 빨리 소화되는 탄수화물(정백된 쌀, 감자, 시리얼)이 아닌 천천히 소화되는 탄수화물(통곡물, 콩, 야채와 껍질째 먹는 과일)을 권장한다.
  - 섬유질이 많아서 천천히 소화되는 탄수화물은 혈당과 인슐린 수치를 낮게 유지한다. 이들 수치의 증가는 생식이나 배란을 위해 미세하게 조절된 호르몬 균형을 망가뜨린다. 난임에 영향을 주는 것은 탄수화물의 양보다 질이 문제이다. 빨리 소화된 탄수화물은 혈당을 높이고 그 결과 인슐린 분비가 증가되어 가임 능력을 감소시킨다.
- 단순불포화지방을 권장하고 트랜스지방(고형 마가린, 감자튀김, 도넛)은 금한다.
  - 가공식품, 패스트푸드에 들어 있는 인공 트랜스지방은 배란과 수정

능력을 약화시킨다. 불포화 지방산은 인슐린 민감성을 높이고 염증을 진정시킨다. 지방은 호르몬을 만드는 기본 성분이면서 유전자를 작동시키고, 염증을 가라앉히며, 세포의 전반적 기능에 영향을 미친다.

■ 동물성 단백질보다 식물성 단백질을 많이 먹는다.

- 식물에서 얻은 단백질은 그 종류가 달라서 배란성 난임 증상을 호전시킨다. 혈당과 인슐린 민감성, 인슐린양성장인자-1의 생성에 미치는 영향 때문으로 생각하고 있다.

■ 우유는 저지방이나 탈지우유보다는 전유를 권한다. 여기에는 유제품(전유 요구르트, 코티지치즈, 아이스크림)도 포함된다.

- 우유에서 지방을 제거하면 가임에 중요한 성호르몬의 균형에 변화를 가져오기 때문에 전유를 권한다. 또한 저지방이나 탈지우유를 만드는 과정에서 첨가되는 단백질이 미세한 호르몬 균형에 영향을 주기 때문이다.

간호사 건강연구에서는 유기농 식품에 대한 특별한 권장사항은 없었다. 그렇지만 가능하다면 유기농 식품을 먹는 것이 농약 잔류물이나 성장 호르몬에 덜 노출된다. 특히 우유, 소고기, 닭은 유기농 제품을 고려해 볼 만하다. 환경운동연합(EWG, www.ewg.org/foodnews/)은 '농약을 조심해야 하는 열두 가지 과일, 야채'와 '농약에 덜 노출되는 열다섯 가지 과일, 야채'를 매년 발표하고 있다(Dirty 12, Clean 15; 〈표 4-1〉 참조).

<表 4-1>

2018년 농약을 조심해야 하는 열두 가지 과일, 야채	딸기, 시금치, 복숭아, 천도복숭아, 사과, 포도, 배, 체리, 셀러리, 토마토, 피망, 감자
2018년 농약에 덜 노출되는 열다섯 가지 과일, 야채	풋옥수수, 아보카도, 파인애플, 양배추, 양파, 완두콩, 파파야, 아스파라거스, 망고, 가지, 허니듀멜론, 키위, 머스크멜론, 콜리플라워, 브로콜리

일부에서는 적당량의 다크 초콜릿 섭취를 권하기도 한다. 항산화제이자 기호 식품이기 때문이다. 콩은 에스트로겐 호르몬과 유사한 기능을 하기 때문에 과도한 섭취는 경계한다.

가임력을 증가시키는 식품에 대한 관심이 증가하고 있기는 하나 이런 권장 식품은 일시적으로 유행이 있어 늘 바뀌고 이것이 또 다른 스트레스가 될 수 있다. 많은 여성이 먹는 것 때문에 죄책감을 가지거나, 제한하라는 음식 때문에 박탈감을 느끼거나, 권장사항이 서로 상반되어 혼란스러워하기도 한다. 그렇다면 어떻게 해야 하는가? 자신의 목소리에 귀를 기울여야 한다. 나와 의견이 맞는 의사의 이야기를 따르거나 내게 가장 적합하다고 생각되는 권유를 따르도록 한다.

체중

간호사 건강연구를 비롯하여 다른 연구에서도 가임에 적합한 체중, 즉 '가임대'가 있다고 발표하였다. 저체중이나 과체중이 배란 문제를 일으키고 유산 위험성과도 관련이 있음을 알고 있다. 과체중은 체외수정시술 성공률을 낮추는 것으로 보이고 임신 중에도 임신중독증, 당뇨병, 제왕절개 분만의 필요성을 높이며 아기에게도 영향을 미친다. 과체중도 문제지만 체중 미달의 저체중이 더 문제인데, 이는 생식을 위해서는 몸 안에 일정량의 지방이 필요하기 때문이다.

샤바로, 월렛과 스케렛은 과체중 남성이 가임력이 떨어진다는 예비연구 결과를 발표하였다. 체중 과다는 테스토스테론 분비를 낮추고 테스토스테론-에스트로겐 비율을 불안정하게 만들며 정자의 운동성을 낮춘다. 남성의 체중 가임대가 아직 확립되지는 않았으나 가임력 증가를 위해서는 적당한 체중 유지가 중요하다.

체중 가임대

체질량지수(Body Mass Index: BMI) 19~24는 정상 범위이고 가임대로 간주한다. 19 이하는 저체중이고, 25~29는 과체중이며, 30 이상은 비만이다. 체질량지수를 계산하는 방법은 체중을 키(미터)를 제곱한 값으로 나누면 된다. 예를 들어, 키가 165cm이고 체중이 60kg이면 $60/(1.65 \times 1.65) = 22$이므로 정상이며 가임대 안에 들어간다.

운동

간호사 건강연구에서도 운동의 중요성을 강조하였고, 활동량과 임신 사이에 결정적인 연결 고리가 있음을 보여 준다. 건강을 유지하기 위해 왜 근육을 계속 움직여야 하는지, 근육이 어떻게 혈당을 효과적으로 유지하고 인슐린에 효율적으로 반응하도록 만드는지를 보여 준다. 활동을 하지 않으면 혈당 상승과 인슐린 상승을 가져와 배란, 수정과 임신에 어떻게 영향을 미치는지도 설명하였다.

이 연구에서는 하루 30분 이상 적당한 운동을 너무 과하거나 덜 하지 않게 하여 가임대 체중을 유지하는 것을 목표로 정하였다. 규칙적으로 운동을 하는 것은 임신을 편안하게 유지할 수 있는 몸을 만드는 데도 필요하다. 모든 연구에서 운동을 너무 오랜 시간 하는 것은 권하지 않는다. 오히려 가임력을 떨어뜨리기 때문이다. 마라톤을 뛰는 선수가 월경이 멈추는 것을 봐도 알 수 있다. 간호사 건강연구에서 명확한 운동 처방을 한 것은 아니지만 네 가지 운동 종류를 제시하여 에어로빅 운동, 근력 운동, 스트레칭 그리고 일상적 활동으로 나누었다. 이들 활동은 근력을 유지하고 혈당과 인슐린을 낮추는 역할뿐 아니라 가장 자연스러운 스트레스 해소 방안이기도 하다.

간호사 건강연구에서는 운동이 가임력에 미치는 영향에 대하여 진화론적인 관점으로 설명하였다. 과거 우리 조상들의 활동 수준, 즉 사냥을 위해, 음식을 얻기 위해, 수확하기 위해 경작을 하면서, 유목민 생활을 하면서 움직이던 활동량은 오늘날 사람들이 평균적으로 움직이는 양의 2배에 달한다는 점을 강조하였다.

남성에서 적당한 운동의 효과는 정자가 정상 체온보다 낮게 유지되어야 한다는 점과도 관계가 있다. 보통 37도까지를 정상 체온으로 본다면 고환의 온도는 36.7도 이하이어야 한다. 양쪽 고환은 몸통에서 따로 떨어져 있어 차게 유지된다. 뜨거운 욕조 안에 오래 들어가 있거나 너무 끼는 속옷을 피하고 조깅이나 자전거 타기도 제한할 것을 권장한다.

여성에게도 운동이 중요하지만, 치료 과정에서 가임력을 높이기 위해 배란 유도제와 같은 약을 투여한 경우에는 너무 과도한 운동이나 몸을 비트는 운동은 난소를 위해 피하도록 한다. 난자 채취는 마취하고 수술하는 과정이라서 끝나면 집에 가서 잘 쉬는 것이 좋다. 이식 후에 하루나 이틀 정도는 잘 쉬고 나서 정상적인 일상으로 돌아온다. 단, 무거운 것을 들지 않도록 한다. 모든 것은 항상 난임 전문의와 상의해야 한다.

카페인

카페인은 유산 위험을 높일 가능성이 있고 임신율을 낮춘다고 알려져 있다. 임신을 시도하기 전이거나 임신한 동안에는 하루 한 잔 이하의 그리 강하지 않은 커피를 마시는 정도로 카페인 섭취를 감할 것을 권한다. 홍차, 초콜릿, 에너지 음료나 탄산음료에도 카페인이 들어 있다는 것을 기억해야 한다.

니코틴

흡연은 정자의 수와 운동성을 감소시키고 여성의 가임력을 낮추고 체외수정시술 성공률을 감소시킨다고 알려져 있다. 흡연은 자궁경부점액의 변화를 가져오고 태반으로 가는 혈류를 감소시켜서 저체중아가 태어날 수 있다. 임신 시도 전이나 임신 중이라면 금연을 강력하게 권한다(www.pamf.org/fertility).

알코올과 약물

알코올과 대마초는 정자의 수를 감소시킨다고 알려져 있다. 임신 중 과도한 알코올 섭취는 물론이고 웬만한 알코올 섭취로도 지적장애와 두개안면기형을 보이는 태아 알코올 증후군(Fetal Alcohol Syndrome)을 가진 아기가 태어날 수 있다. 일부 여성에서는 알코올이 가임력을 떨어뜨리고, 임신하기까지의 시간도 더 오래 걸리게 한다. 임신 중 약물은 태아에게 부작용이 있을 수 있고 신생아가 약물 중독 증상을 보일 수도 있기 때문에 일반적으로 약물과 알코올 섭취는 피해야 한다.

환경적 독성 물질에 노출되는 경우

환경적 독성 물질이 난임에 미치는 영향에 대한 연구에서는 방사성 물질, 산업 폐기물이나 농약, 살충제에 되도록 노출되지 말 것을 권한다. 톡소플라즈마증과 같은 원충병 때문에 애완동물의 대변통 처리는 되도록 피해야 한다. 날고기를 자르고 난 도마나 식기, 손도 잘 닦아야 한다(www.pamf.org/fertility).

비타민

엽산을 함유한 종합비타민제를 먹을 것을 권한다. 엽산은 척추갈림증, 구순열, 신경관 결손과 같은 선천적 기형 발생 위험성을 낮춘다. 남성은 아연을 추가로 섭취할 것을 권하기도 하는데, 건강한 정자 생성에 필요하기 때문이다.

스트레스 감소

아무리 훌륭한 임신 계획을 세워도 스트레스가 높으면 제대로 성공하기 어렵다. 스트레스가 심하면, 단기적인 해결책을 찾게 되고 제대로 조치를 취하지 못하거나 무력감을 느끼게 되면, 의료 체계에 책임을 돌리게 된다. 스트레스를 감소시키면 의료에 적극적인 동참자가 되고 건강한 생활 습관을 선택하게 된다. 앞에서도 이야기했듯이 중도에 난임 치료를 중단하는 가장 큰 이유가 스트레스라는 것과 사회심리적 중재의 형태로 스트레스를 감소시키면 임신율이 2배로 증가한다는 사실을 연구를 통해 이미 알고 있다. 병원 진료도 정말 중요하지만 자신만을 위한 시간을 반드시 가져야 한다는 것을 잊으면 안 된다!

🌱 연습: 가임력을 높이는 생활 습관 계획하기

임신 가능성을 높이는 것은 물론 전반적인 건강을 위해 어떤 변화를 원하는가? 생활 습관 행동을 체크해 보고 해당 권고사항을 고려하여 자신만의 계획을 세운다. 물론 의사와 상의하는 것도 좋은 생각이다.

- **체중/체질량지수**: 체중이 가임대 어디에 있는가를 알고 체중 조절을 위해서 언제, 무엇을, 왜 먹는가에 대하여 마음챙김 하고 알아차림 한다. '현명한 멈춤'을 하면 실제 배가 고프지 않지만 마음이 배고파서(심심해서, 화나서, 슬퍼서, 기뻐서) 먹는 것에서, 얼마나 배가 고픈지 의식적으로 알아차림 하면서 먹도록 변화할 수 있으며, 자연스레 건강한 음식을 선택하게 된다.
- **식습관**: 균형 잡힌 식사를 하고 있지 않다면 과일, 채소, 통곡류로 균형을 잡는다. 유기농 식품의 필요성 여부를 가늠한다.
- **니코틴**: 담배를 피운다면 치료법이나 프로그램에 등록하여 모든 흡연을 금한다.

- **알코올**: 일주일에 다섯 잔 이상 알코올성 음료를 마신다면 일단 줄이고 술과 관련된 문제가 있으면 치료를 받는다.
- **카페인**: 하루 한 잔 이상의 커피를 마신다면 일주일에 반 잔씩 줄여 나가 금단 증상을 피한다.
- **대마초**: 지금 피우고 있다면 당장 끊는다. 문제가 있으면 치료를 시작한다.
- **영양 보조제**: 현재 먹고 있지 않다면 지금 시작한다. 남성도 가임에 도움이 되는 보조제를 고려해 본다.
- **운동**: 운동을 적당히 한다. 운동을 전혀 하지 않는다면 보통 수준의 에어로빅 운동을 시작한다. 요가, 기공, 필라테스, 걷기, 수영하기 등이 있다.
- **스스로 돌보기**: 삶의 균형이 깨져 있거나 자신을 스스로 돌보는 일에 우선순위를 두지 않는다면 일과 휴식 사이에 조화를 이루고 자신을 돌보며 관리하는 일을 우선한다.
- **스트레스**: 우울하거나 불안하거나 고독하다면 개인적으로 또는 그룹으로 이루어진 난임 관련 마음챙김 프로그램에 참여하거나 상담을 받는다. 마음챙김을 '존재의 방식'으로 확립하고 따른다.

마음챙김 먹기

크게 본다면 지금의 국가적 건강 위기는 '만연된 스트레스'와 관련이 있다. 우울증과 스트레스는 비만을 촉발하고, 이는 대단히 걱정스러운 건강 문제가 되고 있다. 뇌는 스트레스를 받으면 칼로리가 높은 음식을 찾게 되어 있다.

지난 20년 동안 설탕 소비는 3배로 늘었고, 설탕은 중독성이 있다는 결론에 도달하였다.

스트레스는 코르티솔 분비를 일으키고, 그 결과 뇌는 지방이 높고 단 음식을 찾게 된다. 땅에서 나는 작물에는 지방이나 설탕이 들어 있지만 그 둘이 결합된 것은 없었다. 오늘날 고열량 음식에 과다하게 노출되면서 지방과 설탕의 합작품이 뇌의 보상센터를 자극하여 결국 중독에 이르게 된 것이다. 다이어트용 인공 감미료도 똑같은 보상 현상을 일으킨다는 사실을 알고 감미료에 속지 말아야 한다.

우리는 원하는 것은 반드시 얻겠다는 끝없는 갈망에 사로잡힐 때가 많다. 이제 마음챙김이라는 어디에도 치우치지 않는 중용의 렌즈를 통해 그 갈망의 성격을 들여다볼 수 있다. 마음챙김은 원치 않는 것이건 원하는 것이건 간에 거기에 매달리는 것이 바로 고통의 뿌리임을 가르친다. 과식이나 지나친 금식이 왜 중독을 초래하는지 알 수 있다. 모든 것은 영원하지 않다는 것을 마음챙김을 통해 명확히 알게 된다. 갈망도 기쁨도 지속되지 않는다는 것을 깨닫는다. 특정한 음식이나 음료를 간절히 원할 때 자신이 얼마나 쾌락을 원하고 집착하는지 알아차리고, 매달리는 마음을 내려놓도록 한다. 마음챙김 수련을 한마디로 말한다면 바로 **내려놓는** 훈련이다.

불교심리학에서는 '중용의 길'을 권한다. 넘치지도 모자라지도 않게 딱 '적당히'를 말한다. 먹는 동안 과식도 절식도 하지 않겠다는 의도를 가지고 적당하게 먹겠다는 다짐을 한다. 몸으로 구현하는 훈련인 마음챙김 수련은 체중 감량을 위해 효과적인 길이다. 배부르다, 이 음료는 너무 달다, 너무 짜다고 하는 몸이 내는 소리를 듣는다. 몸의 소리를 들으면 음식 선택의 결과를 생각하게 된다.

갈망과 만족 사이의 인과관계를 알게 되면 우리 인생 전반에 적용할 수 있다. 마음챙김으로 통찰력을 얻게 되면 실제 경험의 본질과 진정 원하는 것이 무엇인지 들여다볼 수 있게 되어 욕망을 끝낼 수 있게 된다. 욕망이 성취되지 않더라도 평온한 만족감을 경험한다면 이를 통해 지혜가 생긴다.

배고플 때는 절대 식료품 가게에 가지 말라고 한다. 충동구매를 더 하기 때문이다. 뭐가 먹고 싶은지 미리 계획을 세우고 식품 목록을 만들어서 들고 간다. 이렇게 하면 건강한 식품 선택이 더 수월해지는지도 알아차림 한다.

별로 건강한 식품이 아니라고 생각했던 음식이 너무 먹고 싶어지면 **현명한 멈춤**을 해 본다. 지금 먹고 싶은 것이 배가 고파서인지 아니면 감정적으로 만족하려는, 다시 말해 마음이 배고픈 것인지 관찰해 본다. 그렇다면 선택할 수 있는 것이 무엇이 있는지 들여다본다. 잠시 하던 일을 멈추고 자신을 달래 줄 방법을 찾아본다. 잠깐 명상을 하거나 요가, 스트레칭, 밖으로 나가 잠시 걷는 것과 같이 건강한 선택을 하고 실행한다.

MBSR 프로그램에서는 '건포도 명상'(Kabat-Zinn, 1990, pp. 27-28)을 통하여 아주 일상적인 행동을 알아차림 하고 매 순간을 음미하도록 가르친다. 이 훈련에서는 건포도를 마치 처음 먹는 것처럼 먹게 한다. 어떤 전제도 없이 초심자의 마음으로 사물을 보는 것이다.

마음챙김 하면서 아주 천천히 시각, 후각, 청각, 미각과 같은 감각을 전반적으로 탐구한다. 그리고 알아차림 한 것을 마음속으로 말한다. 이때 알아차림 한 것에 대한 해석을 하지 말고, 단지 느끼고 알게 된 건포도의 특성을 속으로 말한다. 예를 들어, 갈색의 융기와 이랑, 반짝거림 같은 것은 시각적으로 본 것들이다. '이건 참 바보 같은 훈련이네.'와 같이 비판하는 마음이 생겨 산란해지면 '비판'이라고 꼬리표를 붙이고 나서, 다시 한 번에 하나씩 감각을 동원하여 건포도를 알아 가는 경험으로 돌아온다.

모두가 각자 다른 경험을 하는 것이고 잘한 경험, 못한 경험은 없다. 대부분의 참가자가 공통적으로 건포도 맛을 새롭고 다양하게 다시 느끼게 되어 놀랍다고들 한다. 가끔 참가자들은 도대체 왜 건포도를 싫어했는지 알아차리게 되었다고도 한다. 다음은 건포도(raisin)라는 단어이면서 거기에 '을 붙여(raisin') 들어 올린다는 의미로 쓴 시를 읽어 본다.

건포도

너를 건포도라고 부른다.

갈색의 달고 말랑한

빨간색 작은 상자에 담겨서 내 손안으로 들어온 너.

이제 너를 들여다본다.

반짝거리며 빛나고, 진한 갈색도, 호박색도 돌고

갈라진 틈도 보이고 껍질도 보인다.

이제 냄새를 맡으면서

강한 너의 향을 마셔 본다.

움직여도 보고

이제 짤까닥하는 소리도 들어 본다.

손가락으로 짜부라뜨려도 보고 이리저리 눌러도 본다.

이제 혀 위에 놓고 시큼한 맛도, 짜릿한 맛도 느껴 본다.

숨을 들이쉬면서 건포도와 함께 배를 들어 올리고
숨을 내쉬면서 더 심오한 알아차림을 한다.

『평화(Peace is Every Step)』라는 책에서 틱낫한(Nhat Hanh, 1992, pp. 21-22)은 자신의 경험을 자세히 들여다보라고 권한다. 이 훌륭한 소책자 속에 있는 많은 훈련 가운데 오렌지로 하는 먹기 알아차림 훈련이 있다. 호흡 알아차림을 하면서 초심자의 마음가짐으로 한 손에 오렌지를 들고 천천히 껍질을 벗긴다. 냄새를 맡고 한 번에 한 조각씩 잘라서 충분히 맛을 본다. 오렌지의 역사를 들여다보면, 나무에 해가 비추고 비가 내리고 싹이 트고 꽃을 피우고 작은 녹색 열매가 열리고 노랗게 익어 가면서 점차 커져서 완전히 익으면 선명한 오렌지색이 되는 그 오렌지 속에서 세상을 보고 그 세상의 일부인 자신을 보게 된다고 틱낫한은 설명한다. 오렌지 앞에 온전하게 존재한다면 오렌지도 당신을 위해 여기 있는 것이라고 틱낫한은 가르친다. 지금 만나는 이 오렌지이건 다른 어떤 과일이건 '어느 것도 기적이 아닌 것이 없다.'는 깨달음이 생긴다.

🌱 일상 훈련: 마음챙김 먹기

이번 주에는 매일 한 끼 식사나 간식을 마음챙김 하면서 먹는다. 천천히 먹으면서 모든 감각을 동원하여 음식의 결, 모양, 크기와 색을 보고 냄새를 맡고 향을 마셔 본다. 한입 크기 조각을 입으로 가져가면서 소리를 듣고, 입안에서 씹으면서 소리를 듣는다. 혀의 어느 부위에 음식이 놓이는가를 알아차림하면서 음식의 맛을 보고, 씹으면서 맛을 본다. 먹으면서 느끼는 감정이 있다면 알아차림 하고 모두 먹고 난 후의 감정도 알아차림 한다. 먹으면서 서두르거나 다른 일을 하기보다는 한입 먹을 때마다 매번 음미한다. 내게로 오기까지 음식의 일생을 자세히 들여다본다. 만족스러움과 감사하는 마음이 있다면 알아차린다. 마음챙김 먹기를 하기 전, 먹으면서, 먹고 난 후 알아차림 한 것을 훈련 기록지에 적는다.

걷기 명상

너무 열심히 일하느라 컴퓨터 앞에서 등을 구부리고 있는 자신을 발견한 적이 있는가? 시무룩한 기분으로 고개를 숙이고 걷거나, 마음이 진정되지 않아서 침대에서 이리저리 뒤척인 적은 없는가? 몸은 여기에 있는데 마음은 멀리 떨어져 있다면 지금 하는 일 그리고 지금 그 일을 하는 자신과도 연결이 끊어진 상태이다. 심신이 단절된 상태의 부작용이자 우리가 느끼는 고독의 근원이며, 자신이 어딘가 망가졌고 고쳐야 한다고 단단히 믿게 만든다.

걷기 명상은 지금 이 순간과의 연결을 강화하기 위해 인지적·감정적·신체적 경험을 사용하는 알아차림 훈련이다. 그렇게 일상에서도 알아차림 하는 방법을 알려 준다. 무기력한 상태와 흥분하고 동요하는 상태, 평온하고 고요한 상태에 이르기까지 양극단의 상황 사이에서 균형을 찾도록 중도의 길을 가는 법을 가르친다. 원래 지녔던 미덕, 온전함, 완벽함을 기억하도록 힘을 실어 준다. 다른 모든 명상과 마찬가지로 걷기 명상은 마음이 하는 일에 빛을 비추는, 움직이면서 하는 명상 수련이다.

걷기 명상의 목적은 지금 여기 이 순간이 아닌 어디에도 가려 하지 않는 것이다. 목적지에 도달하려는 목표 때문에 걷는 것이 아니다. 단지 매 걸음 속에 온전하게 존재하겠다는 의도를 가지고 걷는다. 걷기 명상은 목표가 아닌 과정으로서의 인생을 사는 길을 가르친다(Marotta, 2013, p. 54).

걷기 명상을 훈련하는 방법에는 몇 가지가 있다. 그중 하나는 천천히 신중하게 움직이면서 10~20발자국을 각 방향으로 걸어서 가고 오는 것이다. 호흡을 알아차림 하면서 발과 다리에서 느끼는 감각과 몸의 움직임에 주의를 보낸다. 다른 방법은 걷기와 감각적 경험을 비롯하여 모든 것에 주의를 보내는 것으로, 예를 들면 길가의 장미 향기, 잎새들의 싱그러운 색깔, 새소리, 돌멩이의 결이나 얼굴에 스치는 바람 같은 것을 걷는 경험과 함께 알아차림 하는 것이다. 멈추지 않고 천천히 한 방향으로 걷다가 잠시 멈추고 그 순간의 모든 것을 알아차림 하고 다시 다른 방향으로 발걸음을 옮긴다.

어디에서건 걷기를 명상 수련으로 돌릴 수 있다. 단순하지만 경이로운 걷는 행동에 몸을 맞추면 지금 이 순간의 충만함과 연결되어 전체로서의 온전함을 느낄 수 있게 된다. 걸으면서 행복하고 평온하며 즐겁다면 제대로 훈련하고 있는 것이다. 발과 땅 사이의 교감을 알아차린다. 마치 대지에 발로 입맞춤하듯이 걷는다(Nhat Hahn, 1992, p. 28).

걷는다는 단순한 행동을 위해 균형감, 협동, 에너지, 집중과 힘이 필요하다는 것을 알게 되면 몸에 대하여 깊이 감사하는 마음이 생긴다. 주변의 소리, 색조, 질감, 촉감이나 따뜻함 같은 것들을 받아들이다 보면 흙덩어리나 땅에 닿을 때 나는 구두 소리조차도 소중해진다. 땅 위를 걷다 보면 매 걸음이 나를 풍요롭게 하고 매 순간 살아있는 느낌이 든다(Nhat Hahn, 1976, p. 11).

걷기 명상은 걷는 행동에 순수하게 주의를 기울이는 것이다. 지금 이 순간 존재하는 나에게 그리고 내 안에 실제로 일어나고 있는 일에 주의를 기울인다. 걸으면서 느끼는 몸의 감각에 주의를 기울이고, 걷는 행동을 어떻게 대하는가에 주의를 기울인다. 저항하는가(예: 경험에 매달리거나 회피하는가), 아니면 수용하는가?(예: 경험과 함께하는가) 마음이 방황하면 걸으면서 느끼는 감각으로 다시 주의를 가져온다.

🌱 명상 수련: 걷기 명상

앞뒤로 10~20발자국을 천천히 사려 깊게 움직이면서 걷는다. 집 안이나 집 밖에서 특별히 가로막는 것이 없는 장소를 찾아서 원하는 걸음만큼 걸을 수 있는 곳에서 걷기 명상을 한다. 고개를 너무 숙이지는 말고, 호흡을 알아차림 하면서 앞에 놓인 바닥의 적당한 곳을 주시하며 몸 전체를 알아차림 하고, 걸으면서 느끼는 감각에 주의를 가져간다. 걷기 명상에서 주의를 보내는 대상은 걷는 감각이고, 지금 이 순간 걸음 속에 존재하는 것 이외에 어디에도 도달하려는 의도가 없다(Marotta, 2013, pp. 55-57).

걷기 명상 수련을 하면서 움직임, 몸의 감각, 느낌, 생각과 감정을 알아차림 한다.

■ **움직임**: 걷기 시작하는 곳에 산 자세로 선다. 바닥에 닿은 발의 감촉을 알아차림 하고 나무와 같이 자신 있게 바로 서서 균형 감각을 느낀다. 다리

는 땅에 뿌리를 내리듯, 상체는 하늘에 닿는 기분으로 서 있는다. 이렇게 균형을 잡고 바로 서는 단순한 행위에서도 이것저것 얽히고설킨 복합적인 면이 있음을 알아차린다.

한쪽 발을 땅에서 천천히 들면서 다른 쪽 발에 무게를 싣는다. 발을 들면서 무거움과 가벼움, 당기고 미는 느낌을 알아차린다. 들어 올린 발을 천천히 앞으로 옮기면서 몸을 느낀다. 앞으로 움직일 때 부드럽게 움직이는지, 갑자기 움찔하는지, 빨리 혹은 천천히 움직이는지 그 느낌을 알아차린다. 앞으로 내디딘 발뒤꿈치가 바닥에 먼저 닿도록 바닥에 내리고 발가락도 바닥에 닿게 내린다. 내려놓는다는 느낌, 균형을 유지하는지 못하는지, 무게가 양발에 동등하게 나뉘었는지 아닌지도 느끼고, 몸의 기울기도 느껴서 발과 몸이 자리하는 전반적인 느낌을 알아차린다. 한쪽 발을 들면서 몸무게가 다른 발로 옮겨 가는 것을 알아차리고, 한발을 놓으면 다른 발을 드는 것과 같이 모든 일이 이렇게 생기고 사라져 영원한 것은 없다는 덧없음을 알아차린다. 이렇게 과정에 몸을 내맡기면서 내가 붙잡고 있는 것은 아무것도 없다는 느낌이 어떤 것인지를 알아차린다.

발을 앞으로 들어서 뒤꿈치부터 내리고 발가락이 바닥에 닿게 내딛는다. 걸어서 그 공간의 끝까지 갔다고 여기는 지점에서 천천히 알아차림하면서 돌아서 다시 반대 방향으로 걷는다.

■ **몸의 감각**: 바닥과 닿는 발바닥 여러 곳의 감각, 발가락 사이, 발목, 다리, 정강이, 종아리, 무릎과 허벅지의 감각을 느낀다. 엉덩이, 고관절, 골반과 척추가 어떻게 옆으로 기울어지고 흔들리는가를 알아차린다. 몸이 우주라면 그 중심인 복부의 호흡에 주의를 가져간다. 어깨와 살짝 흔들

리는 양팔, 팔목과 손의 움직임 및 옷이나 공기와 가볍게 닿는 느낌을 알아차린다. 바닥과 직각으로 놓이게 되는 턱의 위치와 입술, 눈, 이마, 뇌가 들어 있는 두개골이 있는 머리의 위치를 알아차림 한다.

- **느낌**: 기분이 좋은지, 불쾌한지, 즐겁지도 불쾌하지도 않고 그저 그런지 알아본다. 좋다고 매달리거나 싫다고 피하지 않고 단지 알아차림 한다.

- **생각**: 지금 일어나고 있는 일을 좋아하거나 싫어한다는 판단으로 경험을 피하거나 집착하는지 알아차린다. 마음이 앞일을 계획하거나, 공상에 잠기거나, 생각에 사로잡혀 방황을 하는지 알아차림 한다. 지루하거나 졸리지 않은지도 알아차린다. 자신의 경험을 나 또는 내 것이라고 여기는지 알아차린다. 마음이 대상에 주의를 기울이는 때와 방황할 때 몸의 균형과 움직임이 **어떻게 변하는가**도 알아차린다. 마음이 이 생각 저 생각에 빠져 있다면 '생각하네.'라고 마음속으로 되뇌고 주의를 다시 대상으로, 여기서는 걷는 일에 주의를 가져간다.

- **감정**: 행복하다, 슬프다, 짜증 난다, 지겹다, 화난다, 당황스럽다 등의 감정적 상태를 알아차림 한다. 감정 상태가 움직임에 어떤 영향을 주는가에 주의를 기울인다. 조급하거나, 당황스럽고 실망스럽거나, 마음이 평온할 때 각각 더 빨리 혹은 천천히, 순조롭고 경쾌하게 또는 움찔거리며 걷는지 알아차린다. 감정을 바꾸려고 하지 말고 단지 알아차림 하며, 다시 걷는 감각으로 주의를 가져온다.

- **산 자세로 마친다**: 걷기를 끝마치면서 산 자세로 서서 대지와 내가 연결되어 있음을 느끼고, 몸이 어떻게 균형을 잡고 있는지 느낀다. 훈련 기록지에 걷기 명상 경험을 적는다.

명상 수련: 걷기 명상

무엇을 배웠고/어떤 도움이나 혜택이 있었는가? 어려운 점/방해 요인은 무엇인가?

1일

2일

3일

4일

5일

6일

7일

일상 훈련: 마음챙김 먹기
마음챙김 먹기 후에 어떤 변화가 있는지 알아차림 한다.

1일

2일

3일

4일

5일

6일

7일

생각을 슬기롭게

생각을 슬기롭게

모든 일이 당신에게 일어나는 것이 아니라

당신을 위해 일어나는 것이다.

─바이론 케이티(Byron Katie)

이 장은 생각과 스트레스와의 관계 그리고 평안해지려면 생각을 어떻게 슬기롭게 다루어야 하는가에 대한 이야기이다. 생각과 감정 그리고 생리적 기능, 이 세 가지는 서로 밀접하게 이루어진 한 세트이다. 뭔가 어처구니없는 실수를 하면 얼굴이 빨개지고 당황하게 된다. 사랑하는 사람을 떠나보낸 생각을 떠올리면 슬퍼서 울게 된다. 재미있는 경험을 떠올리면 즐겁고 웃게 된다. 생각은 감정에 영향을 주고, 이는 생리적 기능에 영향을 주는 연쇄 반응을 일으켜서 정신적·감정적·신체적 건강 상태로 나타난다.

생각과 감정으로 인해 마음속에는 일련의 사건이 생기고 이를 단념하거나 아니면 해결을 하거나, 포기하거나 아니면 생각을 드러내거나, 장애물로 인식하거나 아니면 도전해 볼 만하다고 인정하는 경우와 같이 다양한 결과를 초래하고, 이에 따라 신체 건강에 문제가 생기거나 현명한 결정을 내리는 능력이 떨어지게 된다. '이제까지 너무 오래 기다린 건 내 잘못이야, 난 아이를 가질 자격이 없어.'와 같은 생각은 패배감이나 절망감을 가져오고 언제가 바로 치료 적기인지 결정을 망설이게 되는 악순환을 만든다. 어느 때보다도 자신에게 친절하고 따뜻해야 하며, 자신의 가치를 믿어야 한다.

　다음은 난임이라는 인생의 위기를 겪으면서 얼마나 자존감이 상했는지 그 충격을 단적으로 보여 주는 나의 시이다.

기적

내가 수행불안을 가지고 있는 것은 당연하였다.

늘 뭔가를 해야 한다고 생각했으니까

내가 고독한 것은 당연하였다.

어디에도 속하지 못한다고 생각했으니까

내가 늘 뭔가를 하느라 바쁜 것은 당연하였다.

난 늘 부족하다고 생각했으니까

내가 이야기를 만든 것은 당연하였다.

진짜 대본을 찾을 수 없었으니까

내가 좋다 나쁘다 하는 것은 당연하였다.

반드시 어느 한쪽 편을 들어야 했으니까

당연히 나에게 기적 같은 것은 일어나지 않았다.

제대로 마주하고 자유로워진다

불교심리학은 인간이 가지는 정신적 고통의 근원이 자신의 믿음과 그 믿음을 지키기 위해 얼마나 애쓰는가에 달려 있다는 관점에서 시작한다. 그 생각을 없애려고 하는 것이 아니라 그 생각을 어떻게 지혜롭게 바라보는가를 배우는 것이다(Kornfield, 2008, pp. 146-147). 초연한 관점에서 생각을 직접 바라보면, 생각에서 해방되어 생각을 단지 '마음이 만든 행(行)'으로 여기게 된다. 생각은 마치 하늘에 떠가는 구름같이 어쩌다 만들어졌다가 흩어지고 눈앞에서 사라진다.

생각은 하나의 사건일 뿐이고 모두가 사실인 것도 아니다. 따라서 생각을 분명하게 규정할 수도 없고 무엇과 동일하다고 단정할 수도 없다. 당신이 생각하는 것이 당신의 실체라고 할 수 없다. 나 혹은 내가 지닌 가치가 곧 난임이라고 동일시하면, 왜 이런 일이 내게 생기는가라는 질문을 하게 되는 반면, 난임을 하나의 문제로 여기면 그 문제를 어떻게 해결할 것인가라는 질문을 하게 된다. 난임은 장애물이 아니라 임신이라는 난제에 도전하는 것이다.

상황을 바꾸는 것이 아니라 그 상황을 어떻게 대하는가, 즉 어떤 관계를 형성하는가의 문제이다. 난임과 같은 어려운 상황이 장애물이 아니라, 힘들지만 도전해 볼 만한 일이라고 보는 것이다. 이 상황은 자신의 가치를 반영하는 문제라기보다 배우고 성장하는 기회이다. 성공과 실패 여부가 당신을 정의하지는 않는다.

조건화된 우리 본성은 원하는 것에 집착하고 원하지 않는 것은 피하거나 몹시 싫어한다. 또는 착각하거나 무지해서 깨닫지 못한다. 이런 마음은 분명한 진상도 외면하게 만든다. "내가 모르면 상처받지도 않을 거야." 치료를 그만해야 함에도 집착 때문에 중단하지 못하거나, 누군가는 상황을 회피하느라 선택할 수 있는 치료를 받지 못하거나, 또 다른 누군가는 자신을 기만하느라 문제를 부정하고 치료받을 시도조차 안 하기도 한다.

실제 일어나는 일을 있는 그대로 인정하기보다는 터무니없는 가정이건 희망 섞인 기대이건 미리 정해 놓은 자신이 만든 이야기 속에 갇히게 되면 정상적인 결정을 하지 못하고, 진정 중요한 것을 알아보지 못한다. 마음챙김은 상황이나 형편에 상관없이 지금 여기 있는 것을 기꺼이 받아들이라고 가르친다. 가정하고 추측하기보다는 조사하고 찾아가는 새로운 장으로 안내한다. 집요하게 계속되는 생각에 갇히거나, 그 때문에 한 발짝도 앞으로 나아가지 못하거나, 상반되는 감정으로 주저할 때 마음챙김은 두 가지 근본적인 질문을 던지라고 가르친다. "지금 무엇에 저항하고 있는가?" 그리고 "어떻게 마음을 열 수 있을까?"이다.

붓다는 모든 존재의 본성이자 현실의 세 가지 진리를 깨닫고 가르치셨다. 이 장에서는 그중 한 가지를 이야기해 보고자 한다. 그 하나가 고(苦, dukkha), 즉 고통 또는 불만족이다. 나만은 살면서 고통이 없을 것이라고 기대하는 것이 인간의 타고난 성향이다. 따라서 뭔가 잘못되면 반사적으로 반응한다. "이런 일은 일어나서는 안 되는데! 내가 이 일만 피할 수 있다면! 이건 불공평해!" 삶이 원래 지닌 모습에 이렇게 저항한다. 그 결과 집착하거나(매달리고 반추), 피하거나(밀어내거나 부정), 미혹된다(착각하고 무시). 이 가르침을 명상 지도자이자 작가인 신젠 영(Shinzen Young)은 '괴로움 = 고통 × 저항'이라고 간단명료하게 설명하였다(2004, p. 84).

따라서 괴로움의 해독제는 수용, 즉 받아들이는 것이다. 달라지길 바라지 않고 현재의 실상과 함께하며 인정하는 것이다. 그렇다고 현재 일어나는 일을 좋아하거나 동의하라는 것이 아니다. 현재 일어나는 일을 인정하고 그것을 해결할 대상으로 여기는 것이다. 상황이 문제가 아니다. 그 상황을 어떻게 대하는가, 즉 관계를 어떻게 형성하는가의 문제이고, 저항하는 것이 문제이다. 있는 그대로를 인정하고 내려놓는다. 매달리거나 밀어내지 말고 있는 그대로를 받아들인다. 모든 일은 나름 제 갈 길이 있으니 가는 대로 가게 놔두는 것이다.

수용의 의미가 현재 모습대로 인정하는 것임을 명확하게 하는 것이 중요하다. 왜냐하면 수용하려고 애쓰는 것이 또 다른 수준의 고통을 더하는 것이 될 수 있기 때문이다. 지금의 나와는 다른 내가 되려고 애쓰는 일이기 때문이다. 마찬가지로 내려놓는다는 것이 있는 그대로 놔둔다는 의미임을 이해해야 한다. 왜냐하면 내려놓는다는 것도 뭔가 얻으려 애쓰는 것같이 느껴지기 때문이다. 지금 일어나는 일을 있는 그대로 인정하고 단지 함께함으로써 치유되기 시작한다.

어린 시절 대나무 껍질로 엮어서 만든 10cm 정도 길이의 대롱같이 생긴 장난감 놀이를 해 본 적이 있는가? 대롱 양 끝에 집게손가락을 넣을 수 있는 만큼 깊이 넣는다. 손가락을 빼려고 하면 관이 수축되면서 더 끼이게 된다. 양 끝에서 어떻게 손가락을 뺄 수 있는가 하는 게임이다. 수용전념치료의 창시자인 스티븐 헤이즈(Steven Hayes) 박사는 이 게임을 통해 지금 일어나고 있는 일을 끌어당기거나 밀어내도 변하지 않는다는 것을 경험하게 하였다

(2005, p. 37). "버둥거릴수록 더 못 빠져 나온다. 애쓰지 않고 내려놓으면 새로운 선택을 할 수 있는 자유를 얻는다." 이 간단하지만 심오한 수수께끼의 모순이 주는 지혜에서, 애를 쓰면 쓸수록 더 꼼짝 못하게 갇힌다는 의미를 찾아낸다.

스키를 타고 비탈을 내려가는 법을 배울 때의 비유를 통해서도 알 수 있다. 비탈에서 속도를 줄이기 위해 본능적으로 몸을 뒤로 기울이는 경향이 있지만 오히려 몸을 앞으로 숙여야 속도를 줄이고 균형을 잡을 수 있다. 역설적이게도 문제를 멀리하기보다 문제를 향해 몸을 기울일수록 균형을 유지하고 예정대로 나아갈 수 있다.

마음챙김은 괴로운 생각이나 불쾌한 감정을 통과할 수 있도록 그 생각과 감정에 다가가라고 가르친다. 난임이 개인의 경험과 삶에 미치는 영향을 인정하면 감정의 정당성을 인정하게 되고 이를 함께 해결하려고 노력하게 된다. 난임을 해결해 버리는 것이 아니다. 난임과 **함께하는** 것이다. 언제든지 상실감은 느끼겠지만 그것도 괜찮아진다. 시간이 지나면서 상실은 적어지고, 겪지 않았다면 가능하지 않았을 만큼 자신도 변하게 된다. 슬픔과 상실, 절망과 무력감, 난임이 가지고 있는 일련의 고유한 감정을 경험하면서 타인의 힘든 몸부림에 진정으로 공감할 줄 알게 되고 타인뿐 아니라 자신에게도 자비로운 마음을 갖게 된다.

이제까지 상담했던 다른 많은 여성들과 마찬가지로 유전적 인연을 놓아 버린다는 것은 내게도 깊은 상처였다. 제3자 부모가 되는 방법을 고려하기까지 오랜 시간이 걸렸다. 유전적 연관성이 없다는 의미를 지닌 말이나 상황에, 요즘도 가끔씩 속으로 반응을 보이는 나 자신을 보게 된다. 그러나 그것은 순간이고 감사하는 마음이 언제나 그 자리를 대신 차지한다.

마음챙김 훈련을 한다고 해서 슬프거나 화가 나지 않는 것이 아니다. 체외 수정시술이나 임신 실패에 낙담하지 않는 것도 아니다. 단지 지금 경험하는 일과 함께할 수 있는 힘을 기르고 내 안에 간직한 해결 능력을 불러내 마음을 온화하게 진정시키고 치유하며 새롭게 시작하게 한다. 마음챙김은 마음을 더 단단히 다잡아서가 아니라, 자신을 더 깊이 사랑하게 만들어서 어떤 힘든 경험이나 상황이라도 그 속으로 들어가게 이끈다. 난임이라는 미끄러운 비탈길을 향해 마음챙김 하면서 몸을 굽힌다면, 스스로가 자신의 건강과 행복을 위한 실전 요원이자 변화를 만드는 정예 요원이 될 것이다.

생각하지 않고 단지 바라본다

붓다의 가르침 가운데 『화살경(Sallatha Sutta)』은 화살을 두 번 맞는 이야기에 비유하여 생각이 고통에 미치는 영향을 보여 주고 있다. 화살을 맞으면 누구나 신체적 통증을 느낀다. 여기서 화살은 신체적 통증이나 통증으로 인한 신체적 증상, 즉 눈물을 흘리거나, 살다 보면 피하기 힘든 사고를 만나 가슴이 조여 오는 증상 같은 것들이다. 이런 것은 불가피한 고통이라고 말한다. 그러나 대부분 여기에 정신적인 고통을 더하게 된다. 스스로 부정적인 생각을 하면서 모든 일을 자기 탓으로 돌리고 바보 같은 짓을 한 자신을 비난하거나 더 나쁜 일을 상상하며 두려워하는 것은 바로 두 번째 화살을 자초하는 것이다. 한 번만 아플 수 있었던 것을 두 번 아프게 하는 것이다. 우리는 이것을 임의로 선택한 괴로움이라고 말한다. 그래서 이『화살경』은 아픈 것은 피할 수 없지만 괴로움은 선택이라는 가르침을 예시하기 위해 종종 사용된다.

🌿 연습: 생각의 힘

상상 속에서나 실제로 다음 상황이 일어났다고 마음에 그려 본다. 가까운 사람이 임신을 시도한지 얼마 되지 않아 성공하였다. 당신은 너무도 오랫동안 임신하려고 애써 왔고 그 과정에서 난임 진단으로 충격도 받았으며, 임신을 시도하였다가 실패하고 유산도 하고 예후도 별로 좋지 않아서 많은 상실감을 느끼고 있는데, 다른 사람의 임신이 견디기 힘든 소식이란 것을 모르고 누군가가 알려 주었다.

다음은 자신과 하는 바람직하지 않은 대화이다. 이들 대화나 이와 비슷한 자신만의 언어로 스스로와 대화하는 모습을 떠올려 보고 대화 후에 기분이 어떤가를 알아차린다.

"어쩜 그렇게 무신경한지 믿을 수가 없네."

"그런 멍청이가 어디 있겠어."

"다시는 그 사람을 보고 싶지 않아."

"그녀는 단지 내게 상처를 주고 싶었던 걸 거야."

"이건 불공평해."

"인생이 나를 비켜 가는 것 같아."

"난 절대 임신할 수 없을 거야."

다음은 자신과 하는 **바람직한 대화**이다. 이들 대화나 이와 비슷한 자신만의 언어로 스스로와 대화하는 모습을 떠올려 보고 대화 후에 기분이 어떤가를 알아차린다.

"내가 처한 상황을 그녀가 왜 몰랐을까? 아마 모를 수밖에 없었던 이유가 있을 거야."

"지금은 약간 거리를 두고 지내면서 얘기할 건지, 안 할 건지 선택해야겠다."

"우리가 지금까지 친구였던 것처럼 앞으로 언젠가 또 친구가 될 수 있겠지."

"그녀가 내게 상처를 주려던 것은 아니라는 걸 난 알아."

"내 일을 공감하는 사람들에게서 지지를 얻을 수 있으니까, 괜찮아."

"모든 건 지나갈 거야."

"화를 냈더니 이제 좀 살 것 같다."

"어쨌든 내가 아이를 가질 거라는 걸 난 알아."

자신이 겪는 일에 저항하는 바람직하지 않은 생각을 한 경우와 자신이 겪는 일을 수용하는 바람직한 생각을 한 경우, 괴로움의 정도 차이를 느낄 수 있었는가?

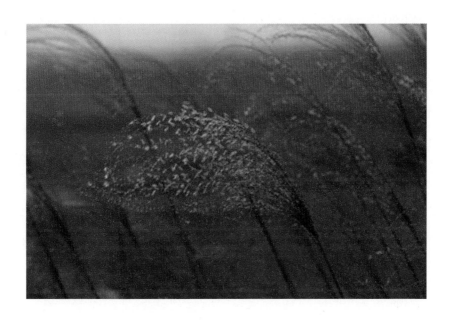

여정을 재구성하다

　판단이라는 가리개를 쓰고 세상을 바라보면 닦지 않은 안경을 통해 세상을 보는 것과 같다. 얼룩진 렌즈로 보는 것이 하도 익숙해서 얼룩을 알아차리지도 못한다. 안경을 닦고 나면 모든 게 얼마나 또렷하게 보이는지 믿기 힘들 지경이다. 그러나 얼마 안 되어서 다시 얼룩이 생기기 시작하고 또다시 그것에 익숙해진다.

　판단이라는 렌즈를 통해서 본다는 것은 실제로는 진실도 아니고 근거도 없는 해석이나 개념을 사실로 인식한다는 의미이다. 대부분 이런 해석은 나쁜 생각을 하도록 유도하고 이렇게 개입하고 강요하는 왜곡된 생각은 종종 비참한 감정이나 우울한 기분이 들게 한다. 그러나 매사 판단하지 않고 매 순간 알아차림 하면서 세상을 바라보면, 실시간으로 실제 일어나고 있는 일에 모든 주의를 집중하게 된다. 과거를 후회하거나 미래를 걱정하느라 생긴 나쁜 생각들을 알아차릴 수 있게 되고, 지금 이 순간 떠오르는 바람직한 생각을 펼치게 된다.

　서양심리학에서는 부정적이고 나도 모르게 떠오르는 쓸모없는 생각으로 불안하게 만드는 것을 **인지왜곡**이라고 정의하고, 상황을 정확하게 묘사하는 생각으로 긍정적 기분이 들게 하는 것을 **인지재구성**이라고 정의한다. 생각하고 느끼고 행동하는 방법을 변화시키기 위한 사고의 역할에 집중하는 특정 치료 모델이 인지행동치료이다(Burns, 1990). 치료의 목표는 생각하는 방식을 직접적이고 능동적인 방법으로 변화시키는 것이다. 번즈 박사는 인지왜곡 목록 열 가지를 만들었는데(Burns, 1980, pp. 42-43), 다음은 그 일부이다.

- 흑백논리적 사고를 하거나 과도한 일반화의 오류를 범한다. 예를 들어, 끊임없이 패배자적인 양상으로 사건을 해석하는 것이다.
- 부정적 생각에 사로잡히거나 긍정적인 면은 무시하고 과도하게 사건을 확대하거나 중요성을 축소시킨다.
- 감정에 근거하여 추론하고 자신이나 타인을 비난한다.
- 자신에게 문제가 있다고 낙인찍거나 **해야 할** 일을 하지 않았다고 자신을 호되게 꾸짖는다.

마음챙김에서 근본적으로 필요한 심성이 수용이다. 수용이라는 특성을 사용하여 있는 그대로 사물을 인지하고 마음의 저항을 줄이는 것이다. 카밧진(Kabat-Zinn, 1990, pp. 31-41)이 명시한 일곱 가지 '마음챙김을 받치는 기둥' 가운데 수용은 가장 강력한 기둥이다.

수용은 호기심을 갖는 훈련이다. 내가 무엇 때문에 불쾌한가를 밝히기 위해 호기심을 갖는다. 저항하는 일을 향해 방향 전환을 하려면 반드시 필요한 역설이다. 비판하지 않고 너무 애쓰지 않으며 초심자의 마음으로, 있는 그대로 인정하고, 인내심을 가지는 마음이 생겨야 전환이 가능하다. 이들 특성이 서로 밀접하게 연관되어…… 서로를 발판 삼아 마침내 자신을 믿는 강력한 신뢰의 힘을 갖게 된다. 몸과 마음에 강하게 연결되어 이들이 보내는 신호를 믿을 수 있게 된다(Marotta, 2013, p. 6).

자신이 누구인가를, 또는 자신이 생각하고 느낀 것을 고치려는 것이 마음챙김의 의도가 아니다. 왜냐하면 이것은 불수용, 즉 받아들이지 않는 것을 훈련하게 되기 때문이다. 서양심리학과 불교심리학에서 변화를 가져오는 방법은 근본적으로 다르다. 마음챙김이라는 역설적 접근법에서는 상황을 받아들이는 것이야말로 변화에 반드시 필요하고, 통찰과 자각을 통해서 자연스럽게 변한다고 믿는다. 여기서 마음챙김의 또 다른 모순을 만나게 된다. 변화하려고 애쓰지 않을 때 자연스럽게 변화가 일어난다. 마음챙김은 경험에서 판단을 제외하기 때문에 인지재구성은 필연적인 결과이다.

바꾸어 말하면, 마음챙김은 스트레스 요인에 중점을 두는 것이 아니라 그 요인을 어떻게 대하는가에 초점을 맞춘다. 상황이 좋은가 나쁜가, 내가 이런 상황을 원하는가 원하지 않는가에 에너지를 사용하지 않는다. 그보다는 생각을 감정적으로 어떻게 대하는가? 두려움과 불안으로 나쁜 생각에 불을 지피는가? 생각의 배경에는 어떤 에너지, 어떤 관계가 있는가? 강박적으로 떠올리거나 또는 자꾸 반추하면서 생각에 사로잡히는가? 생각하는 동안 몸의 변화는 어떤가? 가슴이 답답하거나 뛰는가? 이것들이 마음챙김의 대상이다.

마음챙김은 늘 생각의 타당성을 시험하라고 한다. 자신에게 묻는다. "이 생각이 진정 사실인가?" 생각이 어디서 온 것인가를 찾아서 어린 시절, 과거 사건이나 상황을 따라가다 보면 더 이해하고 깊이 통찰하게 된다.

🌿 연습: 바람직한 생각 떠올리기

이 훈련은 서양심리학과 불교심리학을 통합하여 만든 모델로, 생각을 지혜롭게 다루기 위한 것이다.

- **1단계 바람직하지 않은 생각**: 난임이라는 힘든 문제와 관련하여 마음을 아프게 하는, 고질적이고 시도 때도 없이 떠오르는 좋지 않은 생각을 확인하고 종이에 적는다.
- **2단계 관찰**: 생각에 불을 붙이는 **감정**이 무엇인가를 관찰한다. 생각의 배경에 어떤 **에너지**가 있는가, 생각과 감정이 **몸**에서 어떻게 나타나는지 관찰한다.
- **3단계 질문**: 이 생각이 어디에서 온 것인가? 어린 시절, 가족, 큰 상처가 된 사건이나 상황 등, 어디에 뿌리를 두고 있는가? 이 생각은 사실인가? 사실이라는 것을 어떻게 아는가?
- **4단계 유익한 생각**: 무엇을 할 것인지, 어떤 방향으로 나아가려는지 확신시켜 주는 친절하고 너그러우며 진실된 생각이 떠오르면, 그 이야기를 듣는다.
- **5단계 관찰**: 어떤 감정이 생각에 불을 붙이는가를 관찰한다. 생각의 배경에 어떤 **에너지**가 있는가, 생각과 감정이 **몸**에서 어떻게 나타나는지 관찰한다.

🌱 연습: 바람직한 생각으로 재구성하기

스터디 카드에 건전한 생각을 적어서 일상에서 이 생각들과 늘 함께하도록 상기시키는 방법이 있다. 냉장고 문이나 욕실 거울, 모니터 가장자리나 휴대 전화 뒤, 지갑 안과 같이 잘 보이는 곳이나 늘 닿을 수 있는 곳에 카드를 놔 둔다. 자신도 모르게 나쁜 생각에 빠질 때면 재구성한 진실에 힘을 실어 주는 카드를 참조한다. 또다시 나쁜 생각이 떠오르면 바람직한 생각을 불러내고 새롭게 떠오른 생각을 카드에도 첨가한다.

재구성한 예시

다음은 상담했던 남자와 여자들 가운데 이 동서양 모델을 사용했던 사람들이 바람직하지 않은 생각을 어떻게 건전한 생각으로 재구성하였는가의 예시이다.

〈표 5-1〉

바람직하지 않은 생각	건전한 생각으로 재구성
내가 몸을 너무 혹사시켜서 난임이 된 거야, 내 책임이야. 나는 비난받아 마땅해.	이제 스트레스를 관리하기 시작했어. 이성적으로 생각하면 난임은 누구의 잘못도 아니고 어쩔 수 없는 일이라는 걸 알아. 이제 자신을 잘 돌보아야지. 난 부모가 될 거라는 것을 믿어. 단지 언제 어떻게 되는지를 모를 뿐이야.
왜 우리에게 이런 일이 생긴 걸까?	세상 모든 일을 다 알 수는 없다는 말을 인정해야 할 것 같아. 그렇지만 난임을 겪으면서 나와 집사람이 더 가까워졌다는 것은 알아.

임신하지 못하는 나는 쓸모없는 사람인 것 같아.	나는 다른 방법도 찾아봤어. 이제 내 인생의 큰 그림을 봐야 해. 자신을 잘 돌보고 스트레스 관리도 해야지. 내가 그 이유를 다 알 수는 없지만 아마 모든 일에는 이유가 있을 거야. 살면서 만난 힘든 문제이지만 뭔가 새로운 생각을 할 수 있는 기회일지도 몰라. 마음을 열고 찾아봐야지.
남편의 기대를 저버렸고 내 딸도 실망시켰어(두 번째 아이를 가지려는 난임 여성이었다).	아이를 낳는 것 말고도 우리 인생에 다른 많은 것을 그들에게 보여 주었어. 난임이라는 사실을 뛰어넘는 뭔가가 나에게는 분명히 있어.
너무 나이가 들 때까지 기다리다 임신이 힘들어진 것 같아. 임신하기에 너무 나이가 든 것은 아닐까?	나이만큼 성숙했고 이제 부모가 되면 난 더 훌륭한 부모가 될 거야. 나이는 이미 어쩔 수 없다면 다른 선택이 있나 찾아봐야지.
나 자신이 실패자인 것 같아. 난 뭔가 잘못된 거야. 난 엄마가 될 자격이 없어. 내가 벌을 받고 있는 거야.	내게는 지금의 경험 그 이상의 뭔가가 있어. 이것이 다가 아니야. 난 독립적이고 나 자신을 믿고 그 외에도 자랑스러운 것들이 많아. 나 스스로 이룩했고 내 경력도 만들었어.
매번 치료를 다시 시작할 때마다 걱정하고 또 실망할 준비를 하고 있구나.	난임 치료 과정의 모든 단계는 엄마가 되겠다는 내 꿈에 한 걸음씩 가까이 데려가는 거야. 그 과정이 나의 여행이야.
희망을 갖기가 두려워. 답이 뭔지, 어디에 그 답이 있는지 모르겠어.	난 용감하고 점점 더 강해지며 더 건강해지고 나를 잘 돌보고 있어. 이 모든 것이 더 큰 희망과 확신을 갖게 해 주는 거야. 내게 아이가 올 거라는 것을 난 알아.
아이가 없는 것이 내 잘못은 아니야. 남편 때문이지.	이 문제 속에 우리는 함께 있고 함께 해결해 나갈 거야. 힘들지만 진심으로 서로에게 힘이 되는 법을 배워 가고 있어.
상황이 하나도 좋아질 것 같지 않아.	내가 가진 두려움을 들여다보고 내려놓아야겠어. 이제 남은 건 사랑과 희망이야.

🌱 연습: 생각을 다루는 심상화

마음속으로 생생하게 그리는 심상화 훈련은 자신의 능력을 앗아 가는 나쁜 생각을 확인하고, 자신의 진정한 가치를 확인시켜 줄 마음 깊은 곳에 있는 건전한 생각을 드러내는 것이다. 편안한 자세를 잡고 눈은 살짝 감는다. 평소와 같이 편안하게 호흡을 하면서 들이쉬고 내쉬는 호흡의 파도를 타기 시작한다.

에메랄드그린 색 풀이 우거진 초원을 걷는 상상을 한다. 넓은 풀밭, 쪽빛과 사파이어블루 색의 들꽃이 돋보이고 어른거리는 에메랄드 색 나무들로 둘러싸인 초원을 그려 본다. 초원을 살펴보다가 마법의 연못을 발견하였다. 자신이 쓸모없다는 느낌을 갖게 하는 비판적이고 왜곡된 믿음을 마음의 눈으로 불러오라는 명을 받았다고 상상한다. 마법으로 불러내면 왜곡된 신념이 단단하고 무거운 바위로 변한다. 하는 수 없이 큰 바위를 연못 속으로 던졌더니 깊이를 알 수 없는 바닥으로 빠르게 가라앉는다.

밝게 빛나는 공 모양의 물체가 서서히 수면 위로 떠오르기 시작한다. 그 안에는 자신의 본성을 알아보는 진정한 믿음이 들어 있다. 바로 지금의 당신, 온전하고 완벽한 자신을 알아본다. 깨달음이다. 그 안에는 고결한 마음이 가득하여 이 여행에서 앞으로 나아가기 위한 행동을 알고 있다. 이는 바로 나의 원천이고 진실이며, 모든 결함에도 불구하고 여전히 완벽한 나 자신이다. 이 진실의 찬란함에서 나오는, 금빛으로 타오르는 치유의 빛이 자신과 주변을 비추도록 한다. 심장까지 숨을 들이쉬고 거기서 내쉬면서 어느 때보다 심오하게 진실을 받아들인다.

아름다움으로 가득한 마법의 연못을 떠날 준비가 되면 자비로운 지혜에 고개 숙여 감사하고 자신이 온전하다는 진실을 가지고 세상으로 나아간다.

선택 없는 알아차림

호흡 명상을 하고 몸에 대한 명상을 하고 나서 이제 생각에 대한 명상을 한다. 이는 생각을 슬기롭게 다루는 틀을 만드는 훈련이다. 이 훈련은 생각을 자신의 것으로 여기지 않고, 생각을 살피는 법을 가르친다. 초연한 입장에서 공평한 관점으로 생각을 관찰하여 그 영향력을 약화시키는 법을 배운다.

선택 없는 알아차림은 알아차림의 영역을 호흡, 몸의 감각, 소리 그리고 마음이 만든 구성물이자 임의의 사건인 생각까지 단지 관찰할 대상으로 열어 놓는다. 가장 현저하게 느껴지는 감각에 주의를 가져가고 또 다른 감각이 주의를 끌면 그리로 옮겨 간다. 생각이 우세해지면 생각 자체가 주의의 대상이 된다. 생각을 연구하고 판단하고 생각에 사로잡히거나 생각으로 미혹되지 말고 단지 생각을 하늘에 떠 있는, 나타났다 사라지고 흔적을 남기지 않는 구름으로 관찰하는 것이다. 매 순간 그것이 무엇이건 가장 현저한 대상으로 주의를 그저 옮기는, 선택 없는 알아차림 훈련을 계속한다.

어떤 감각에 주의를 기울일까를 정하려고 하기보다는 감각이 당신을 선택하게 한다. 감각이나 느낌이 없다고 바꿔야 하거나 방심한 것으로 여기지 말고, 자세히 살피고 알아보기 시작하라는 신호로 여긴다. 마음이 방황하면, 알아차림의 영역에 들어오는 어떤 감각이건 상관하지 말고 그리로 주의를 가져간다. 어떤 감각이건 너무 불편하면 언제든지 호흡으로 주의를 가져간다.

카밧진(Kabat-Zinn, 1990, p. 71)은 그의 MBSR 프로그램에서 감각에 대한 명상으로 시작하여 선택 없는 알아차림으로 끝나는 훈련을 가르친다. 호흡에 주의를 가져오고 촉감, 몸의 느낌, 소리, 생각 그리고 끝으로 선택 없는 알아차림으로 주의를 체계적으로 가져가는 훈련을 한다. 순서대로 대상을 선택하는 과정을 거치면, 선택 없는 알아차림으로 들어가는 것이 쉬워질 수 있다. 선택 없는 알아차림은 대상이 나를 선택하는 것이다.

선택 없는 알아차림은 현실의 무상함을 드러내 보여 준다. 모든 일은 나름의 때가 되어야 변한다는 것을 알려 준다. 명상을 하면서 모든 감각을 열린 마음으로 중립적인 입장에서 관찰하면 인생의 덧없음을 명확하게 목격할 수 있다. 자신이 통제하겠다는 마음을 포기하는 것을 배우고 자신과 인생에서 일어나는 모든 일을 본래 정해진 전개 그대로 마주하게 된다. 모든 명상에서와 같이 이 훈련은 인생 자체의 경험에 보편적으로 적용할 수 있으며, 특히 유연성, 회복탄력성과 용기를 얻게 된다.

🌱 명상 수련: 선택 없는 알아차림

호흡에 주의를 가져가거나 몸을 기반으로 알아차림을 시작한다. 준비가 되면 알아차림의 영역을 호흡, 몸의 감각, 소리와 생각 모두에 열어 놓고 가장 뚜렷하게 신호를 보내는 감각과 느낌에 끊김 없이 주의를 가져가 알아차림 한다. 마음이 방황할 때면 가장 주의를 끄는 감각으로 다시 돌아가 알아차림 한다. 감각이나 느낌이 불편하여 계속하기 힘들면 다시 호흡에 주의를 가

저간다.

- **호흡**: 호흡이 가장 현저하게 느껴지면 호흡의 파도를 타고 숨을 들이쉬고 내쉬면서 고유한 특성을 알아차림 한다.
- **몸의 감각**: 몸에서 느껴지는 감각이 가장 현저하면 현재 감지되는 감각을 가장 심도 있게 느낀다. 피부 감각, 온도의 변화, 감각의 강도, 느낌의 변화와 그 과정을 알아차림 한다.
- **소리**: 소리가 가장 뚜렷해지면 지금 여기에서 들리는 소리를 어느 때보다 민감하게 듣는다. 소리가 어떻게 시작하고, 중간은 어떤지 그리고 어떻게 끝이 나는지, 얼마나 큰 소리인지, 소곤거리는지, 멀리서인지 가까이서 들리는지, 높은 소리인지 낮은 소리인지, 소리와 소리 사이에 여지가 있는지를 살핀다.
- **생각**: 생각이 가장 뚜렷하게 주의를 끌면, 하늘에서 왔다 갔다 하다가 흔적 없이 사라지는 구름처럼 생각을 관찰한다. 생각이 이야기를 지어내고 나름의 수명을 가지고 변해 가는 과정을 알아차리고, 생각을 마음의 구성물로 여기고 한 걸음 뒤에서 관찰하면, 더 이상 일신상의 이야기가 아님을 알게 된다. 내가 생각이 아니듯이 생각도 내가 아니다.

선택 없는 알아차림의 경험을 훈련 기록지에 적는다. 무엇을 배웠는가? 얼마나 성장하였는가? 힘든 점은 무엇이었는가? 저항하는 마음은 어떻게 나타났는가를 살핀다. 수련을 위해 www.youtube.com/c/LeeInsil에서 정좌 명상을 따라 한다.

생각에 대한 명상

지금까지는 마음이 만든 구성물인 생각이 떠올랐다가 사라지는 것을 관찰하는 훈련을 하였다. 다음 명상은 나를 지배하는 바람직하지 않은 생각이 마음에 끼어들어 와 계속 사라지지 않을 때 그 생각 자체를 주의의 대상으로 삼아 심도 있는 탐구를 한다. 생각 명상은 생각을 어떻게 지혜롭게 바라볼 것인가를 가르친다. 생각과 생각 패턴에 이름을 붙이고, 생각에 불을 지피는 감정을 살피고, 생각의 배경에 있는 에너지나 관계를 알아보며 생각과 함께 나타나는 신체적 증상을 살피는 것이다.

초연하게 중립적인 시각으로 생각의 흐름을 관찰하는 법을 배우면, 생각이 얼마나 익숙하고 반복적인 패턴으로 똑같이 돌아가는지 알아차리게 된다. 마음으로 생각을 관찰하면 생각이 무력해진다. 잘 알려진 "생각에 이름을 붙이면 생각이 미미해진다."라는 문구가 이를 대변한다. 첫째, **생각에 이름을 붙**인다. 자기-비판에 정신을 쏟는 자신을 발견하면 "또 판단을 하는구나."라고 속으로 말한다. 둘째, **테이프에 이름을 붙**인다. "나는 아이를 가질 수 없을 거야."라는 마음속 소리가 들리면 "또 안 된다는 만화영화 틀었네."라고 꼬리표를 붙여 본다. 생각에 친근한 이름표를 붙이면 그 생각과 친구가 되어 생각을 박멸해야 할 적으로 보지 않게 된다. 이런 관점을 나타내는 말이 있다. "당신이 없애 버리려고 저항하면 할수록 생각은 끈덕지게 살아남는다."

심리학자이자 통찰 명상 지도자인 타라 브랙(Tara Brach)은 명상에서 생각을 살피는 방법의 하나로 네 단어의 머리글자를 딴 RAIN을 만들어 대중

화하였다(2012, pp. 61-75). 알아차리고(Recognize), 있는 그대로 바라보고
(Accept, Allow), 감각, 감정, 생각을 들여다보고(Investigate), 동일시하지 않는
다(Nonidentify)의 네 단계이다.

🌱 명상 수련: 생각 명상하기

자신을 지배하는 집요하고 바람직하지 못한 생각이 떠오르면 생각 명상을
한다. 생각 그 자체가 대상이다. RAIN 훈련으로 생각을 살펴본다. 마음이 방
황하면 주의를 보낼 대상인 생각으로 되돌아온다. 이 과정에서 너무 괴로운
상황에 직면하면 다시 닻과 같은 호흡으로 돌아와 마음을 안정시킨다.

(R) 생각이 떠오르면 알아차린다.

- 마음속으로 생각에 이름을 붙여서 자신에게 말한다. "후회하고 있구나."
- 조건화된 부정적이고 만연된 생각 패턴을 알아차리면 이름을 붙인다.
- 판단, 계획, 원망, 불신, 후회와 같은 이름표도 가능하다.
- 유머와 자비심을 가지고 한 걸음 뒤에서 바라보게 하는 문구를 생각한다.

(A) 떠오르는 생각이 무엇이건 그저 존재하도록 놔둔다.

- 회피하거나 집착하지 않는다. 그저 생각이 자신을 통과하듯이 이동해
  나가게 한다.

(I) 감정, 에너지, 몸의 감각을 통해 생각을 자세히 살펴본다.

• 생각에 불을 붙이는 감정을 관찰한다. 이런 감정은 끊임없이 반복적으로 패배감을 느끼도록 일종의 패턴을 강화하기 때문이다. 예를 들어, 불안이나 두려움은 미래를 미리 연습하게 만들고, 죄의식과 수치심은 과거를 다시 재탕하게 만든다. 이런 감정이 기분에 어떤 영향을 미치는가를 알아차린다.

• 생각 뒤에 있는 에너지(관계)를 관찰한다. 다시 말해서 생각과 어떤 관계를 형성하는가, 도망치는가, 매달리는가, 경시하는가, 부정하는가?

• 몸에 나타나는 변화를 관찰한다. 생각은 사실이 아닌 이야기도 지어내는 경향이 있는 반면, 몸은 생각보다 진실을 말하고 있어 더 신뢰할 수 있다. 몸 어디에서 긴장감을 느끼는가? 어떤 기분인가?

(N) 생각과 동일시하지 않는다.

• 생각을 자신과 동일시하지 않는다. 생각에 집착하거나 회피하지 않고 판단을 스스로 내려놓는다.

• 생각을 내 것으로 여기지 않는다. 생각은 개인적인 사건이 아니다. 생각은 조건에 의해 생기고 사라지는 것이다. 단지 생각을 관찰한다.

• 이완하고 호흡하며 자비로운 마음으로 알아차림 속에 머문다.

• 현재 내 앞에 있는 것이 무엇이건 함께하고 기꺼이 받아들이는 용기를 가진 것을 감사하며 끝낸다.

선택 없는 알아차림 수련과 함께 생각 명상을 훈련 기록지에 적는다. 기록하는 것은 훈련을 수립하고 유지하는 데 특히 도움이 된다.

🌱 일상 훈련: 인지적 알아차림

일상에서 바람직하지 못한 생각과 건전한 생각이 정서적·신체적 건강에 미치는 영향을 알아본다.

자신의 감정이나 기분과 나쁜 생각이 어떻게 연결되어 있는가? 생각 뒤에 있는 에너지는 무엇인가? 생각과 감정의 연결이 몸에서 어떻게 나타나고 있는가? 예를 들어, '내가 지금 벌을 받고 있는 것 같아.'라는 생각이 어떻게 절망적인 느낌으로 이어지고 우울해지는지 알아차린다. 죄의식에 사로잡혀 생각에 매달리면 몸이 긴장되는 것도 알아차린다.

자신의 감정이나 기분과 건전한 생각이 어떻게 연결되어 있는가? 생각 뒤에 있는 에너지는 무엇인가? 생각과 감정의 연결이 몸에서 어떻게 나타나고 있는가? 예를 들어, '가능성을 열어 둔다면 아이를 가지게 될 거야, 난 알아.'라는 생각이 어떻게 온화한 느낌으로 연결되고, 평온한 기분을 느끼게 되는지 알아차린다. 건전한 생각에 따라 열린 마음과 수용하는 에너지를 가지게 되고 몸도 이완되는 것을 알아차린다. 인지적 알아차림을 훈련 기록지에 기록한다.

명상 수련: 선택 없는 알아차림 명상/생각에 대한 명상
무엇을 배웠고/어떤 도움이나 혜택이 있었는가? 어려운 점/방해 요인은 무엇인가?

1일

2일

3일

4일

5일

6일

7일

훈련 기록지 5-2

일상 훈련: 인지적 알아차림
건전한 생각과 바람직하지 않은 생각이 감정과 신체의 건강에 미치는 영향을 살핀다.

1일

2일

3일

4일

5일

6일

7일

제 6 장

너를 만나러 가고 있단다

감정을
여유롭게

제6장

감정을 여유롭게

'온통 괴로운 내 인생'이란 말 속에서도 뭔가
긍정적인 면을 엿볼 수 있었다.
인생에서 가장 힘든 것과 씨름하면서도 그 안에서 힘과 지혜를
키우는 여유를 찾는 인간 영혼의 능력이 보였다.
—존 카밧진(Jon Kabat-Zinn)

생각을 지혜롭게 대하는 방법을 배웠고 이제 감정을 다루는 법을 배우려 한다. 마음챙김은 생각과 마찬가지로 감정도 긍정, 부정으로 분간하지 않는다. 대신 감정에 저항하면, 즉 비판하거나 사로잡히거나 회피하거나 통제하려 한다면 상처를 입을 수 있다고 가르친다. 마음챙김은 우리를 괴롭히는 감정을 향해 열린 마음으로 대하라고 가르친다. 이는 수용하고 인정하는 넓은 마음으로 제한 없이 모든 일을 담을 수 있는 상태를 말한다. 열린 마음이란 감정에 집착하거나 피하지 않고 감정이 자신을 통과해 지나가게 하는 관대한 마음이다. 감정을 위한 여유가 마음속에 있어야 가능한 일이다.

붓다의 가르침의 하나인 『로나팔라경(소금덩이경)』에서는 물에 들어 있는 소금에 빗대어, 마음챙김 수련이 어떻게 힘든 경험을 받아들이고 견디게 하

는가를 설명하였다. 소금 한 숟가락을 물이 담긴 컵에 풀면 짠맛이 강렬하겠지만 연못에 소금 한 숟가락을 넣으면 짠맛이 굉장히 희석된다. 연못에 들어간 소금과 같이 괴로운 감정도 널찍한 열린 마음속에서는 흩어져 사라진다. 마음을 열면 인생이 훨씬 쉬워진다.

제3자 부모가 되는 선택을 권유받은 대부분의 사람은 아이와 그들이 결속되지 않으면 어쩌나 하는 불안감에, 다시 말해 실제로는 '그들의' 아이가 아니라는 생각으로 힘들어한다. 그러나 너그럽고 열린 마음으로, 때로는 슬픔과 상실감도 겪으면서 난임이라는 고난을 헤쳐 나가다 보면, 친절하고 따뜻한 마음과 감사의 마음이 생기고 예기치 못한 방식으로 자신이 변하게 된다.

여러 해 전에, 입양한 아들을 둔 아버지 이야기를 들었다. 아이가 3세가 될 무렵 놀랍게도 어머니가 임신을 한 것을 알게 되었다. 아이가 하나 더 생긴다는 이야기를 들은 아버지는 "우리가 이제까지 아들을 사랑했던 만큼, 새로 태어날 아이도 사랑하게 되길 바랄 뿐입니다!"라고 하였다. 솔직하고 열린 마음이라면 '모든 것을 담을 여유'가 있다(Levine, 1979, p. 70).

달갑지 않더라도 기꺼이 맞이하자

감정은 모든 경험에 대한 반응이며 몸에서는 신체 감각으로, 마음에서는 생각으로 나타난다. 마치 합동 임무를 띤 동지와도 같이 생각은 이야기를 만들고, 감정은 이 이야기가 진실임을 확인시켜 준다. 그러면 우리는 토끼굴에 빠진 듯 빛을 못 보게 된다. 그러나 감정은 생각과 마찬가지로 조건화된 대로 생겼다 사라지는 사건일 뿐 개인적인 일이 아니다. 감정은 생기고 사라진다. 매달릴 것이 아무것도 없다. 생각과 마찬가지로 감정은 그 자체가 긍정적이지도 부정적이지도 않다. 단지 특별한 느낌에 우리의 몸과 마음이 어떻게 반응하는가, 즉 유쾌하다거나 불쾌하다거나 이도 저도 아닌 그저 그런 '느끼는 감'일 뿐이다.

마음속에는 세상을 명료하게 보지 못하고 현명하게 행동하지 못하게 하는 세 가지 근원적인 성향이 있는데, 그것은 바로 욕심(집착), 혐오(회피)와 망상(부정)이다. 인간은 날 때부터 좋은 것만 느끼고 싶고 나쁜 것은 피하고 싶고 실제 일어나는 일을 보고 싶어 하지 않는 경향이 있다. 마음챙김은 고통스러운 감정도 괴로운 생각과 마찬가지로 기꺼이 맞이하고 그 감정과 어떻게 관계를 설정하는지, 예를 들어 집착하거나 경시하거나 피하는지를 관찰하라고 가르친다. 불청객을 안으로 들이면 잠시 머물다 지나간다. 마치 눈물의 강을 항해하다 떠내려가는 배와 같다. 마음챙김은 원하는 것에 집착하거나 원치 않는다고 피하는, 단기적 해결책을 찾기보다 고통스러운 감정을 향해서 마주하고 하나의 대상으로 다루면서, 장기적으로 함께하는 길을 찾는다.

붓다에 관한 많은 이야기 속에는 성도를 방해하고자 하는 악마 마라가 여러 가지 형태로 나타난다. 그중 하나에서는, 마라가 세속을 떠나 숭고한 삶을 사는 붓다를 유혹하기 위해 눈부시게 예쁜 세 딸을 그에게 보낸다. 그러나 붓다는 이 세 딸은 다름 아닌 갈증, 욕망, 쾌락임을 알고 미혹되지 않았다. 또 다른 이야기에서는 마라가 붓다를 죽이기 위해 군대를 보냈고 그들은 화살을 빗발치듯 쏘아 댔지만 이 시험에서도 화살을 모두 쏟아지는 꽃잎으로 바꾸어 대적하였다. 마라를 적으로 여기기보다는 자신의 헌신을 시험하고, 숨겨진

덫을 비롯하여 인생의 본질에 관해 통찰하도록 이끄는 스승으로 인식하였다. 악마 마라가 우리를 시험에 들게 하면 자신에게 물어라. "마라가 적이라면 어떻게 막을 것인가? 마라가 스승이라면 어떻게 마음을 열고 맞을 것인가?"

불교심리학에 따르면, 감정과 생각에 영향을 미치는 다섯 가지 강력한 장애(오개, 五蓋)가 있다고 한다. 오개는 전체적인 큰 그림을 보지 못하게 한다. 마치 당사자에게만 일어나는 일인 듯 속여 불건전한 행동을 하게 만드는 것들이다. 다섯 가지 장애가 어떤 형태로 나타나고 이를 어떻게 상쇄하는가를 알아야 한다.

- **감각적 자극을 탐하는 욕심**: 끝없이 원하는 것(집착, 예를 들면 원하는 것에 사로잡히는 것)으로, 이는 자신의 진정한 의도를 알고 실행하여 상쇄한다.
- **나쁜 마음, 화**: 싫어하는 것(혐오, 예를 들면 비판하거나 비난하는 태도로 남을 멀리하는 마음)으로, 이는 자신의 신념을 살피고 마음에서 우러나는 말을 하여 상쇄한다.
- **게으름과 무관심**: 몸이 굼뜨고 지루해하는 것(적극적이 아니다 보니 흥미를 잃은 마음)으로, 이는 마음을 고요하게 하여 자신이 저항하는 것이 무엇인지 찾아내 상쇄한다.
- **마음이 들뜨고 근심하거나 후회**: 지금과 달라지길 바라는 마음(쾌락에 매달리고 괴로움은 회피하는 산란한 마음)으로, 이는 불편한 마음에 다가가 그 마음과 통하면서 상쇄한다.
- **의심**: 믿지 못하거나 실망하는 마음(예를 들면, 자신의 의지대로 행함에 있어 의문을 가지는 마음)으로, 이는 자신의 감정을 알게 되고 스스로의 힘

으로 난관을 극복함으로써 상쇄한다.

감정을 바라보는 관찰자로서 바람직하지 않은 감정적 반응과 그 감정이 행동에 미치는 결과를 알아차리게 되면, 마음챙김 하면서 건전한 행동을 하도록 대응 방법을 선택할 수 있다. 마음챙김은 조건화된 좋지 않은 전반적인 감정적 반응 패턴에서 벗어나 지혜와 통찰에 따라 반응하도록 인도한다. 이 과정을 통해 감정적으로 성숙해진다.

감정에 대한 명상

지금까지 호흡, 몸의 감각, 생각과 같이 여러 대상을 알아차림 하였다. 그러나 감정이 너무 강렬해서 대상에 주의를 유지하기 힘들면 감정 그 자체를 대상으로 삼는다. 명상 도중에 생기는 감정을 살피는 훈련은 건전한 감정과 그렇지 못한 감정을 알아차리고 다루는 데 도움이 된다.

마음챙김은 지금 여기에 있는 것이 무엇이건 간에 비판하거나 평가하지 않고 매달리거나 혐오하지 않으며 그저 자리를 마련해 준다. 감정을 살필 때는 감정이 드러내는 세 가지 행태를 보아야 한다. 어떤 **생각**이 감정과 연결되어 있는가?(예: 비판적인 생각을 마음속으로 하는가) 감정의 배경에는 어떤 **에너지**(관계)가 있는가?(예: 도망치는가, 매달리는가, 경시하는가, 부정하는가) 감정이 **몸**에서 어떻게 나타나는가?(예: 신체적 긴장감이나 몸이 죄어드는가) 이제 감정을 단지 바라보고 있는 그대로 놔둘 수 있는가?

감정을 살피는 것이 지나치게 힘들면 다시 호흡으로 돌아와 평온한 마음으로 집중한다. 그리고 다시 감정으로 돌아가거나 이제 충분하다고 여긴다면 그대로 머물기로 한다. 생각에 대한 명상과 같이 감정을 대상으로 명상을 할 때도 RAIN, 즉 알아차리고, 있는 그대로 바라보고, 감각, 감정, 생각을 들여다보고, 동일시하지 않는 네 단계를 사용한다.

🌱 명상 수련: 감정에 대한 명상

명상을 할 때 사라지지 않고 계속 남아 있는 감정이 있으면 그 감정이 주의의 대상이 된다. RAIN 훈련을 이용하여 감정을 살핀다. 도중에 마음이 방황하면 주의의 대상인 감정으로 되돌아간다. 감정을 살피는 과정이 너무 힘들면 다시 호흡으로 돌아가 머물면서 마음을 안정시킨다.

(R) 알아차린다.
- 일단 감정을 알아차림 하고 마음속으로 '이건 슬픔이구나.' 하고 이름을 붙인다.
- 이름을 붙이면 그 감정과 자신을 동일시하지 않게 되고 감정에 휩쓸리지 않게 된다.

(A) 그저 존재하도록 놔둔다.
- 감정에 매달리거나 회피하지 않고 나를 거쳐 지나가게 내버려 둔다.

(I) 감정을 살핀다.

- 감정이 생각과 어떻게 결합되어 있는가를 살핀다. 예를 들어, 비난하거나 비판적인 생각으로 인해 기분이나 느낌에 영향을 받았는가?
- 감정과 연관된 에너지는 무엇인가? 매달리는가, 회피하는가, 감정을 부정하는가? 죄책감, 자책하는 마음, 수치심 등 어떤 감정에 집착하는가?
- 몸에서 어떻게 나타나는가? 긴장감이나 몸이 조이는 느낌이 들거나 춥거나 몸에 열이 나서 화끈거리거나 떨리거나 얼얼하고 감각이 없는가? 몸 어디에 이들 감각을 간직하고 있는가? 명치, 머리, 아니면 어깨인가?
- 생각이나 기분, 몸에서 감정을 관찰한다. 감정의 형태, 분위기, 강도에 변화가 있는가?

(N) 감정과 동일시하지 않는다.

- 감정과 자신을 동일시하지 말고 마치 탐사하듯이 감정 속으로 들어간다. 예를 들어, "슬픔이란 무엇인가?"라고 자신에게 묻는다. 매달리거나 피하지 말고 또 그 감정을 내 것이라고 여기지 말고, 개인적이 아닌, 단지 하나의 사건, 즉 조건 속에서 생기고 사라지는 경험들로서 관찰한다. 호흡을 이용하여 감정 속으로 움직여 들어가서 감정이 흩어져 사라지거나 그대로 머물 수 있는 여유로운 공간을 마련해 준다. 자비로운 마음으로 감정을 품는다.
- 현재 내 앞에 있는 것이 무엇이건 함께하고 기꺼이 받아들이는 용기를 가진 것을 감사하며 끝낸다.

훈련 기록지에 경험을 기록하고 감정이 가라앉고 편안해질 수 있는 여유로움이 생겼음을 알아차린다.

🌱 일상 훈련: 감정 알아차림

감정과 생각은 생리 기능과 행동에 영향을 미친다. 이번 훈련은 일상에서 감정과 생각, 생리 기능과 행동 사이의 상호 작용이 어떤 영향력을 미치는지 알아차림 하는 훈련이다. 자신의 감정과 기분이 어떤 생각과 연관되어 있는가? 감정의 배경에 있는 에너지는 무엇인가? 몸에서는 감정이 어떻게 나타나는가? 이러한 심신의 상호 교류가 어떻게 행동을 조절하는가? 어떤 행동을 하면 더 여유가 생기는가? 예를 들어, 슬픔이라는 감정이 어떻게 '나는 실패작이야.'라는 생각과 연결되는지 알아차림 하게 된다. 또 이런 생각이 어떻게 우울한 기분과 연관되는지 알아차린다. 후회하는 마음으로 생각에 집착하게 되면 몸은 활기가 없이 따분하고 피곤하게 느껴지며 외부와 단절하고 텔레비전이나 보는 식으로 반응하게 된다. 알아차림 하면 이제 산책을 하거나 명상을 하는 것과 같이 더 여유를 찾는 행동을 하게 될 것이다. 훈련 기록지에 감정 알아차림을 기록한다.

애도 과정

만일 난임을 한 단어로 설명한다면 그것은 '상실'이다. 여러 번 유산을 하기도 하고 체외수정시술이 실패하거나 예기치 못한 검사 결과를 받기도 한다. 다음 달에 하는 월경이 또 다른 상실로 느껴질 수도 있다. 사람과의 관계, 정서적 행복, 시간과 돈을 잃어버리기도 한다. 이제까지 잘 살아오던 삶의 상실과 '꿈의 상실'을 경험한다.

우리 모두는 살면서 고통이 없어야 하고 항상 안락하고 뭐든 확실하다는 믿음이 있어야 비로소 통제가 가능하도록 조건화되어 있다. 시간이 흐르면서 상실이 커지면 불안감도 커진다. 그 이유 중 하나는 자신의 의미를 잃어버리는 식으로 상실이 내면화되기 때문이기도 하다. 그러나 두려운 것은 상실 자체가 아니다. 살아 내야 할 삶이 있기 때문이다.

이렇게 조건화된 통제 모델의 문제점을 붓다의 근본적인 가르침인 삼법인(三法印), 즉 현실의 세 가지 진리에서 잘 보여 주고 있다. 앞서 dukkha(고, 苦), 즉 고통 또는 불만족에 대해 이야기하였다. 원래 삶이란 만족할 수 없는 것인데 이 본성에 저항하는 것이 고통의 원인이다. 두 번째 진리는 anicca(무상, 無常), 즉 덧없고 일시적이라는 것이다. 모든 것에 대하여 '만반의 준비를 갖추겠다'는 욕구는 모든 것은 변한다는 사실에 저항하는 것이다. 결국 통제할 수 없는데도 우리는 저항하고 싸운다. 경험을 개인적인 일로 만들려 하고 자신은 언제까지나 괜찮다는 것을 증명하고자 스스로를 괴롭힌다. 이는 세 번째 진리인 anatta(무아, 無我)에 저항하는 것이다(이는 다음 장에서 더 이야기하겠다).

난임은 내가 통제할 수 있는 상황이 아니라는 사실에 대항하는 싸움을 이제 멈추려면 그 어느 때보다 인내심이 필요하다. 어떤 상황은 자신이 통제하고 조절할 수 있는 영역 밖에 있어서 그 나름의 예정된 대로 전개된다는 것을 인내심을 가지고 이해해야 한다. "영원하지 않다는 것 말고는 영원한 것이 없다. 모든 것은 변한다."(Kung, 2006, p. 5)라는 지혜를 인내 속에서 터득하게 된다.

두려움이라는 감정은 점점 견디기 힘들어서 자신이 흘린 눈물로 강을 이룰지경이 된다. 임신을 하려는 시도가 나름 의미를 얻게 되면서, 시간을 거스르는 경기가 시작된다. 그러나 얄궂게도 난임 여행을 지속하려면 바로 그 눈물이 필요하고, 난임은 그 흘린 눈물 속에서 하는 경기이다. 유명한 명상가이자 작가인 페마 초드론(Pema Chodron)은 "스스로에게 가하는 가장 원초적 공격이자 근원적으로 상처를 주는 길은, 정직하고 친절한 마음으로 자신을 바라보는 용기나 존경하는 마음이 없어서 자신에 대해 모르고 살아가는 것"(2000, p. 32)이라고 하였다.

고전 『인간의 죽음(On Death and Dying)』에서 퀴블러 로스(Kübler-Ross)는 애도의 과정이 다섯 단계라고 하였다. 부정과 고립, 분노, 타협, 우울을 거쳐 수용하는 다섯 단계이다. 그녀는 처음 네 단계를 거쳐야만, 수용이 가능하다고 주장하였다. 정신역학이나 발달 과정과 강도는 다르겠지만 난임의 경험 속에 내재된 어쩔 수 없는 상실감도 이 과정과 비슷하게 설명하고 있다(Cooper-Hilbert, 1998, pp. 39-46; Deveraux & Hammerman, 1998, pp. 110-115).

이 단계들이 생기고 사라지는 것은, 예측 가능한 1차적 선형 방식이 아니라는 것이 상실과 애도에 관한 전문가적인 견해이다. "애도와 분노는 물을 끼얹으면 꺼지는 불꽃같이 소멸되지 않는다. 한순간 흔들리며 꺼졌다가 다음 순간 뜨겁게 불타오를 수 있다."(Sandberg & Grant, 2017, p. 55) 다음은 애도의 상태이다. 자신과 어떻게 부합되는지 살펴본다.

- **부정과 고립**: 난임을 부정하는 경우가 드물지 않다. 난임 클리닉 예약을 하거나 기다리는 시간이 이유 없이 길어질 경우 갑자기 무력감이 엄습하기도 한다. 회피, 경시하거나, 결정을 미루거나, 무감각해지는 것은 부정의 다른 얼굴이다. 고립되거나 혼자라는 느낌이 가장 현저한 느낌이다.

- **화**: 난임은 그 상황, 자신과 배우자에 대하여 화가 나게 한다. 자신의 처지에 대한 분노 또는 나만 혼자 이런 일을 겪다니 "이건 공평하지 않아!"와 같이 부당함에 대한 분노로 나타날 수 있다. 다른 사람의 임신에 대한 시샘이나 부러움이 뒤따라온다. 사정을 이해하지도 공감하거나 지지하지도 않는 다른 사람들이 오해한다고 느끼거나 그들과 단절된 느낌이 든다.

- **타협**: 타협하는 단계에서는 자신에게 진정 득이 되는 일이 아닐지라도 또는 무리해서라도 원하는 결과를 얻으려는 시도를 하게 된다. 난임 치료에 과하게 매달리거나, 동시에 여러 가지 방안을 추구하거나, 임신만이 살길이라고 믿거나, 주된 의학적 추천 이외의 치료를 시도하거나 갈팡질팡하게 된다.

- **우울**: 언젠가는 아이를 가질 것이라는 희망이나 믿음이 사라지면 우울한 날이 많아지고 절망하게 된다. 공허하고 슬프고 못난 것 같은 기분이 들고 지치거나 스트레스와 관련된 증상들이 나타난다.

■ **수용**: 내려놓고 수용하게 만들려면 일종의 소모품이 필요한데 그것이 감정이다. 수용이란 상황을 억지로 바꾸려고 하지 않고 함께할 수 있는 능력이다. 다음과 같이 할 수 있다면 수용을 보여 주는 것이다.

- 죄책감이나 수치심, 절망감 없이 난임에 대하여 이야기할 수 있다.
- 중요한 대처기전으로 통제를 더 이상 사용하지 않는다.
- 유전적 연결과 상관없이 부모가 된다는 것의 의미를 이해하기 시작한다.
- 배우자와 합의점을 찾기 위해 노력하고 서로 지지한다.
- 가족 구성 방법의 다양한 선택에 대한 교육을 기꺼이 받는다.
- 가능성을 열면 언젠가 아이를 가질 것이라고 믿는다.
- 자신만의 치유 여행에 적극적으로 참여한다.

마음챙김은 슬픔을 비롯한 모든 상황에 대처하기 위해 비판단적인 알아차림을 사용하며, 자신이 느끼는 것을 인정하는 것으로 시작한다. 인정하기만 해도 변화가 생긴다. 왜냐하면 지금 일어나고 있는 일이 사라지길 바라지 않고 단지 마음을 열면 감정 나름의 예정대로 생기고 사라지거나 그대로 머물 수 있는 여유를 갖게 된다. 이와 같은 비판단적인 접근으로 새로운 문이 열린다. 사려 깊은 친한 친구와 감정을 나누고 도움을 청할 기회를 만들어 우울, 고립, 절망감이나 마음의 짐을 덜게 된다. 상실을 드러내면서 감정의 존재를 인정하게 되며 결국에는 마음이 편안해지고 새로운 대처 능력을 마련할 수 있는 여유를 얻게 된다.

여러 번의 임신 시도 실패가 매번 상실감을 느끼게 하는 원인이 되기도 하지만 다음에 무엇을 할 것인가에 대한 정보를 얻는다. 체외수정시술에 실패한 경우, 다시 시도할 수 있는지 아니면 난자공여를 생각해야 하는지를 정할 수 있다. 난임과 관련된 감정이 모질고 가혹하게 느껴지기도 하지만 한 가지 감정이 다른 감정을 불러와 예기치 못한 방향으로 마음이 열릴 수 있다. 슬픔이 자비심을 일으키고 자비심이 감사하는 마음을 일깨우기도 한다. 마침내 아이를 가지게 되면, 감사하는 마음이야말로 이 일을 겪지 않았다면 될 수 없었던 그런 부모가 되게 할 것이다.

난임은 우리 삶 전반에 걸쳐 견디기 힘든 영향을 미치는 전형적인 위기라 할 수 있다. 위기란 개인이 가진 최악의 것을 끌어내기도 하고 최선을 도출할 수도 있다. 왜냐하면 위기는 위협이자 기회이기 때문이다. 중국의 현인 공자는 "우리의 가장 큰 위대함은 한 번도 실패하지 않는 것이 아니라 실패할 때마다 다시 일어서는 데 있다."라고 말씀하셨다. 애도 과정에 적극적으로 관여하면서 발견한 방책은 평생의 선물이 될 것이다. 모든 상실은 아이에게 한 걸음 더 다가서게 해 준다는 것을 깨닫기 시작한다.

커다란 슬픔 견뎌 내기

알아차림, 자각은 통찰을 가져오고 이는 본질적으로 변화를 가져온다. 왜냐하면 무엇 때문에 꼼짝없이 고통을 초래하고, 무엇이 우리를 고통에서 벗어나 자유롭게 하는지를 알게 되기 때문이다. 생각, 감정과 신체 감각이 행동에 미치는 인과관계를 알아차리기 시작한다. 마음챙김은 자동 반응 모드에서 벗어나, 어떻게 대응할 것인가를 알고 의식적으로 선택할 수 있게 한다. 마음챙김은 적극적인 과정이라서 필연적으로 변화와 가능성으로 가득 채워진다. 깊은 슬픔을 헤치고 나아가는 데도 적극적인 방법이 필요하다. 애도 과정에 도움이 되는 것으로 알려진 의도적 행동의 예를 들어 보고자 한다. 글쓰기 노트에 자신의 경험을 적어 본다.

■ **생각을 알아차리고 이를 지혜롭게 다룬다.** 힘든 감정을 느낀다면 그 감정의 배경에 있는 생각을 자세히 살핀다. 자신에게 물어본다. "나 자신이나 다른 사람을 탓하고 비난하는가? 내가 기울인 노력의 양과 질에 대하여 인정하지 않는가? 최악의 상황을 예상하는가? '난 임신할 자격이 없어, 아마 평생 임신하지 못할 거야.'라고 자신에게 말하는가? 반대로 생각을 받아들이고 인정하는가? 생각과 연결된 감정이나 배경에 있는 에너지와 몸의 감각을 살피는가? 생각이 자신의 가치를 말하는 것이라고 동일시하지 않는가?" 떠오르는 건전한 생각이 무엇이건 스터디 카드에 적어서 진정한 자신, 원래 지닌 본성을 상기시키도록 한다.

■ **감정이 자리할 여유를 가지도록 하고 감정의 패턴을 알아차린다.** 사안을 별것 아니라고 축소하거나, 자신을 고립시키거나, 시간이 흘러가도록 기다리거나, 바쁘게 만들거나, 괜찮지 않은데 아무렇지 않다고 말하거나 타인과 비교하는 **행동 양식**이 있다면 알아차린다. 자신에게 세 가지 근본적인 질문을 하여 좋지 않은 패턴을 밝힌다.

❶ 무엇을 느끼는가?(예: 슬픔) 무슨 생각, 어떤 기분, 어떤 태도와 관련이 있는가?(예: 우울한 기분이나 희망이 없다는 태도로 '난 절대로 임신하지

못할 거야.'라고 생각한다)

　내 몸은 감정을 어디에 어떻게 지니고 있는가?(예: 허리가 아프거나 어깨에 통증이 있다)

❷ 이렇게 연속적으로 일어나는 감정이 행동을 어떻게 통제하는가?(예: 위축된다)

❸ 어떤 행동이 당신의 치유에 도움이 되는가?(예: 친구에게 전화한다)

■ 유발 요인을 찾는다. 도움이 안 되는 다른 사람의 말을 가늠해 본다. 만일 속발성 난임인데 "아이가 적어도 한 명은 있잖아, 그걸 감사해야지."라고 하거나, 원발성 난임인데 "아이가 없을 팔자는 아닐 거야. 시간이 해결하겠지. 좀 편하게 생각해. 휴가나 다녀와. 입양하지 그래, 그럼 아이가 생기는 거잖아."와 같은 이야기는 도움이 되지 않는다.

　다른 사람들에게 어떤 말이 도움이 되고, 해도 되는 말인지 알려 주는 것도 고려해 볼 수 있다. 또는 도움이 되려고 하는 말들이겠지만 정말 필요한 것은 단지 자신의 이야기를 들어 주는 것임을 알려 주는 것도 좋은 방법이다.

■ 마음챙김 대화를 한다. 서로가 상처받고 대처 방식이 서로 상충될 때 대부분의 부부는 어떻게 해야 서로에게 힘이 되는지 모른다. 상실을 애도하는 과정에서 가장 중요한 것은 슬픔을 배우자와 함께 나누는 것이기 때문에 현명한 듣기와 현명한 말하기(제8장 참조)를 사용하여 소통의 근간을 만든다.

■ **지지를 이끌어 낸다.** 슬픔을 이해하거나 관련 있는 다른 사람들에게서 지지를 얻는다. 지지 그룹에 가입하여 정서적 지지를 얻고, 슬픔에 빠져 있는 사람이 나 혼자가 아니라는 것을 느낀다. 치유 과정을 안내하고 도울 수 있는, 난임에 정통한 상담치료 전문가에게 개인 혹은 부부 상담을 받는 것도 생각해 본다. 웹 사이트, 책, 난임 기관에서 정보와 지원 방법을 구한다. 미국의 리졸브(RESOLVE)도 정보와 지원을 제공하고, SANDS는 유산, 사산이나 신생아 사망을 경험한 사람들을 위한 지지 그룹이다. 우리나라에서는 한국난임가족연합회에서 난임 부부 지원사업을 하고 있다. 치유와 회복을 위해 잠시 치료를 쉬는 것도 자신을 돌보는 방법의 하나가 될 수 있다.

　세계 모든 나라에서 수 세기에 걸쳐서 상실을 인정하고 마감하는 의식이 있어 왔다. 혼자서 또는 배우자와 함께 상실에 대한 자기들만의 상징적인 의식을 계획해 본다. 나무를 심거나 병 속에 메시지를 담아 바다로 떠나보내는 것도 그중 하나일 수 있다.

훈련 기록지 6-1

명상 수련: 감정에 대한 명상
무엇을 배웠고/어떤 도움이나 혜택이 있었는가? 어려운 점/방해 요인은 무엇인가?

1일

2일

3일

4일

5일

6일

7일

훈련 기록지 6-2

일상 훈련: 감정 알아차림
감정, 생각, 생리적 기능과 행동 사이에서 서로 미치는 영향을 알아차림 한다.

1일

2일

3일

4일

5일

6일

7일

제7장 너를 만나러 가고 있단다

마주하기 힘든 일

제7장

힘든 일 마주하기

세상이 달라지길 원한다면 스스로 그 변화가 되어야 한다.
─간디(Gandhi)

이 장에서는 난임을 겪으면서 사람 사이에서 일어날 수 있는 힘든 상황에 어떻게 대처할 것인가에 대하여 그 방법을 알아보고 이를 알리는 것에 집중하려 한다. 왜냐하면 일련의 복잡한 상황이 가끔은 당황스럽기도 하고 다루기 힘들거나 심지어 고통스럽기 때문이다. 누군가가 또 베이비 샤워에 당신을 초대한다면 친구를 위해 가야 하는가, 아니면 마음을 다칠까 걱정되어 가지 않을 것인가? 가족이나 친구에게 임신하려고 애쓰는 일을 이야기할 것인가, 아니면 비밀로 할 것인가? 난임 치료를 받는 것을 직장에 알리지 않으면 의사와의 약속, 시술이나 수술은 어떻게 해야 하는가? 등에 대하여 이야기해 보고자 한다.

이런 이야기를 하게 되면 여러 가지 반응이 쏟아진다. "그냥 마음을 편하게 해."라는 말을 들으면 자신이 왜소해지는 느낌을 받는다. "무슨 소식 없니?"라는 말을 들으면 강요당하는 기분이 든다. 상대가 "어떻게 지내?"라고 묻지 않으면 무시당하는 것 같다. "모든 건 신의 뜻일 거야."라는 충고에 마음을 다친다.

이상하게도 이제까지 당신에게 가장 힘이 되었던 사람들에게서 제일 상처를 받게 되고, 이제까지 가장 즐겨 가던 곳이 가기 싫어지고, 가장 좋아했던 행동이 하기 싫은 것이 되어 버린다. 시간이 지나면서 자꾸 이런 일이 생기면 대처하는 힘이 약해지고 회피하거나 칩거하는 양상이 생기게 된다.

이런 일은 사람 사이에 생기는 여러 가지 힘든 일의 일부로, 끊임없이 낮은 등급의 적색경보를 울리면서 스트레스 반응을 일으킨다. 스트레스를 주는 이런 일이 언제 어디서 고개를 쳐들지 절대로 알 수 없는데 달리 무슨 수가 있겠는가?

자신이 바로 변화 그 자체가 된다

난임을 직접 겪어 보지 않은 사람 대부분은 난임이 삶에 가져오는 충격을 이해하기 힘들다. 난임이 중대한 위기인 것을 알지 못하기 때문에, 난임으로 겪는 일을 별것 아닌 듯 말하는 경향이 있기 마련이다. 무신경한 이런 말이 상처가 되지만 이는 대부분 의도하지 않은 일이다.

이런 힘든 상황에 대처하려면 처음 만난 것 같은 초심자의 마음이나 '아무것도 모른다'는 마음을 갖는 것이 특히 도움이 된다. 아무런 가정도 하지 말고 그저 처음 만나는 마음으로 사물을 바라본다. 가정하거나 해석하지 않으면 모든 일을 개인적인 것으로, 나 때문으로 여기지 않게 된다. 초심자의 마음은 살면서 만나는, 사람과 사람 사이에 놓인 지뢰를 밟지 않도록 만든다. 스트레스를 주는 말을 듣거나 그런 상황이 생기면 그저 마음속으로 '아무것도 모른다'를 되뇐다. 그리고 들은 말을 그저 말 그 자체로 객관적으로 받아들인다. 호기심을 가지면 초심자의 마음이 더 강화된다. 호기심을 가지고 중립적인 입장으로 대한다면 결과보다는 일 자체에 더 잘 집중할 수 있다. 상황을 바꾸려 하지 않으면 스스로 변화 그 자체가 된다.

비교하는 마음

우리는 늘 타인과 비교하고 수많은 다른 사람과 같아지기 위해 그들에게 맞추려는 경향이 있다. 불교심리학에서는 이런 타고난 성향을 비교하는 마음이라고 하였다. 당사자에게는 난임이 너무 무서운 일이기 때문에 이런 성향이 극단적으로 드러난다. 다른 모든 세상 사람은 당신이 그리도 원하는 인생의 단계에 너무도 쉽게 들어가는 것 같은데 어떻게 남과 비교하지 않을 수 있겠는가? 그러다 보니 난임을 개인적 실패로 여기게 된다.

불교심리학에서는 집착이 고통을 낳는다고 역설한다. 무엇에건 사로잡히면 생각, 인식, 해석, 거짓, 가정과 같은 관념에 매달리게 되고, 그 결과 우리는 비교하는 마음의 제물이 된다. 관념이란 우리가 사물을 지각하는 방법이다. 관념에 사로잡힌다는 것은 개인사에 매몰되는 것이다. 예를 들면, 임신이 안 되는 것을 아이를 가질 만한 자격이 없기 때문이라고 믿거나 신이 자신을 벌주는 것이라고 믿는 경우이다. 친구의 임신 소식을 듣고 그 친구를 위해 기뻐하기보다는 시기하거나 부러운 마음이 드는 것 때문에 죄의식을 느끼고 자신에게 '나쁜 사람'이라는 꼬리표를 달기도 한다.

붓다는 존재의 진리 가운데 첫 번째 진리는 dukkha(고통, 불만족), 두 번째 진리는 anicca(무상, 덧없음)이고, 그 결과 따라오는 anatta(무아, 나라는 실체가 없음)를 세 번째 진리라고 하였다. 우리는 나라는 존재를 영원히 변치 않는 것으로 여기기 때문에 현재 일어나고 있는 일에 내가 누구이고 반드시 어떠해야 한다는 전제를 부여하는 경향이 있다. 나라는 개념 또는 자아는 나, 내 것이라는 렌즈를 통해서 경험을 개인적인 것으로 만든다. 그 결과 자동적으로 나 대비 그들이라는 방식으로 자신을 방어적인 위치에 두게 된다. 그러나 실제로 당신 자신은 항상 변하고 있다. 시간이 흐르면서 어느 것도 고정된 것은 없다. 아무것도 견고하지 않다. 오히려 늘 요동치는 경험의 흐름이 있을 뿐이다. 나라는 실체는 존재하지 않으며, 고정되고 영원하고 견고한 나도 존재하지 않는다.

그저 있는 그대로의 나를 인정하면 나와 남의 경계가 사라진다. 그 사이 공간에 나라는 존재는 없다. 자아를 내려놓고 나면 무아의 상태가 된다. "자신을 알아 가면서 자신은 없어지고 세상을 얻는다."라는 역설이 가능하다. 나 또는 자아를 잘못 정의하거나 제한하는 전제나 해석을 내려놓는 법을 배우면서 더 큰 진실의 일부가 되는 것이다. 내가 세상의 일부가 되고 세상이 나의 일부가 된다. 모든 것은 실체가 없다. 또한 실체가 없어 고정되어 있지 않아 도리어 그 어떤 것도 될 수 있다(서로 관계를 맺고 상호 연기적으로 존재하기 때문이다, 色卽是空 空卽是色).

실제 일어나는 일에 자신이 만든 자아의 모습을 덧붙이는 경향이 있다는 것을 알고, 이것은 단지 외적인 비교를 바탕으로 한 일련의 기대와 가정으로 인해 **상처받은 자아**임을 인지해야 한다. 상처받은 자아를 알아보고 정문에서 반갑게 맞이하라! "아 상처받은 나의 영혼, 네가 또 왔구나, 난 널 잘 알아. 어서 와!"

견디기 힘든 말을 들었을 때

알아차림 훈련으로서의 마음챙김은 당신이 왜 곤경에 처해 꼼짝 못 하는지, 어떻게 거기서 빠져 나올 수 있는지에 대하여 해결의 실마리를 준다. 어떤 행동이나 패턴이 당신이 지니고 있는 가치를 부정하게 만드는지, 어떤 행동이 있는 그대로의 온전하고 완벽한 당신을 존중하고, 날 때부터 원래 지녔던 본성에 경의를 표하게 만드는지 마음챙김을 통해 알게 된다. 서로 힘든 대화를 주고받으면 괴로운 기분이 들면서 위축되거나 좋지 못한 행동 패턴을 보인다는 것을 알아차린다. 또 어떤 행동들이 나를 치유하고 감정을 누그러뜨리는지도 알아차린다.

■ **처음 대하듯 초심자의 마음을 갖는다.** 난임의 영역에서는 누군가 얘기한 것 때문에, 또는 얘기하지 않은 것 때문에 상처받는 일이 아주 흔하다. 이런 일의 시작은 자신과 타인에 대한 판단을 토대로 한다. 이럴 때는 초심자로서의 마음('모르겠다'는 마음)을 키우면 현명한 지원군이 된다. 초심자의

마음을 적용해야 하는, 예를 들면 친구나 가족이 힘이 되지 않거나, 다른 사람이 상황을 축소하거나, 잘못 해석하거나 충고하는 경우이다. 초심자의 마음을 가지면 상대가 **마음을 쓰지 않아서**가 아니라 무슨 말을 해야 하나, 혹시 말을 잘못하면 어쩌나, 또는 사생활을 침범하는 것은 아닌가와 같이 **잘 몰라서** 나온 말들이라는 가능성이 열리게 된다. '잘 모른다'는 마음을 가지면 가정을 내려놓게 되고 타인과 자신에게 증거가 없으면 잘못한 게 없는 쪽으로 더 많이 생각하게 된다. 남이 하는 말을 더 이상 자기 탓으로 돌리지 않으며, 자신을 옭아매는 상처도 치유하게 된다.

■ **지지를 기꺼이 받아들인다.** 이해하고 감정을 나눌 줄 아는 사람들의 지지에 손을 내민다. 다정다감한 친구로부터, 난임을 겪은 가족이거나 난임의 어려움을 전문적으로 상담하는 의사나 상담사, 난임을 겪으면서 더 이상 당신이 혼자가 아니라는 것을 느끼게 해 주는 난임 지원센터나 심신건강 클리닉에서 도움을 받는다.

■ **잊지 말고 현명하게 잠시 멈춘다.** 현명하게 잠시 멈추면 선택이 가능하다. 몇 번 심호흡을 한다. 이때 떠오르는 생각이 있거나 기분이 들면 이를 알아차림 한다. 몸에 주의를 보내 마음을 평온하게 하여 집중한다. 자동 반응 방식에서 벗어나 내가 어떻게 응대하고 싶은지 의식적으로 선택할 수 있게 된다.

소통 방법 선택하기

- 감정에 대해 소통하기: 누군가가 "이제 좀 편하게 쉬어."라고 한다면 지
  금 실제 기분을 이야기한다(예: "이건 편히 쉬는 문제와 상관없어. 나를 도와
  주려고 하는 말이겠지만 그런 말을 들으면 마음이 아파.").

- 사실을 말하기: "이제 그만하고 입양하는 건 어때?"라는 이야기는 잘 모
  르고 하는 말이다. 그럴 때는 "입양이 얼마나 힘든지 알아요? 서로 입양
  하려고 경쟁하기도 해요. 입양하는 데 돈이 많이 들 수도 있고 몇 년이
  걸리기도 해요. 경우에 따라 사정이 좀 다를 수도 있지만."이라고 이야
  기한다.

- 준비가 되면 말하기: 사정상 직접 이야기할 수 없을 때는 물리적(그 자리
  를 떠나거나)인 방법이나 대화(주의를 다른 데로 옮긴다)로 출구 전략을 찾
  는다. 이메일이나 전화를 받는 경우에는 가능하면 준비가 될 때까지 답
  하지 않는다. "지금 내 기분이 이래서 그렇게 하는 건 정당하다."라고 자
  신에게 이야기한다. "안 돼!"라고 하거나 의도적으로 한 발짝 비켜서는
  것을, 현재 상황에서 최선을 다해 자신을 돌보기 위하여 의식적으로 선
  택한다면 회피하는 것과는 대조적으로 자기-자비에서 나온 행동이다.

■ 미리 어떻게 반응할 것인가를 생각해 놓는다. 상처가 되거나 부정적인 말
  을 들었을 때 어떻게 이야기할 건지 미리 생각해 두면 도움이 된다. 다
  음은 지금까지 상담에서 가장 빈번하게 들었던 이야기에 대한 반응 목
  록이다.

"아직 소식 없니?"

- 날 믿고 기다려, 내가 임신하면 알려 줄게.
- 날 위해 묻는다는 거 알아, 그렇지만······.
- 아직 노력 중이야.
- 내가 준비 되면 알려 줄게.
- 적당한 때가 되면 아이가 생길 거야.

"마음을 좀 편히 가져!"

- 마음만 편히 가진다고 임신이 된다면 벌써 그렇게 했지.
- 마음이 편하다고 난임이 치료되는 것은 아냐, 편하다고 암이 치료되지 않듯이.
- 난임은 의학적 치료를 받아야 하는 문제야, 우리가 바로 그걸 하고 있는 거야.
- 인생의 위기에서 마음을 편안하게 가지려고 해 본 적 있어?

"왜 입양을 안 하는 거야?"

- 네가 도와줄 거니?
- 입양할 아이가 있는지, 뭐 아는 거 있니?
- 입양이 얼마나 힘든지 알아?
- 한 번에 한 가지씩 노력해 보고 있는 중이야.

"모든 것은 신의 섭리야."

- 네가 어떻게 알아?
- 여기서 중지하는 게 아니야. 우리는 어떻게든 아이를 가질 거야. 그게 신이 우리에게 한 말이야.
- 그렇게 단순한 문제가 아냐. 신께서 하시는 일은 불가사의한 거잖아.

"나 임신했어."

- 정말 잘되었구나. 근데 가끔은 임신 이야기가 나오면 힘들 때가 있어.
- 축하해.
- 자신에게 말한다. "그들이 임신한 것과 내가 임신을 할 가능성은 아무 상관 없는 일이야."

"뭐가 이리 오래 걸리는 거니? 언제 제대로 가족을 만들래?"

- 우리 집에는 강아지 두 마리가 있는데 얘들이 내 아이야.
- 우린 이미 가족이야.
- 우린 노력 중이야. 아이가 생기면 이야기할게.

"적어도 너는 임신이 될 가능성이라도 있잖아."

- 아직 아이가 없잖아.
- 너는 시도할 수 있는 위치가 아니구나.
- 내 품에 아이를 안을 때까지 가능성은 중요한 게 아니야.
- 유산을 한다는 건 큰 상실감을 주는 힘든 일이야. 다시 시작하면 되는 간단한 일이 아니야.

"아! 너는 정말 좋은 엄마가 될 거였는데!"

- 맞아! 나는 좋은 엄마가 될 거야.

"왜 술을 안 마시나요?"(모임에서)

- 오늘 밤에는 별로 내키지가 않네요.
- 제가 운전해야 하니까요.

"적어도 아이가 하나는 있잖아요!"(속발성 난임의 경우)
- 아이를 더 원하는 것이 뭐가 잘못된 건데요?
- 너, 적어도 다리 하나는 있잖아! 이러면 듣기 좋으니?
- 나이 들면 하나로는 부족한 거 같아.
- 형제가 있는 것이 중요한 거 같아.

"넌 영화 볼 시간도 있고, 손톱 정리도 할 수 있고, 얼마나 행운이니!"(아이 엄마가)
- 나랑 바꿀래?
- 나도 행운이지만 너도 그래.

힘든 상황 마주하기

마음챙김 훈련을 통해 자신을 돌보는 법을 배우면 자신의 가장 훌륭한 변호인이 된다. 다음은 지금껏 상담 현장에서 흔히 만났던 어려운 상황에 대한 제안 목록이다.

일상적 생활양식에서

- 자신을 돌보는 것을 최우선으로 한다.
- 긍정적 기분을 느끼게 하는 사람을 만나고 자신을 기쁘게 하거나 늘 해 보고 싶었던 일에 완전히 몰두한다.
- 가공식품이나 인공 첨가식품이 아닌, 야채, 과일과 통곡류로 가득한 균형 잡힌 식사를 하고 카페인과 술을 제한한다. 지금 시작해서 평생 하는 훌륭한 다이어트이다.
- 모든 일에서 균형을 유지하고 딱 적당하게 한다.
- 감사일지를 쓰고, 동물과 유대감을 가진다. 너그러운 마음 씀씀이를 행한다.

잠시 보류된 내 인생

- 임신이라는 목표보다는 과정에 중점을 두고 내가 기르고자 애쓰는 성품과 자질에 초점을 둔다.
- 항상 감사한다. 내외적으로 자신이 가진 것에 초점을 맞춘다.
- 다른 사람이 나를 필요로 할 때 언제나 손을 내밀어 준다.
- 이렇게 생각하자! 인생은 고속으로 달리는 열차와 같다. 가는 길에 볼거리를 놓치길 바라지는 않을 것이다!

주변에 임신한 사람이 있으면

- 호흡을 사용하여 평온하게 진정하고 땅에 뿌리를 내리듯이 몸을 근간으로 집중한다.
- 적당한 다른 이야기 거리를 마련한다.
- 출구 전략을 마련한다.
- 나를 도와줄 사람을 찾는다. 난임 그룹이나 다른 가까운 사람과 만난다.

가족에게 이야기할 것인가

- 가족에 따라 지켜야 할 규칙이나 기대치가 달라서 가족 상황이나 역동성은 각자 독특하다. 자신의 가족이 든든한 힘이 된다면 이야기한다. 비판적인 가족들이라면 이야기하지 않는다.
- 이야기해서 좋은 점과 나쁜 점의 목록을 적어 본다. 이야기하지 않는 경우의 좋은 점과 나쁜 점도 적어 본다.

휴일이나 명절 때 또는 중요한 기념일을 놓친 경우라면 어떻게 할 것인가

- 연휴에 휴가 여행을 가거나 뭔가 다른 일을 한다.
- 타인을 도와 자비심을 기른다. 예를 들어, 명절 때 쉼터에서 저녁을 차려 준다.
- 특별하고 의미 있는 뭔가를 상기시킬 수 있는 의식을 마련한다.
- 베이비 샤워는 못 간다고 이야기하고, 자신을 돌보는 일은 한다고 얘기한다. 자신에게 충실한다.
- 행사 참석 여부를 미리 정해 놓는다.
- 출구 전략을 마련한다.

직장에서(예를 들어, 병원 예약 때문에 잠시 외출해야 할 때)

- 가능하면 근무 여건을 바꾸는 방안을 마련한다.
- 근무 시간 시작 전에 예약을 한다.
- 괜찮다면 관리자나 동료에게 상황을 설명한다.
- 병원에서 오는 전화는 개인 휴대 전화로 받는다.
- 병원에서 직장으로 전화가 오면 잠시 기다리게 하고 밖에서 받는다.
- 임신 여부에 대한 전화 같은 중요한 전화가 올 예정이면 재택근무로 조정해 본다.

제3자 공여에 의해 부모가 되는 것에 대한 타인의 비판에 관하여

- 최근 난임 관련 의술의 발전에 대하여 설명해 준다.
- 논리적으로 설득해 본다.
- 무시하기로 한다.

복잡한 결정을 해야 할 때

- 배우자나 다른 사람과 의논한다.
- 난임 지지 그룹 사람들과 가능한 묘안을 궁리한다.
- 알아낸 정보를 모아 의논할 사안을 미리 준비한다.

나를 대변해 줄 보호자가 없다면

- 내 편이 되어 나를 도울 사람을 찾는다.
- 병원에 갈 때는 질문 목록을 가지고 간다.
- 스스로 가장 잘 아는 사람이 되면, 가장 훌륭한 보호자가 된다.

🌱 글쓰기: 힘든 상황

직장 동료, 친구, 가족 사이에 일어난 힘든 상황 두 가지 정도를 떠올린다. 그때 잘 대처한 경우와 그렇지 못한 경우 모두를 알아차림 한다. 잘못 대처한 상황에서는 어떻게 느꼈고 어떻게 좋지 않은 반응을 했는지 알아보고, 다른 상황에서는 어떻게 느꼈고 어떻게 열린 마음으로 좋은 대응을 했는지 알아차림 해 본다. 글쓰기 노트에 기록한다.

행복하고자 노력하는 마음

어느 일상에서 스무 가지 경험이 긍정적이었고, 단 한 가지 경험이 부정적이었더라도 우리는 본능적으로 부정적인 한 가지에 온 신경을 쓰게 된다. 왜 그럴까? 신경심리학자이자 마음챙김 지도자인 릭 핸슨(Rick Hanson)은 이를 '부정적인 것에 치우친' 뇌라고 말하였다. 우리 몸은 생존을 위해 늘 보호하고 방어하며 뭔가 잘못될 수 있는 것에 조심하도록 조건화되어 있다. 부정적 경험은 마치 청 테이프같이 우리 뇌에 달라붙어 있고, 긍정적인 일은 테플론같이 매끄럽게 빠져나간다. 이와 같은 구조적 기전이 존재하기 때문에 우리는 의도적으로 긍정적인 것을 '음미'해야만 한다고 주장하였다(2009).

다행스럽게도 우리 몸은 스트레스 반응에 대적하는 이완 반응을 가지고 있을 뿐 아니라 '보살핌과 어울림' 반응도 가지고 있다. 이는 본능적으로 자식을 보호하고 양육을 주고받는 반응이다. '사랑과 유대의 호르몬'으로 알려진 옥시토신이라는 신경전달물질이 이 반응을 유도하고 정서적 괴로움을 완화시킨다. 아픈 머리를 문지르거나 땀난 얼굴에 부채질하면서 우리 몸을 달래는 직관적인 모습을 보면 이런 능력이 우리 안에 내재되어 있는 것이 자명하다. 자기-자비 전문가 크리스틴 네프(Kristin Neff)는 실제 우리 뇌가 타고난 생물학적 특성상 "자신과 타인을 돌보도록 고안되어 있다."라고 주장하였다(2011, p. 44).

어려운 상황에 대처하기 위해서 자기-자비심을 함양하는 것은 커다란 후원을 얻는 것이다. 자기-자비란 마치 당신이 사랑하는 사람을 돌보는 것과 똑같이 자신을 돌보는 것이다. 자신과 타인을 향한 자비심은 여러 수련을 통해 기를 수 있다. 자비는 잘되기를 바라는 의도를 상대에게 보내는 것에 기인한다. '잘되기를 바라는 마음'은 실제 지금 존재하는 이곳에서, 되고자 열망하거나 의도하는 곳으로 건너가는 것을 도와준다.

의도는 강력한 가르침이다. **현명한 멈춤**으로 내가 어떻게 반응하길 원하는지에 대한 명료한 의도를 가지게 되면, 어떻게 행동할 것인지 알려 주고 인도하게 된다. 현재에 주의를 기울이고 현 상황을 어떻게 대할 것인지에 관하여 뚜렷한 의도를 가지면 인생의 본질이 인과관계임을 재확립하게 된다. 결과보다는 과정에 더 주안점을 두게 된다.

통찰 명상 지도자이자 작가인 질 후론스달(Gil Fronsdal)은 마음챙김이 어떻게 '선택이 가능한 상황을 만드는가'에 대하여 이야기하면서, 의도가 훌륭할수록 무엇을 할 것인가를 선택하기가 쉬워진다고 하였다(2001, p. 60). 그는 "의도는 간혹 씨앗에 비유된다."고 하였다. 우리가 가꾸는 정원의 모습이 어떤 씨앗을 심었는가, 얼마나 물을 잘 주었는가에 달려 있듯이, 마음먹은 의도에 따라 미래의 행복과 불행이 좌우된다. 욕심이나 증오심 가득한 의도의 씨앗에 물을 준다면 고통과 괴로움의 싹을 틔우게 되고, 사랑과 관용이 가득한 의도의 씨앗에 물을 준다면 행복과 자비가 자라서 우리 인생의 커다란 부분이 될 것이다(2001, p. 61).

🌱 연습: 씨앗 심기

의도를 씨앗으로 비유한 것에서, 실제로 씨앗을 심어서 의도와 그 결과물 사이에는 인과관계가 있음을 보여 주는 훈련이다. 씨앗 몇 개를 작은 화분에 심어서 해가 잘 비치는 곳에 두고 물을 주어 자라는 모습을 호기심과 사랑하는 마음으로 관찰한다. 최선을 다해서 돌보겠다고 마음을 먹는다. 며칠 후에 그중 몇 개에서 어떤 싹이 나왔는가를 관찰한다.

이유는 모르지만 만일 싹이 나오지 않았다면 자신을 탓하거나 이를 개인적인 일로 받아들이지 않는 '비판단' 수련을 한다. 또한 초심자의 마음으로 돌아가는 연습을 한다. 호기심을 가지고 물을 넉넉하게 주거나 조금 덜 주는 실험을 해 보고 장소를 옮겨 보거나 씨앗을 몇 개 더 심어 본다. 작은 식물을 돌보면 돌볼수록 그 식물도 당신에게 마음을 쓴다.

사랑과 친절한 마음

사랑과 친절한 마음이 결합된 자애심은 자신과 타인이 잘되길 바라는 마음 수련이기 때문에 자애 명상을 공식 명상 수련에 포함시키면 의도가 명확해지고 강화된다. 스스로에게 해가 되는 말을 하거나 누군가 당신이 싫어하는 행동을 한다면, 자신이나 상대를 판단하거나 비판적이 되기 쉽다. 난임은 자신의 가치를 낮추고 고립감이나 화, 죄의식과 절망감을 갖게 만들어 내 안에 존재하는 사랑스러움을 잊어버리게 만든다. 따라서 부정적인 편견에서 벗어나

'따뜻하게 돌보고 어울리는' 마음을 강화시키도록 뇌의 회로를 재구성하는데 도움이 되는 이 중요한 수련은 반드시 필요하다.

전통적인 자애 수련에서는 네 가지 문구를 반복한다. 상대(예: 이름)가 안전하기를, 건강하기를, 행복하기를, 편안하고 안녕하기를. 그리고 그 대상에는 다섯 부류의 사람이 있어서 나 자신, 가장 친하고 사랑하는 사람, 어쩌다 만난 사람, 대하기 힘든 사람과 모든 인류이다.

자신에게 자애로운 마음을 보내는 것으로 수련을 시작한다. 그런데 대개 자신에게는 엄격한 편이라 처음에는 힘들 수 있다. 먼저 사랑하는 사람을 대상으로 수련을 시작하는 것이 나을 수도 있다. 자기 자신을 사랑하지 않고 타인을 사랑하는 것은 어려운 일이다. 따라서 자신에게 좋은 바람을 보내는 수련이 중요하다. 다음 단계로의 준비가 되면 한 번에 하나씩 대상을 추가한다. 자애 명상에 모든 대상을 포함하기까지 며칠 혹은 몇 주가 걸릴 수도 있다.

이들 문구를 반복하면서 잘되기를 바라는 마음, 그 의도의 깊이가 점차 깊어진다. 집착이나 아집으로 마음이 희미해지지 않는다면 이 의도는 나와 타인 사이의 벽을 허물 것이다. 사랑의 힘으로 빛이 가슴으로 들어오면 해로운 생각이나 불안한 감정에서 자유로워진다.

꼭 이런 전형적인 문구만을 계속 사용할 필요는 없다. 자신만의 문구를 가져와서 사용하면 된다. 자애 수련은 공식 훈련이자 비공식 훈련이다. 하루 중 당신이 어디에 있건 이런 친절한 의도와 연결된다면 마음이 편안할 것이다. 수 세기 동안 이어 온 자애 명상에 대하여 더 깊이 알고 싶다면 명상 지도자 샤론 샐즈버그(Sharon Salzberg)의 『행복을 위한 혁명적 기술 자애(Lovingkindness)』를 읽어 보기 바란다.

🌿 명상 수련: 자애 명상

처음에는 친한 친구에게 자애심을 보내고 그 후 자신에게 사랑과 친절을 보낸다. 다음 수련에서는 어쩌다 만난 사람과 상대하기 힘든 사람 그리고 모든 사람에게, 잘되길 바라는 의도를 담아 사랑과 친절한 마음을 보낸다. 수련을 위해 www.youtube.com/c/LeeInsil에서 자애 명상을 따라 한다. 안내 없이 할 때에는 호흡에 집중하면서 우선 자신과 친한 친구들에게 자애의 마음을 보내고 준비가 되면 다른 범주의 사람들에게 자애심을 보낸다.

어떤 사람에게 보내는가.

- **자신**: 자애의 감정이 생기면 이 감정과 의도를 강하게 연결시킬 수 있다. 잘되길 바라는 의도를 보내면서 그 마음을 받는 사람의 모습을 형상화하면 도움이 된다. 이번에는 마음의 눈에 자신의 이미지를 담는다. 자신이 잘 지내길 빌 때 나의 온전함과, 지금 그대로 내가 완전하다는 것과 나는 사랑을 줄 수도 받을 수도 있는 가치 있는 사람임을 다시 한 번 상기한다.
- **친한 친구 범주에 속하는 사람**: 친구나 가족, 생존해 계신 훌륭한 스승과 같이 기본적으로 훌륭한 사람이거나 긍정적인 생각이 드는 고결하고 존경할 만한 사람이 포함된다.
- **어쩌다 만난 사람**: 좋아하는 마음이나 특별한 인연을 맺은 적이 없는 사람으로, 집배원이나 택배 기사, 식품점 점원 등 누구라도 좋다. 이들과 같이 개인적인 연결, 애착이 거의 없으면 마음이 산만해지기 쉬워서 이 대

상들을 마음에 떠올리면서 시각화하고 유지하는 것이 쉽지는 않다.

- **상대하기 어려운 사람**: 대하기 어려운 사람을 떠올리되 이혼을 했거나 학대당한 경우는 제외한다. 이 범주를 대상으로 하는 이유는 증오심이 생기지 않도록 마음을 보호하기 위함이다. 자애의 마음은 우리 마음의 분명한 적군인 악의를 없애기 때문에 우리가 자유로워지는 길이다. 혐오감은 자애심보다는 그 힘이 약하고, 사랑은 미움보다 강하다.
- **모든 생명체**: 지구상에 존재하는 모든 생명체가 대상이다. 아무런 제한 없이 자애심을 확장한다면 가슴이 트이게 된다.

각 범주의 사람을 대상으로 마음속 깊이 의도를 가지고 다음 네 개의 문구를 반복한다.

"_____가 안전하기를."

"_____가 건강하기를."

"_____가 행복하기를."

"_____가 안심하고 편안하기를."

자신을 향한 고유한 문구를 넣어서 해 본다.

"나 자신을 믿기를, 내 길을 가기 위해 연마하는 나의 심성을 믿기를."

"아이를 가지도록 내 건강도 잘 돌보기를."

"난임 때문에 내 인생이 그늘지지 않기를, 내가 가진 것에서 행복을 찾기를."

"내 안에 지닌 강인함을 인정하기를, 내 여정이 존중받기를."

이 문구를 말하면서 기쁜 마음이 생기는지 알아차림 하고, 고통에서 벗어나길 바라는 마음으로 각각의 의도를 말한다.

마치 **붓다의 미소**와 같이 입가에 **살짝 미소**를 띤다. 이는 마음도 부풀게 만들기 때문이다. 자애 문구와 호흡을 조화시키면 마음이 고요해진다. 그러나 자애 명상은 의도를 수련하는 것이므로 마음챙김 호흡을 하면서도 좋은 바람을 지닌 의도에 집중하는 것이 바람직하다. 자애심과는 반대로 화, 슬픔, 후회와 같은 감정이 생기면 이것도 알아차림 한다. 이들 감정이 가슴에서 놓여나 발산되는 것이기 때문이다. 다시 호흡으로 돌아와 집중하면서 마음을 안정시키거나 이들 감정과 함께 머물면서 자애심을 보낸다. 자애심 수련을 강화하고 심화하기 위해 훈련 기록지를 작성한다.

🌱 일상 훈련: 자애심 연마하기

일상에서 만나는 사람이나 생각나는 사람에게 자애심을 보낸다. 고귀하고 선량한 행동, 누군가를 칭찬하거나, 문을 열어 주거나, 도움을 주거나, 걱정해 주면서 자신이 가치 있다고 여기는 심성이 무엇인지 알아차림 한다. 원래 내 안에 가지고 있는 미덕을 느끼고 이 심성을 가슴 깊이 받아들인다. 잘되기를 바라는 마음을 보내면 내 감정 상태에 어떤 영향이 있는지 알아차림 한다. 훈련 기록지를 작성한다.

훈련 기록지 7-1

명상 수련: 자애 명상
무엇을 배웠고/어떤 도움이나 혜택이 있었는가? 어려운 점/방해 요인은 무엇인가?

1일

2일

3일

4일

5일

6일

7일

훈련 기록지 7-2

일상 훈련: 자애심 연마하기
타인에게 사랑과 친절한 마음을 보내면 어떤 변화가 생기는가?

1일

2일

3일

4일

5일

6일

7일

제8장 너를 만나러 가고 있단다

균형 잡힌 관계

균형 잡힌 관계

마음을 여는 법을 배우면
누구나, 우리를 돌아 버리게 만드는 사람조차 우리의 스승이 될 수 있다.

−페마 초드론(Pema Chodron)

난임이 마치 생사가 걸린 상황인 것처럼 느껴질 수 있다. 왜냐하면 사실 그렇기 때문이다. 생명체를 탄생시킬 수 없다거나 자궁 안에서 일찍 생명을 다해 버린다면 그것은 실로 삶과 죽음에 관한 일이다. 삶의 모든 영역이 영향을 받고 부부 사이의 관계도 마찬가지이다. 데브로와 햄머만은 『난임과 정체성(Infertility and Identity)』(Deveraux & Hammerman, 1998, pp. 63-78)에서 아이를 갖는다는 전제에 문제가 생기면 절대 빼앗겨서는 안 되는 권리가 거부된 것처럼 느끼고 남자건 여자건 자긍심이 근본부터 흔들린다고 설명하였다. 우리 문화에서 남성다움은 당연히 정력과 관련이 있고, 여성다움은 모성과 연결되어 있다고 조건화되어 있어서 난임을 의학적인 상황으로 보기보다는 개인의 실패로 바라본다. 그렇게 원초적인 수준까지 자긍심이 위협을 받게 되면 성에 따른 역할이 기본 행태가 된다. 그러나 남녀의 성에 따른 역할은 매우 달라서 서로의 대처 방법을 이해하고 인정하기가 쉽지 않다. 처음에는 같은 편으로 관계를 시작하지만 나중에는 서로 반대편에 서 있음을 알게 된다.

위기를 기회로

배우자에게 화가 많이 나면, 마치 야트막하게 뿌리내린 나무가 거친 폭풍을 만난 듯 상처받은 기분에 따라 멋대로 행동하는 자신을 보게 된다. 너무 마음이 상해서 제멋대로 생각하고 기분 나빠하고 뒤틀린 행동을 하지는 않았는가?

인생을 다른 사람과 가까이서 스스럼없이 나눈다는 것은 거울에 비친 자신과 대면하는 것이다. 난임과 같은 인생의 위기는 해소되지 않은 문제들을 반드시 수면 위로 올라오게 만든다. 결국 가장 힘든 난관을 헤쳐 나갈 방안을 마련하도록 무대를 만들어 주고, 결과적으로 성장을 위한 가장 큰 기회를 제공하는 것은 사람과 사람의 관계이다.

발리섬의 원주민들은 그해에 가장 큰일을 당한 사람 가운데서 그 마을의 남자 사제 또는 여자 사제를 뽑는다. 발리섬의 원주민들은 큰일을 겪을수록 신성에 다가갈 수 있는 능력이 커진다고 여긴다. "위기는 기회다."라는 중국의 명언도 있고, 서양에서는 "고통 없이 얻어지는 것은 없다."라는 격언이 있다.

마음챙김은 고요하고 어느 쪽으로도 치우치지 않는 균형 잡힌 마음의 여유로움이자 인생의 굴곡을 극복해 가는 능력인 평정심을 기른다. 평정심은 개인적 기준으로 판단하지 않는 열린 마음이다. 평정심은 옳고 그름이라는 판단으로 인해 끊임없이 이쪽저쪽으로 흔들리는 이원론적인 사고에서 벗어날 수 있게 한다. 마음이 차분하고 평온해지면 모순된 지혜 속에서도 배움이 가능하다. "가장 나쁜 적이 가장 위대한 스승이다."

스스로에게 물어본다. 난임이라는 인생의 위기는 나에게 부당한 벌인가, 아니면 숨겨진 기회인가?

차이를 인정하자

보통 배우자를 처음 만났을 때 서로 끌리던 점이 나중에는 둘의 관계에 피할 수 없는 굴레가 된다. 평소 가장 부러워했던, 독립적이고 침착한 배우자의 성격이 이번 위기 상황으로 강조되면서 이제는 그가 차갑고 폐쇄적인 사람으로 보인다. 또한 따뜻하고 남을 배려하는 인정 많은 성격이 점차 과하게 느껴지면서 이제는 그녀가 부족한 것이 많고 징징댄다고 여긴다.

자긍심에 상처를 받으면 남자는 해결하고 여자는 조정하는, 성에 따른 역할을 자동 반사적으로 반복하기 쉽다. 해결만이 강조되는 상황은 남자로 하여금 감정을 축소하게 만들고, 문제만을 크게 부각시키는 상황은 여자로 하여금 감정에 압도되어 주눅 들게 만든다. 뭔가 해결하려던 것이 잘 안 되면 남자들은 자신이 쓸모없거나 이해받지 못한다고 여기게 되고, 반대로 소통하려 해도 서로 연결되는 느낌이 없으면 여자들은 슬프고 부담을 느낀다. 대립되는 이런 역할 때문에 이들은 서로 외롭다고 느낀다. 난임으로 인한 슬픔만이 아니라 감정적 관계에서 상실감을 느끼거나, 관계가 실패했다는 두려움에서 오는 상실감 모두를 느낀다(Deveraux & Hammerman, 1998, p. 68).

난임은 정서적 영역만이 아니라 성적인 부분에서도 영향을 미친다. 성(性)과 임신은 서로 긴밀하게 묶여 있기 때문에 성적인 문제에 직면하는 것이 실패나 상실로 연결되기도 한다. 서로 간에 경계심을 내려놓게 되면 상처받기 쉬워져서 감정적으로 너무 가까우면 안 될 것 같은 두려움을 느낄 수도 있다.

자연 임신이건 난임 치료 후의 임신이건 몇 달이나 몇 년이 걸릴 수 있다. 임신을 하기까지 오래 걸릴수록 절박한 마음이 커진다. 시간이 흐를수록 선택의 폭이 적어지고 비축해 둔 정서적 자원도 고갈된다. 이런 스트레스 때문에 성관계도 당황스럽거나 압박으로 여겨진다.

난임 치료를 시작하면 부부 사이의 성관계가 더 이상 개인적이고 비밀스러운 일이 되지 못한다. 성적인 문제들이 기계적인 일이 되고, 속속들이 조사되면서 친밀한 결속에 막대한 영향을 가져오게 된다. 주사, 시술과 추적 관찰, 수술과 같은 침습적인 과정을 거쳐야 하고, 호르몬이 약으로 유도되고, 체외수정시술에서 수정은 말 그대로 몸 밖에서 이루어진다.

둘 사이에 난임이 미치는 영향을 부부가 공유한다면 서로 어떤 이야기를 할까? 그들 사이의 어려운 상황과 역동적 관계를 알고 나면 어떤 가능성을 제시할 수 있을까? 다음은 상담했던 많은 남자와 여자의 이야기를 요약한 것으로 나와 남편이 난임을 겪으면서 경험한 문제와 역학관계에서 전적으로 공감이 되었던 이야기이다.

남자의 입장에서 힘든 사안과 역학구도

남자들은 종종 배우자를 어떻게 지지하고 도와야 하는지 그 방법을 몰라서 혼란스러워한다. 특히 배우자가 어떤 경험을 하는지, 혼자 있게 해야 하는지, 옆에서 같이 있어야 하는지, 그 경계가 어디인지를 잘 모르고 솔직한 것이 좋은 건지 아닌지 몰라 힘들어한다. 관점이 달라서 **틀린 말**을 할 수도 있기 때문이다. 좋은 의도인데도 엉뚱한 결과를 가져오기 때문에 당황스러워한다. "난 해도 욕먹고 안 해도 욕을 먹네."와 같은 상황이 되어 버린다.

가장 흔한 딜레마는 "나는 **돌멩이처럼 냉정한 사람**이어야 하는가, **동정심 많은 배우자**이어야 하는가?"이다. 가장 전형적인 결론은 중심을 잡고 평온을 유지하는 사람, **지브롤터의 바위산**같이 믿을 수 있는 바로 그런 사람이어야 한다는 것이다. 그러나 이런 접근 방법도 가끔은 실패하기 때문에 관계가 단절되고 거리감이 생기게 된다.

남자들은 자신이 '보호자'가 되어야 한다고 믿기 때문에 체외수정이 실패하거나 유산이 되어도, 배우자가 느끼는 압력이나 실망을 덜어 주려고 반응을 자제한다. 그런데 이것이 부메랑이 되어 돌아오기도 한다. 상대는 그가 냉정하고 아이를 갖는 데 전념하지 않는다고 여길 수도 있다. 자신이 오해를 받았거나 노력이 과소평가되었다고 느끼는 불행한 결과를 가져오게 된다.

남자는 배우자가 고통스러워하면 어김없이 괴로워한다. 다른 사람의 임신을 알게 되어 배우자가 몹시 힘들어하거나, 주사나 수술의 공포, 가슴 아픈 이야기를 듣게 되거나, 힘든 상황에 처했다는 것을 통감하면 항상 마음이 아프다. 특히 배우자가 난임을 개인적 실패로 여기는 것을 걱정한다. 그녀가 겪는 여러 가지 어려움을 해결하기 위해 자신이 할 수 있는 일이 거의 없고, 어려운 상황이 지속되거나 시간이 지나면서 점점 더 악화되기 때문에 자신이 부족하다는 생각이 점점 커지고 깊어지게 된다.

남자가 친구나 가족으로부터 점차 고립되는 느낌을 갖게 되는 경우도 드물지 않다. 특히 이들 모임에서 배우자가 화를 내거나 고통스럽게 반응하는 경우에 그렇다. 혹시 말을 잘못하면 어쩌나, 어떻게 힘을 실어 주어야 할지 모르겠다는 걱정으로 사람들이 마음을 졸이고 있다는 것을 그는 알고 있을 것이다. 아주 친한 경우가 아니면 가족이나 친구와 난임 이야기를 나누지 않는 것이 대부분이고, 한편으로는 소외되었다는 복합적인 마음을 갖게 된다.

남자 배우자는 모든 일이 난임과 관련된 것 같아서 종종 화가 난다. 모든 자원을 가족이라는 새집을 짓는 데만 쓰고 둘 사이의 관계를 비롯한 지금의 집은 불타고 있는 것 같기 때문이다. 가족을 어떻게 구성할지에 대한 생각이 다르거나, 생각이 없을 때는 더 거리감이 생긴다.

성적 관계에서 자신의 역할이 작아진다고 느끼면 남자는 자존감에 손상을 입는다. 친밀하고 은밀한 느낌보다는 마치 정자공여자로서만 원한다는 기분이 들 때가 많고, 배우자가 임신과 상관이 있는 때만 성관계를 원한다고 생각한다. 로맨틱한 시도 따위는 '들은 체 만 체하는' 기분이 든다.

점점 섹스가 드물게 되고 더 이상 자발적이거나 흥미로운 일이 아닌 것이 되어 버린다. 섹스를 시도하는 것이 문제의 소지가 될까 봐 걱정한다. 예를 들면, 배우자가 감정적으로 가라앉아 있을 때 마치 섹스를 강요하는 듯이 느껴지거나 섹스가 끝나면 혹시라도 그녀가 서글퍼할까 봐 걱정하게 된다.

일과 개인적 욕구를 조화시키는 것이 종종 힘들 때가 있다. 직장에서의 책임과 치료에 필요한 일 사이에서 곡예하듯 잘 헤쳐 나가는 것이 쉽지는 않다.

가족을 갖지 못할지도 모른다는 걱정, 배우자의 생리적 시계에 맞춰야 한다는 압박, 치료에 드는 비용과 치료 결과를 기다리면서 겪는 감정적 소진 같은 것들이 공통적으로 많이 느끼는 걱정거리이다.

여자의 입장에서 힘든 사안과 역학구도

여자들은 대개 소통에 좀 더 무게를 두는 경향이 있기 때문에 배우자가 좀 더 난임 문제를 의논하고 관여하기를 원한다. 종종 그녀 자신은 임신을 위해 모든 것을 쏟는 데 반해 배우자는 정보도 별로 없고 알지도 못한다고 생각한다. 난임에 관해 서로 언제 이야기할 것인가, 얼마나 많은 시간을 할애할 것인가, 어떤 문제를 나눌 것인가에 대해서도 서로 의견이 일치하지 않는다. 이런 일들 때문에 늘 당황스럽고 전반적으로 절망하게 된다.

여자들은 자기 배우자가 말만 번지르르하게 하고 행동을 하지 않는다고 생각하고 정말 걱정을 하는 건지 의심하기도 한다. 남자가 상황을 바꾸려고 하거나 그녀의 기분을 바꾸려고만 한다면 오히려 자신이 필요한 지지를 받지 못한다고 여긴다. 과도하게 감정에 사로잡혀 과잉 반응을 한다거나 비정상적이라고 여긴다는 생각이 들면 마치 심판받는 기분이 든다. 전반적으로 여자들은 외롭다고 이야기한다.

난임을 공개하는 문제와 관련해서도 여자들은 당황스럽거나 실망했다고 표현하는 경우가 많다. 다른 사람들에게 난임을 어떻게 이야기하는가에 대해서는 합의에 이르기가 어렵다. 예를 들면, 누구와, 언제, 어떻게, 어디까지 공개할 것인가에 대한 이야기이다. 전형적으로 여자들은 가족에게 공개하는 것이 마음 편하지 않은 데 반해 배우자는 공개를 원하거나, 또는 그 반대의 경우도 있다. 간혹 공개에 대해 서로 합의가 되어도 배우자가 약속한 경계를 벗어났다고 생각하면 더욱 실망하고 당황하게 된다.

난임이 친구나 가족과의 관계에 미치는 영향에 대해 여자들이 더 예민하게 느낀다. 예를 들면, 누군가의 임신 소식이나 베이비 샤워 초대, 다른 사람의 '무신경한' 말, 집안 가풍이나 문화적 규범에 따른 압박감에 배우자보다 더 예민한 편이다. 이런 충격이 계속 반복된다면 그 영향이 가까운 사람에게 파급될 수밖에 없다.

치료 방법을 알아보는 일이라든가, 바쁜 일상에 어떻게 치료를 끼워 넣을 것인가, 생리적 시간을 지키는 일 같은 것도 감정적으로 견디기 힘들게 한다. 진행 상황 지침을 혼자서 만들기도 힘들고, 사람들에게 도움을 얻는 문제, 난임을 해결해야 한다는 마음, 결과가 실패할지도 모른다는 걱정은 상당한 스트레스로 작용한다.

여자는 보편적으로 난임이 성적 관계에 상당히 피해를 준다고 이야기한다. 난임을 겪는 여자들 대부분이 섹스에 거의 관심이 없다고 말한다. 섹스가 종종 슬픔과 상실감을 불러오기 때문에 섹스를 피하고 싶은 마음은 실망하고 싶지 않아서가 아닐까 다들 궁금해한다. 섹스를 하고 싶은 마음이 사그라드는 것은 자신이 매력적이지 않다는 느낌 때문이기도 하고, 호르몬 때문에 별로 좋지 않은 기분이 들거나, 일과 섹스의 균형, 감정적으로 지쳐서 그리고 치료와 관련하여 제한하기 때문이기도 하다. 임신이나 난임 치료 위주로 예정일에 기계적으로 섹스를 하다 보니 하나의 숙제같이 느껴질 때도 있다. 이제 이 모든 일을 그만하고 싶다고 생각하는 것이 전혀 이상한 일이 아니다.

남자의 입장에서 가능한 일

남자의 입장에서 무엇이 도움이 될까? 지원과 지침을 통해서 남자들도 소통에 좀 더 중점을 두는 것이 중요하다는 것을 알아야 한다. 자신의 감정, 느낌을 표현하고 대화를 시작하며 배우자의 감정을 이해하라고 권한다. 배우자를 변화시키거나 상황을 바꾸려 하기보다는 배우자가 스스로 표현하게 하고 잘 들을 것을 권한다. 남자들이 배우자에게 항상 감정을 드러내지 않더라도 그들도 비슷하게 느낀다는 것을 서로 나눌 필요가 있다. 혹은 비언어적인 방법으로도 소통하기 때문에 "그들이 무엇을 느끼는가를 알고 싶으면 그가 무엇을 하는지 살펴보아야 한다."

난임은 실로 거대한 문제라서 자신의 힘으로 어떻게 해 볼 수 있는 일이 아니라는 것을 남자들도 깨닫고 나면 그 문제와 역학구도를 이해하기 위해 노력하자는 말을 꺼내기 시작한다. 배우자에 비하면 남자들이 열심히 행동하지 않았음을 인정해야 한다. 그래도 괜찮다. "죄의식을 느낄 필요도 없고 나쁜 배우자도 아니다."

결국 자신을 잘 돌보아야 한다는 것은 더 말할 필요가 없다. 운동, 개인적으로 또는 지지 그룹 안에서 다른 사람과 대화하고, 중요한 욕구에 우선순위를 매기고 스트레스를 줄여야 한다. 생각을 건설적으로 해결하고 인내심을 가지고 상황을 받아들이되 난임 때문에 '모든 인생을 유보'하거나, '미리 정해 놓은 한계 안에서만' 사고하지 말라는 것을 깨달았다고 하였다.

더 이상 자신이 통제할 수 없는 일에 도움을 받으려면 먼저 계획을 세워야 한다. 여기에는 가족 구성 방법의 선택권, 치료 결정에 따른 감정적 요인으로 인한 비용, 유전인자 대비 아이를 기르는 방식의 중요성에 대해 서로 의견을 나누고, 부모가 되는 다양한 방법, 입양이나 정자와 난자 기증, 대리모까지 포함하여 의논한다. 모든 일을 결정할 때 배우자에게 결정권을 주는 것이 중요하다.

성적 관계를 강화하고 애정을 쌓기 위하여 좀 더 낭만적이 될 것과 친밀한 만남을 위한 준비를 할 것과 귀중한 시간을 만들기 위해 이벤트를 계획하고 모임 일정 관리 책임을 맡을 것을 권한다.

다른 여자들이 절망감, 시기심, 분노와 불안에 대해 이야기하는 것을 들으면 자신의 배우자가 감정적으로 과잉 반응을 보이는 것이 아니라는 사실을 알게 된다. 자기 배우자만이 감정적으로 견디지 못하고 아파하는 것이 아니라는 것을 알게 되면 새로운 경지의 이해와 공감이 가능해진다. 이렇게 해서 배우자가 느끼는 감정이 더 이상 그녀 개인의 일이 아님을 알게 되고 그저 들어 줄 수 있게 된다.

여자의 입장에서 가능한 일

여자의 입장에서 무엇이 도움이 될까? 지지와 지침을 통해 난임에 대해 더 광범위하게 인지하고 사람 사이의 관계에 대한 역학구도와 자신의 문제를 이해하여야 한다. 두려움, 걱정과 바람에 대해 소통해야 하고 어떤 종류의 도움이 필요한가에 대해 더 잘 알아서, 심지어는 배우자에게 자신을 지원할 수 있는 방법 목록을 주고 고르게 할 정도로 자신이 필요한 것을 요구해야 한다. 여자가 무엇을 요구하는지 남자들이 짐작하지 못한다는 것을 알아야 한다. 자동차 안에서나 산책하면서 서로 이야기를 나누고 의논하는 것도 좋은 방법이다. 배우자가 감정 표현을 덜 한다고 해서 그가 상관하지 않는 것은 아니라는 것을 점차 알아야 한다.

자신의 안녕을 관리하는 데 있어서 본인이 능동적인 역할을 해야 사람 사이의 관계로 인한 스트레스가 감소한다. 전반적인 전략으로는 마음챙김을 통해 스트레스를 감소시키기, 난임 모임에 참여하기, 난임 관련 자료 개발하기, 누구와 마음을 열고 이야기할 건지 파악하기, 어려운 상황을 만나면 어떻게 대응할 것인지 작전 짜기, 난임과 그 치료에 대한 정보 얻기와 치료에 대한 계획이나 입양 여부에 대해 논의하기 등이 있다.

성적 관계를 좋게 하기 위해 여러 제안이 있는데 성적 친밀감을 고취시키는 특별한 시간을 만들라는 것과 가장 중요한 것은 은밀하게 애정을 보이려고 노력하라는 것이 가장 두드러진 권유이다. 자발적이고 적극적으로 성적인 문제를 대하는 것이 필요하다. 배란과 상관없는 섹스로 아이를 만들기 위한 일과 섹스를 분리하기, 토요일에는 침대에서 둘이 같이 식사하기와 같이 둘만을 위해 따로 시간 만들기, 일주일에 몇 번은 같은 시간에 잠들기, 주기적으로 섹스 없는 기간을 갖기 시작하거나, 재미 삼아 오늘 할 일의 목록에 섹스를 넣어 놓는 것 등이 있다.

정서적 관계가 좋으면 성적인 관계가 개선되므로 좋은 시간을 좀 더 함께 보내기, 밤에 데이트하기, 육체적으로 친해지기, 사소하더라도 섹스를 위한 무드를 조성하기, 친밀감의 표현 많이 하기, 서로 문자 보내기, 캠핑 가기와 같이 다양한 장소를 돌아다니거나 주말에 침대에서 함께 아침 식사하기와 같은 것을 권한다.

어떻게 해야 배우자에게 힘이 될지 모르겠다는 다른 남자들의 이야기를 듣게 되면 여자들도 자신에게 필요한 것이 무엇인지 확실하게 요구하는 것이 낮다는 사실을 알게 된다. 배우자가 여자 마음을 읽을 줄 모른다는 것을 인정하면, 직접 알려 주어서 그 요구가 충족된다 해도 지지하는 마음의 가치가 떨어지는 것이 아니다. 여자가 요구하는 모든 것을 배우자가 충족할 수 없다는 것을 인정하고 인간관계의 외적인 강력한 지지 네트워크, 특히 난임을 경험한 여성들을 찾아서 함께하는 것으로 절충할 수 있다. 자신이 아는 것보다 배우자가 더 감정적이라는 것과 아이를 마음 깊이 원한다는 것을 알게 되면 여자들도 마음의 상처가 덜해지고 더욱 연대감을 느끼며 관계를 넘어 도움을 청할 수 있게 된다. 결론적으로 여자는 새로운 이해를 하게 된다. 그가 정말 얼마나 걱정하는지 표현하지 않을 뿐, 그는 **정말** 걱정하고 있다는 것을!

음과 양이 만나서

남녀의 성에 따른 서로 상충되는 역할은 남자가 감정에 좀 더 열린 태도를 보이고 여자는 해결에 더 무게를 두는 식으로 상대를 향해 접근한다면 서로 보완될 수 있다. 난임이라는 적대적 힘에 맞서, 자신이나 타인과의 관계에서 평정심을 유지하는 것은 마치 **태풍의 눈** 속에서 피난처를 찾은 것과도 같다. 인간관계의 노정을 따라가면서 여러 가지 모순되는 우여곡절 속에서 길 찾기도 배우고, 그 과정 속에서 방향도 찾게 된다.

나와 배우자의 문제해결 방식이 다르다는 것을 이해하고 함께 풀어 간다면 내 마음속에서도, 그와의 관계에서도 모두 발전적인 방향으로 마음이 확장된다. 완전체의 일부를 남녀가 따로 대변한다기보다는 남녀 각자는 이미 온전하며 스스로 완벽하기 때문에, 자신의 요구가 상대방에 의해 반드시 충족되지 않더라도 더 이상 두렵지 않다. 대처 방식의 차이를 확인하고 적용함으로써 둘 사이 관계의 균형을 회복할 뿐 아니라 더 넓고 깊은 수준에서 문제를 다룰 수 있게 된다.

존 그레이(John Gray)의 베스트셀러 『화성에서 온 남자, 금성에서 온 여자(Men are from Mars, Women are from Venus)』(1992)에서 남자가 감정적으로 마음을 열기 위해서는 먼저 성적으로 유대감을 느껴야 하는 반면, 여자는 먼저 감정적으로 친근해져야 성적 욕구가 생긴다는 것이 일반적인 고정관념이라고 하였다. 이것이 그저 기발한 말장난인가, 아니면 독창적인 대전제인가? 인간은 고정관념으로 이루어진 상자를 벗어나 문제를 처리함으로써 성장하기 때문에 이런 차이는 발전적일 수 있다.

성적 친밀감을 되찾으려면 임신이라는 목적 때문이 아니라 성이 가져다주는 즐거움에 몸과 마음을 열어야 한다. 손을 잡고, 포옹하며, 서로 마사지도 해 주면서 **연대감**을 가져야 한다. 성적 관계가 의학적 관계가 되지 않도록 한다. 지금 이 순간 내가 누릴 수 있는 것에만 집중한다. 성적 매력을 되찾으려 노력하고, 치료는 잠시 쉬고 데이트를 계획하면서 임신에 대한 압박감을 줄여 본다. 인간관계를 가장 중요한 우선순위에 두어라. 친밀해지면 상처받기도 쉽지만 바로 그 상처는 우리를 용감하게 만든다.

인간관계는 마음챙김 수련의 훌륭한 기회를 제공한다. 배우자와 함께 있을 때는 모든 주의를 상대에게 집중한다. 둘의 관계를 최우선으로 하기로 마음먹는다. 휴대 전화나 컴퓨터도 끄고 방해받지 않는 둘만의 특별한 시간을 만든다. 휴일 하루를 로맨틱하게 보내는 것같이, 치유와 새로운 삶을 위한 시간이나 활동에 함께 참여한다. 아이가 생길 때까지 현재 자신이 가진 것과 할 수 있는 것을 누려라.

난임에 관한 이야기를 언제 어디서 할 것인지 정해 놓고 자잘한 선택 사항에 관심을 가진다. 휴일을 어떻게 견딜 것인가에 대한 계획을 세워서 가족기념일에 휴가를 떠나는 것도 꽤 좋은 대안일 수 있다. 결정을 위한 여러 가지 정보를 수집하는 데 주안점을 둔다. 아는 것이 힘이다. 전문적인 지원, 인터넷, 책 그리고 다른 난임 동지들을 통해서 자료에 접근한다. 이는 다음 단계 시도를 위한 발걸음에 도움이 된다. 매 발걸음은 다음 발걸음이 되고 이렇게 점점 아이에게 가까워진다. 어떤 이에게는 처음부터 끝날 때까지 계획을 짜는 것이 필요하고, 어떤 사람에게는 그저 한 단계씩 계획하는 것이 최선일 수 있다.

난임이라는 패를 갖고 싶어 하는 사람은 없다. 초대하지 않은 고난을 만났지만 성장을 위한 잠재적 기회라고 여겨 마음을 열고, 여행하듯 앞으로 나아간다. 부부가 그들의 문제와 역학구도를 해결하기로 마음먹으면서 둘 사이의 관계는 깊어진다. 서로 이해하고 해결 방안을 나누면서 더 강해지고 자신과 서로를 믿게 된다.

현명하게 말하기

우리 인간은 좋은 감정은 계속 붙잡고 싶어 하고 불쾌한 기분은 없애 버리고 싶어 하거나 냉담해지는 경향을 보이는데, 이를 불교심리학에서는 '세 가지 독약', 즉 매달리는 마음에서 생기는 욕심, 혐오하는 마음에서 생기는 증오와 어리석음에서 생기는 **망상**이라고 한다. 여자는 일반적으로 무언가에 사로잡히는 감정을 견디기 힘들어하거나 이러한 경험을 개인적인 것으로 여기는 경향이 있는데, 이는 집착에서 파생된 것이다. 남자는 무시하거나 경시하고, 외면하거나 주의를 다른 데로 돌리는 경향이 있는데, 이는 혐오감의 결과물이다. 배우자 가운데 한 명은 집착하고 다른 한 명은 싫어하는 마음을 가진다면 둘은 서로 대립한다고 느끼거나, 서로 오해하거나, 비난받거나, 버림받았다는 느낌이나 상대에게 휩쓸린 느낌이 들게 된다.

인간관계는 소통에 뿌리를 두기 때문에 **현명하게 이야기하는 것**은 매우 중요하다. 이것은 붓다의 가르침에서도 깨우침의 길, 팔정도의 한 요인으로 자리잡고 있다. 현명하게 이야기하는 데 중요한 요소는 **무엇**을 이야기하는가, 언제 이야기할 것인가 그리고 그것이 진실인가의 세 가지이다. 이 세 가지가 동시에 일치하면 현명하게 이야기하는 것이다.

🌱 연습: 서로 들어 주기 훈련

현명하게 이야기를 하려면 반드시 **들어야** 한다. 진심으로 듣는 것이다. 잘 알려진 소통 훈련에 서로 짝지어 듣기가 있는데 여기서도 제일 먼저 듣기를 기본으로 가르친다. 한 명이 세 가지 질문을 하고 단지 듣기만, 실로 듣기만 하겠다고 마음먹고, 아무것도 이야기하지 않고 상대의 이야기를 듣는다. 상대방은 매 질문당 2분 동안 대답한다. 다 마치면 역할을 바꾸어서 실시한다. 이렇게 둘 다 하고 나면 서로의 경험을 나누면서 끝낸다. 다음은 그 예를 든 것인데, 이를 통해 자신만의 질문을 만들 수 있다.

- 가족을 만들려는 이 힘든 여정이 그대의 인생에 어떤 영향을 주었는지 이야기해 주세요. (2분)
- 내가 당신에 대해 알아야 할 중요한 일과 내가 이해하길 바라는 것이 있으면 이야기해 주세요. (2분)
- 나의 어떤 점을 사랑하는지 이야기해 주세요. (2분)
- 둘이서 역할을 바꾸어서 똑같이(매 질문당 2분씩) 하고 나서, 서로의 경험을 나눈다. (6분)

중간에 이야기하고 싶고 어떻게든 영향을 주고 싶은 충동이 생기는 것이 일반적이다. 상대가 난임에 대한 자신의 경험을 이야기하는 동안 방해하지 않고 듣는 것을 배우면 어려움에 대처하는, 나와는 다른 길도 있음을 알게 된다.

의견이 일치하는지의 여부는 중요하지 않다. 마음 깊이 들음으로써 상대가 어떻게 느끼는가를 알면 각자의 기분을 정당하게 인정하게 된다.

🌱 연습: 적극적 듣기 훈련

다음은 적극적 듣기이다. 이 훈련은 당신이 이해받기 원하는 점을 이야기하고, 상대방은 다 듣고 난 후에 자기가 들은 것을 해석이나 충고 없이 들은 그대로 이야기한다. 그것을 듣고 일부는 잘 이해했지만 당신이 전달한 모든 것을 이해한 것은 아니라고 생각되면 상대가 이해한 사실과 이해하지 못했다고 느낀 부분을 알려 준다. 그리고 전달하고 싶은 메시지를 더 명료하게 다시 말한다.

상대방은 그것을 듣고 방어하거나 수정하거나 논쟁하지 말고 들은 대로 이야기한다. 만일 아직 제대로 이해하지 못한 부분이 있으면 이 과정을 다시 반복한다. 완전히 서로 이해되었다고 느낄 때까지 서로 주고받는 이 과정을 계속한다. 이제 준비가 되면 서로 역할을 바꾸어서 실시한다.

이해가 될 때까지 여러 번 하더라도 걱정할 것은 없다. 대부분의 부부 사이에서 이 훈련은 힘들고 서로 완전히 이해하기까지는 상당한 시간이 걸린다. 이 훈련은 이해가 무대 중앙 전면에 나서기 때문에 힘이 든다. 우리는 잘 지내겠다는 마음보다 뭔가 제대로 해야 한다는 마음에 따라 행동하기 때문이다.

적극적 듣기는 의사 전달이 명료하고 간결할 때 쉬워진다. 소통 방식이 너무 장황하거나 애매하고 듣는 이를 압도하는 경우가 드물지 않다. 또한 많은 사람이 흑백논리에 따라 극단적으로 이야기한다. "넌 언제나 이렇게 하잖아." "넌 절대 그렇게 안 하지." 이런 식이면 상대가 방어하고 확인하려 들고 공격하는 것이 당연하며, 듣지 않게 된다. 서로 들어 주기와 적극적 듣기가 자연스러운 의사소통 방식이 되면 고통은 줄어들고 만족감이 높아진다.

상대가 내 말을 정말 잘 듣고 있다는 느낌은 어떤 것일까? 이해받는다는 느낌이 얼마나 중요한가? 어떤 기분이 들까? 상대에 대한 감정이 변했는가? 가슴이 더 열린 기분을 느껴 본다.

🌿 일상 훈련: 현명하게 말하기 연습

소통하면서 현명하게 말하기에 집중한다. 자신이 무엇을 말하는가, 언제 말하는가와 그것이 진실인가에 주의를 집중한다. 현명하게 말할 때와 그렇지 못할 때를 알아차림 하고 각각의 결과를 주목해 본다. 훈련 기록지에 배운 것을 기록한다.

기공

기공은 일종의 명상 수련으로 잘 조절된 심호흡을 하면서 천천히 우아하게 움직인다. 기란 에너지 또는 활력을 말하며, 공이란 에너지를 모으고 원활하게 작동하도록 연마하는 것을 말한다. 이 훈련에서는 기의 흐름을 증강시켜서 전반적인 건강을 향상시킨다고 믿고 있다. 기공이 건강에 도움이 되는 것은 스트레스 감소와 운동 효과이거나, 진동이나 경락을 따라 흐르는 전류에 기인한다고 설명한다.

기공의 종류는 수백 가지에 이르고, 중국의 여러 주요 대학 교과 과정에 들어 있다. 1989년 이래로 표준화된 의학기공이 중국 병원에서 인정받았고, 1991년 이후에는 중국 국가건강계획의 일부로 거의 모든 질병 치료에 포함되어 있으며, 난임도 그중 하나이다. 특히 기공을 통해 올바른 호흡을 가르치는 것을 난임 치료의 하나로 인정한다.

미국에서 기공은 일부 스트레스 감소 프로그램 안에 들어 있고, 난임의 치료를 보완하는 훈련에 포함되기도 한다. 몸과 조율하고 에너지와 활력을 증가시키는 것이 중요하기 때문에 여기에서도 기공을 알리게 되었다. 평정심을 기르고 균형을 유지하는 데 도움이 된다.

우주는 에너지로 만들어져 있고, 에너지 훈련인 기공을 함으로써 알지 못했던 에너지를 느낄 수 있게 된다. 기공 수련을 하면 몸 안과 밖에서 진동의 형태로 에너지를 감지한다. 에너지를 느끼지 못하더라도 기공은 우아하고 느린 동작과 호흡 조절을 하는 또 하나의 동적 명상 수련이다.

🌱 명상 수련: 기공

다섯 가지 기본 동작을 순서대로 한다. 두 개의 프로그램으로 나누어 해도 좋고 연달아서 같이 할 수도 있다. 산 자세로 서서 시작한다([그림 8-1] 참조). 각 움직임을 심화하면 할수록 몸 안과 주변의 에너지를 느낄 수 있다. 훈련 기록지에 기록한다.

❶ 산 자세

눈을 감고 발은 약간 벌리고 골반에 무게가 고루 분포하도록 똑바로 선다. 무릎을 살짝 굽히고 가슴을 펴고 손바닥이 앞으로 향하도록 양팔을 몸통 옆에 둔다. 턱은 바닥과 평행하도록 두고 어깨에 힘을 빼고 골반 뒤쪽을 바로 한다. 산 자세로 굳건하게 바로 서서 호흡을 한다.

❷ 태극 몸통 꼬기

산 자세에서 오른쪽으로 몸을 비틀면서 양팔을 움직여서 오른손이 허리 아랫부분 등을 치고 왼손은 배 쪽 골반을 친다. 이때 오른쪽 발가락은 들어도 좋다. 이제 방향을 바꾸어서 왼쪽으로 몸통을 비틀면서 왼쪽 발가락을 들고, 왼손이 등을 치고 오른손이 앞쪽 골반을 친다. 이 동작을 반복한다. 리듬에 맞추어서 오른쪽과 왼쪽으로 살짝 흔들듯이 몸통을 비튼다. 탄력을 받아 몸을 충분히 두드리면 기를 깨우게 된다. 이때 호흡은 깊고 충만하게 한다.

❸ 기를 일으키고 확장시켜 모으기

다시 산 자세로 돌아와 숨을 들이쉬면서 무릎은 살짝 굽힌 상태로 손바닥이 마주 보게 하고, 양팔을 몸통 앞으로 하여 허리 높이로 올린다. 에너지가 양 손바닥에서 일어난다. 숨을 더 깊이 들이쉬면서 무릎은 계속 살짝 굽힌 채로 마치 새가 날듯이 양팔을 벌린다. 양 손바닥에서 에너지가 확장된다. 숨을 내쉬면서 양팔을 몸통 옆으로 내리고 굽혔던 무릎을 편다. 몸 안으로 에너지를 모은다. 흐름을 따라 리듬감을 가지고 몇 번 더 반복하면서 기 에너지가 일어나고 확장되고 모이는 것을 느낀다.

❹ 공 모양으로 기를 모아 이동하기

산 자세에서 양손을 모아 손바닥을 함께 빠르게 비벼서 기 에너지를 열 형태로 모은다. 적당하게 더워지면 에너지 장이 느껴지는 거리만큼 천천히 양 손바닥을 벌려서 마치 에너지로 이루어진 공, 즉 기로 만들어진 공을 들고 있다고 여긴다. 이제 오른쪽 발로 무게 중심을 옮기면서 기로 이루어진 공을 천천히 돌려서 오른쪽으로 멀리 두는 자세를 취한다. 이때 오른손은 아래로, 왼손은 위로 올린 자세이다. 다시 가운데로 몸을 움직이면서 오른발에 실려 있던 몸무게를 양발에 균등하게 싣는다. 이때 기로 만든 공을 천천히 돌려 중앙으로 가져오면 양손이 기로 만든 공의 양옆을 잡는 듯한 자세가 된다. 이제 왼쪽으로 움직이면서 왼발로 무게 중심이 가고 기로 만든 공을 천천히 돌리면서 가장 왼쪽으로 멀리 두는 자세를 취하는데 왼손은 공의 바닥에, 오른손은 공의 위로 올린 자세이다. 다음으로 몸을 오른쪽으로 움직이면서 몸무게를 왼발에서 중심으로 이동하고, 기로 만든 공을 몸의 중앙으로 가져온다. 천천히 공을 돌려서 양손이 기로 만든 공의 양옆을 잡고 양발에 몸무게를 실어 균형을 유지한다. 계속 오른쪽에서 왼쪽으로 부드럽게 물 흐르듯이 동작을 이어 가면서 기로 만든 공이 무한대 또는 8자를 옆으로 누인 모양으로 움직이게 한다. 이제 공의 양옆을 잡고 산 자세로 선다. 천천히 양 손바닥을 벌려서 기로 만든 공이 하늘로 떠오르게 한다. 이제 에너지 입자가 내려와 몸속으로 스며드는 것을 느낀다.

❺ 켈프 숲

산 자세에서 자신을 웅장한 켈프 숲속에 있는 커다란 해조류 켈프라고 상상하고 그 모습을 떠올린다. 양발은 마치 바다 밑에 뿌리내린 켈프의 밑받침이라고 상상한다. 몸통은 길고 유연한 켈프의 몸통이고, 양팔은 켈프의 줄기와 그 옆에 놓인 잎이고, 머리는 바다 수면에 닿은 맨 꼭대기 잎이라고 상상한다. 광대한 바닷속 고요한 가운데 움직이지 않고 높이 서 있는 켈프이다. 해류가 밀려오면 수면에 파도가 놀치고 하늘하늘한 해조류의 몸통은 물속 움직임에 따라 물결치게 된다. 해류가 커지고 파도가 해수면을 치면 바닷말 켈프의 몸통은 구부러지고 꼬인다. 켈프 잎인 팔은 길게 늘어나고 회전을 한다. 꼭대기 부분인 머리는 말려 올라갔다 내려오고 굽이치게 된다. 바다가 출렁이는 대로 춤추듯 몸이 움직인다고 상상한다. 햇살이 자신과 켈프 숲에 가득하여 반짝이는 물결을 이룬다. 내 주변과 내 안에 가득한 에너지를 느낀다.

이제 바다가 고요해지면 해조류인 내 몸통의 움직임도 서서히 느려지고 바다가 완전한 정적으로 돌아오면 나는 고요함 속에 유연하게 높이 서 있다. 주변과 내 안에 가득한 평온한 에너지 속으로 젖어든다.

[그림 8-1] 기공 자세

훈련 기록지 8-1

<table>
<tr><td colspan="2">명상 수련: 기공
무엇을 배웠고/어떤 도움이나 혜택이 있었는가? 어려운 점/방해 요인은 무엇인가?</td></tr>
<tr><td>1일</td><td></td></tr>
<tr><td>2일</td><td></td></tr>
<tr><td>3일</td><td></td></tr>
<tr><td>4일</td><td></td></tr>
<tr><td>5일</td><td></td></tr>
<tr><td>6일</td><td></td></tr>
<tr><td>7일</td><td></td></tr>
</table>

훈련 기록지 8-2

일상 훈련: 현명하게 말하기
현명하게 말할 때와 그렇지 못할 때의 차이가 있으면 알아차림 한다.

1일

2일

3일

4일

5일

6일

7일

가족을 이루다

제9장

가족을 이루다

사람의 마음과 생각을 이해하려면 그가 이미 이룬 것을 보지 말고

그 사람이 열망하는 것을 보라.

−칼릴 지브란(Kahlil Gibran)

유전적으로 맺어진 아이를 갖는 꿈이 임신을 통해 이루어질 것 같지 않은 고통스러운 때가 오면 결국 어떻게 할 것인지 선택해야 한다. 치료를 끝내고 입양을 할 것인가, 공여난자, 공여정자, 공여배아를 이용하여 치료를 계속할 것인가, 아이 없이 살거나, 두 번째라면 또 다른 아이는 포기할지를 선택하여야 한다. 간신히 결정을 하기까지 누구나 힘겨워한다. 이는 당연한 일이며 상실에 대한 경의를 표해야 한다. 왜냐하면 '꿈의 상실'을 애도하기 전에는 다른 가능성에 마음을 열 수가 없어서 내게 맞는 길을 찾을 수 없기 때문이다. 그 다음에는 자신이 누구이고 무엇이 진정 중요한 것인가에 대한 엄청난 자기 분석이 필요하다.

가족을 이루는 방안을 찾아 결정하는 것은 이성과 감정 사이에서 이루어지

253

는 공동 모험이다. 장단점, 위험도와 이익을 비교하고 치료에 대한 분석, 재정적 상황, 가진 자원과 시간을 고려하여 자신의 믿음과 교육, 문화적 배경이나 필요에 근거하여 직관적으로 '옳다'고 느끼는 것에 따라서 결정하게 된다.

치료를 끝맺는 순간이 다가올수록 완전히 동떨어져 있지만 불가분하게 연결되어 있는 두 가지 요구에 봉착한다. 하나는 완전히 내려놓아야 하고 다른 하나는 어딘가를 향해 나아가야 한다. 이제까지 헌신해 온 길을 포기하는 것이 아니라 거기에서 해방되어, 자신이 진정 원하는 것을 알기 위해 내 안에 존재하는 고통의 원천으로 더 깊이 들어갈 수 있을 때만 가능하다. 이와 같은 과도기적 시점에서 가장 현저한 정서는 취약성, 즉 반응민감성이다. 어떻게 그렇지 않을 수 있겠는가? 정서적으로 그리고 어쩌면 재정적으로도 거의 모든 여력이 고갈된 지금, 이제 끝내려는데 다시 새로운 것을 향해 나아가라고 한다.

그러나 역설적이게도 이런 취약한 시기야말로 무한한 용기를 내는 순간이기도 하다. 제3자 공여에 의해 부모가 되는 모험을 감행하는 '선구자적인 부모'로 태어날 수 있다. 아는 길에서 모르는 길로, 두려움보다 신뢰를, 통제보다는 자각을 바탕으로 한 대처 전략을 가지는 것이다. 가슴에서 우러나야 제3자 공여에 의해 부모가 되는 길을 선택할 수 있다.

질문을 사랑한다

마음챙김은 우리를 여유롭게 만든다. 마음을 열고 아무런 제한 없이 모든 것을 담을 수 있게 한다. 마음챙김은 모든 것을 호기심 가득한 태도로 맞이

한다. 판단하지 않는 삶을 살면서 자신의 깊은 내면을 탐구하고 찾아가도록 마음을 열기 때문이다. 이렇게 여유 있고, 호기심 가득한 마음은 상황을 억지로 바꾸려고 하기보다, 상황은 나름 정해진 대로 전개된다는 것을 이해하고 인내하는 마음을 갖게 만든다. 목표가 아니라 과정이 중요하다는 것을 이해하기 시작한다. 그리고 가장 중요한 것은 답이 아니라 질문이라는 사실을 알게 된다.

생소한 일을 하기로 하면 두려움이 생기는 것은 자연스러운 반응이다. 왜냐하면 알아보고자 하는 영역이 편안한 구역 너머에 있기 때문이다. 유전적인 끈이나 임신으로 이어질 끈을 놓지 않으면 안 되는 때가 되면 내 안에 존재하는 가장 어두운 공포심과 대면하게 되는 것이 거의 공통된 경험이다. 아이와 진정으로 맺어질 수 없을 것이라는 상상을 하거나, 다른 치료 방법을 강구하지 않았다고 후회하거나, 유전적으로 관계없는 아이를 이미 가지고 있는데 임신하는 상상을 하거나, 아이의 유전자나 출생 전 환경이 나빴을 것이라고 가정하거나 어떤 방법으로도 아이를 갖지 못할 것이라고 믿고 있는 자신을 만나게 될 수도 있다.

아이가 자신과 깊이 결속될 수 없을지도 모른다고 두려워하거나, 자기 정체성과 자존감에 문제가 생기거나, 동료를 비롯한 타인에게 무시당하거나 배척되거나 낙인찍힐까 우려하기도 한다. 가족 계보에 완벽하게 포함되지 못할 것을 지레 걱정하거나, 아이의 유전적 정보가 없거나, 아이가 정서적 문제나 의학적 문제를 가졌으면 어떻게 하나 걱정할 수도 있다.

그러나 이런 걱정은 한결같이 잘못 이해한 사실에 입각한 틀린 가정이나 믿음에 근거하고 있다. 마음챙김은 내적 경험과 외적 상황이 서로 충돌하지 않도록 어디에도 치우치지 않는 중용의 마음으로 주의를 집중하라고 가르친다. 다양한 정보를 기꺼이 알아보겠다는 입장을 가지게 되면 마음속 두려움이 더 이상 합리적이지 않다는 것을 알게 된다. 위험 요인을 확인하기 위해 도움을 청하고, 가장 좋은 방법을 선택하여 꿈을 이루게 된다.

임신을 해야 한다에서 부모가 되고 싶다로 일단 생각을 전환하면 제3자 부모가 되는 길을 찾아볼 준비가 된 것이다.

입양, 생식자 공여, 대리모 사이의 차이점, 문제점과 좋은 점을 반드시 알아야 자신에게 가장 적합한 가족 구성 방안을 선택할 수 있다. 이 장에서는 각각에 대해 설명하고, 제3자 공여에 의한 부모 되기에 관련된 용어의 정의를 부록 '난임 101'에 두었다.

입양의 세계

입양에는 국내 · 국제 입양과 위탁가정에서 입양하는 세 가지 유형이 있다. 여기서는 각각의 장단점을 알아본다. 여기에 나온 미국의 이야기는 우리나라의 사정과 차이가 있을 수 있으나 참고할 수 있는 자료로 생각되어 전한다.

국내 입양

최근 20~30년에 걸쳐서 국내 입양의 세계가 크게 변하였다. 미국에서도 과거에는 국내 입양이 비밀스럽게 닫혀 있었고 비밀, 거부, 수치심으로 부담스러워하였다. 양부모나 아이 그리고 사회에서도 대부분 생모를 드러내지 않았다. 자신의 아이를 포기했다는 이유로 사회적 지원을 거의 받지 못하고 상처 입은 채로 남겨졌다. 또한 양부모는 생모가 예고 없이 나타날까 봐 걱정하였다. 비밀스러움은 수치심을 내포하게 되고, 우연히 자신이 입양아라는 것을 알게 되면 배신감과 정체성 문제로 고통을 받아 왔다.

그러나 오늘날 미국 사회에서는 국내 입양이 공개적으로 열려 있고, 이것을 포괄적이고 긍정적으로 생각하게 되었다. 곧 부모가 될 사람과 생모가 임신 기간 중에 종종 관계를 발전시켜 나가서 출산 후에도 짧은 기간 동안 관계를 지속할 수 있다. 생모를 위협이라기보다는 가족 계보에서 하나의 공인된 가지로 여기게 되었다.

이러한 열린 관계는 아이로 하여금 버려졌다는 느낌보다는 사랑받는다는 느낌을 갖게 할 수 있다. 처음에는 생모가 가까이 관여하는 듯하지만 자신의 삶이 지속되다 보면 시간이 지나면서 자연스럽게 연락이 줄어들게 된다.

국제 입양

미국 이외의 나라에서 아이를 입양하는 것을 고려한다면, 국제입양기구를 통해 전 세계 여러 나라에서 입양을 전문적으로 알아볼 수 있다. 이들 기구에서는 입양아가 자신의 뿌리와 연결되어 있다는 느낌을 가질 수 있게 하고, 양부모 사이에 동지애를 고취시키며 같은 나라에서 온 아이들이 서로 연락하고 지내도록 하는 사회적 모임 기회를 제공하기도 한다. 아이가 생모의 신원을 전혀 알지 못하는 경우도 있으나, 국제 입양은 공공연한 것이며 이는 누구나 입양 사실을 알고 받아들인다는 것이다.

위탁가정 아이 입양

위탁가정이나 고아원에 있는 아이들이 입양을 기다리고 있다. 연령에 상관하지 않거나 신체적·정신적·정서적 문제가 있는 아이를 입양하는 것도 괜찮다면 위탁입양은 필요한 아이에게 가정이라는 선물을 주는 것이다.

입양 기관

난임과 입양에 관한 교육적 비영리단체인 전국입양협의회, 가족 만들기, 국가불임협회 리졸브(RESOLVE)가 몇 안 되는 미국 내의 단체로서 입양에 관심이 있는 사람들을 위하여 정보 제공과 지원을 하고 있다. 믿을 만한 유명 기관과 입양 전문 변호사 가운데 자신에게 적합한 적임자를 찾는 것이 중요하다. 입양 상담자가 개인적으로 진행 과정에 대한 이해와 입양 경로 선택을 위해 도움을 줄 수 있다. 기관이 제공하는 서비스에는 상담, 지지 그룹 가입, 토론회와 믿을 만한 대리 기관에 의뢰하기 등이 있다.

일단 입양 과정이 시작되면 기관이나 변호사 외에 개인적으로 과정을 안내하고 잠재적 위험 요인을 확인하는 입양 조력자를 고용하기도 한다. 이 조력자는 면허 기관에 의해 감독이 이루어지는 직업이 아니기 때문에 이제까지 몇 년 동안 종사하였고 몇 건을 성사시켰는지, 법적인 문제나 민원은 없었는지에 관한 기록을 살펴야 한다. 개인적 추천을 받는 것도 보탬이 된다.

■ **국내 입양** 기관을 통하거나 개인 변호사를 통해서 독자적으로 진행한다.

문제점

- 서류 또는 구두로 공개적으로 진행되고, 생모가 양부모를 선택하기까지 기다려야 한다.
- 생모를 만나거나 그녀, 또는 가족들과의 관계가 부담이 되기도 한다.
- 잠재되어 있는 유전적 걱정거리. 술이나 약물에 태아가 노출되었거나 기타 위험 요인을 알리는 신호가 있을 수 있다.

좋은 점

- 신생아 입양이 가능하다.
- 생모를 알면 의학적 병력이나 출생 전 기록 등을 알 수 있다.
- 문화적 · 인종적으로 맞는 아이를 기를 수 있다

■ **국제 입양** 세계 여러 지역, 여러 나라에서 입양한다.

문제점

- 상당량의 서류 작업을 완결해야 하고, 적합한 사람을 만나기 위해 순서가 오기를 기다려야 하며, 예고 없이 미국으로의 입양을 폐쇄시키는 나라가 생기기도 한다.
- 생모를 거의 만나지 못하기 때문에 유전적 요인이나 태아 환경에 관하여 불충분하게 기록된 정보에 의존할 수밖에 없다.
- 애착 문제나 신체적 이상, 태아 시기에 알코올이나 약물에 노출되었는지와 같은 잠재적 문제를 알게 모르게 가지고 있는 다양한 연령대의 아이일 수 있다.

좋은 점

- 다문화적 차이를 기쁘게 맞이한다.
- 입양이 아니면 가정을 갖기 힘들었을 아이에게 가정을 제공하는 인도적 일이다.
- 아이가 생모를 모르더라도 태어난 나라와 연결된 느낌을 가지게 할 수 있다.

■ **위탁입양** 특별한 필요성이나 상황(위탁가정 기록이나 고아원 기록)에 따른다.

문제점

- 연령이 어느 정도 되는 아이이거나 정서적·신체적 문제를 가진 아이일 수도 있다.

좋은 점

- 가정이 없는 아이에게 안정된 가정을 마련해 주는 인도적 일이다.

생식자 공여의 가능성

생식자 공여는 세 가지 유형이 있다. 정자공여, 난자공여와 배아공여이다. 여기서는 각각의 장단점을 요약하고 살펴보는데, 우리나라와는 좀 동떨어진 이야기도 있으나 다른 나라의 실상을 참고할 수 있을 것으로 생각하고 소개한다.

정자공여

가족 형성 방안의 하나로 정자공여가 난자공여나 배아공여보다 먼저 이루어졌다. 이는 시술 과정이 덜 복잡하고, 권할 만한 일은 아니지만 '칠면조 요리에 쓰는 스포이트 방법'이라고 할 정도로 집에서도 주입이 가능하다. 친구나 가족과 같이 아는 사람에게서 정자를 공여받아, 바늘 없는 주사기나 최근에는 질 안에 격막 형태를 가진 컵을 넣어 주입하기도 한다. 그러나 법적인 문제, 개인 간에 말썽을 일으키거나 건강상 문제와 같은 위험을 동반할 수 있어 이 방법은 절대 권하지 않는다.

정자공여는 정자의 운동성을 높이고 성공률을 향상시키기 위해 **정자 세척**을 하여 질 안이나 자궁 안에 주입한다. 간단하고 통증이 거의 없는 외래 시술로 인공수정 또는 자궁강내 정자주입술로도 알려져 있다. 체외수정시술에서도 필요한 경우에는 공여정자를 사용하기도 한다.

미국에는 정자은행이 전국에 걸쳐 있어서 공여자 선택이 가능하다. 감염질환으로부터 보호하기 위한 6개월 검역을 포함하여 정자의 보관, 취급 규제와 선별검사 실시는 건강은 물론 법적인 보호 수단이다. 공여자 정보에는 개인과 가족의 정신건강을 포함한 의학적 병력과 교육, 직업, 취미, 기량, 생활습관 행동과 공여 동기가 들어 있다. 의학적·정신적·법적인 문제가 있는 경우에는 공여자에서 제외할 수 있다. 비용을 추가로 지불하면 공여자의 인터뷰 영상을 비롯한 심도 있는 정보를 제공하는 정자은행도 있다. (참고로 우리나라에는 아직 공공정자은행이 설립되어 있지 않고 한국공공정자은행 연구원이 있는 실정이다.)

익명이 아닌 적합한 공여자를 찾아 주겠다는 정자은행도 일부 있는데, 이는 수혜자 부모가 개인적으로 공여자를 만나서 확실하게 보증을 받게 해 주는 것이다. '신원을 밝히는' 익명의 공여자는 공여 전에나 아이가 태어난 후에 부모를 만나겠다거나, 아이가 18세가 되면 아이를 만나겠다는 공여자이다. 여성 동성애자에게 정자를 제공하는 정자은행도 있다. 경우와 상관없이 일단 공여자가 정해지면 모인 정자는 수혜자가 선택한 병원으로 치료 주기에 맞추어 직접 보내진다.

공여자 등록에 참여하는 공여자들이 점차 늘고 있다. 공여자들이 냉동정자은행에 등록된 연락처를 항상 현행으로 유지하여 아이가 18세가 되면 연락이 가능하도록 하는 데 동의하고 있다. 아이들의 약 50%는 공여자에 대해 궁금해하고 만나 보고 싶어 한다. 따라서 이는 의미 있는 선택이라고 생각한다. 아이가 일단 공여자를 만나면 호기심이 충족되어서인지 대부분 더 이상 연락할 필요를 느끼지 못한다. 아이가 태어나면 부모는 입양-형제 등록 여부를 선택할 수 있어서 동일한 공여자에게서 태어난 아이를 확인할 수 있다.

대부분의 병원은 제3자 공여에 의해 부모가 되려는 당사자가 공여와 관련된 문제나 그에 따른 결과에 대하여 준비가 되었는지 확인하기 위해 난임 전문 상담사와 만나서 의논할 것을 요구한다.

- ■ 의학적 문제: 인공수정이나 체외수정시술 과정과 이에 관련된 잠재적 문제점, 예를 들어 배아에 대한 재량권, 이식 숫자, 선택적 태아감축 문제, 유전적 문제로 인한 유산, 포괄적 염색체 선별검사와 세포질내 정자주입술 등을 이해한다.
- ■ 정서적 문제: 유전적으로 연결된 끈의 상실에 대한 애도, 유전을 넘어서

는 부모의 의미, 2차 난임의 경우에는 형제간에 유전적 관련성이 부분적이라는 사실을 수용하는 문제, 어느 한 부모와만 유전적 공유를 하는 문제와 입양을 드러냈을 때의 장단점에 대해 고심해야 한다.

- **공여자 선정**: 공여 기관이나 공여 프로그램에 대하여 알아야 하고, 어떤 공여자를 선택할 것인가, 익명의 공여자 대비 신분을 아는 사람, 공여자 등록 여부, 성격 등 다양한 요인을 고려하여 선택해야 한다.
- **법적·경제적 문제**: 법적인 동의 여부와 비용에 관하여 알아야 한다.

난자공여

체외수정시술 등장 직후에 난자공여가 하나의 해결 방안이 되면서 난소 예비능이 떨어진 여성이 임신할 수 있는 기회를 제공하였다. 난소예비능 감소는 35세 이상의 여성에게 가장 흔하지만 나이 어린 여성에서도 감소를 보이는 경우가 있다. 혈액검사로 항뮐레리안호르몬(Anti-Mullerian Hormone: AMH)과 난포자극호르몬(Follicle Stimulating Hormone: FSH) 수치는 남아 있는 난자 제공 가능 부피를 반영하는 난소예비능 검사이다. 35세 미만 여성의 AMH는 1.5~4.0나노그램/밀리리터이다. FSH 정상치는 주기 3일째 측정치가 10 이하이고, 수치가 높을수록 폐경에 가깝다.

체외수정시술 성공률은 병원마다 60~80%로 알려져 있고, 공여 여부에 따라 성공 가능성이 달라진다. 신선배아와 동결배아에 따른 성공률은 차이가 없어서 첫 배아 이식이 실패할 경우, 다음 시술을 위해 동결시켰던 배아를 이식할 수 있다. 신선배아 주기보다는 약물 투여 시간도 덜 걸리고 단순 이식 시술로 비용도 적게 든다. 20대 초반의 젊은 여성에게서 얻은 난자라면 양질의 배아를 상당량 얻을 수 있다. 난자가 어릴수록 유전적 결함이나 유산의 위험도 감소한다.

대부분의 저명한 병원에서는 과거와 같은 두배아 이식보다는 단일배아 이식을 권장한다. 두배아 이식은 평균적으로 쌍둥이를 임신할 확률이 20~40%에 달한다. 쌍태아임신은 조산이나 장기적으로 의학적 문제가 발생할 가능성 때문에 당연히 고위험군에 속한다. 현재까지의 연구 결과에서 단일배아 이식과 두배아 이식 사이에 주기당 누적 임신 확률은 차이가 없었다. 단일배아 이식이 임신 확률을 낮출지는 모르지만 최우선 목표인 건강한 아이를 낳을 가능성은 증가시킨다.

난자공여를 주선하는 기관에서는 인종, 민족에 특화되어 있거나 난임 클리닉과 연계된 공여 프로그램을 운영하기도 한다. 이런 경우에는 공여자 층이 적다는 문제가 있으나, 공여자가 병원 가까운 지역에 살고 있다는 점, 프로그램 진행자는 공여자와 수혜자 모두를 만나기 때문에 서로 맞는 상대를 결정하기가 수월하고, 반복적 공여자인 경우 지난 주기에서 얻은 정보로 의사가 프로토콜을 조정할 수 있다는 장점이 있다.

난자은행을 통한 공여난자 취득은 상당히 최근 일이고, 냉동난자와 냉동배아 사이에 성공률은 거의 비슷하다. 난자은행을 통해 공여자를 모집하고 난자를 채취, 동결한다. 대부분 5~8개의 난자를 일괄적으로 얻을 수 있다. 공여자가 과거에 어느 정도 배아를 형성했는지 또는 임신을 했는지에 대한 자료를 가지고 공여자를 선택하는 것이 최선이겠지만 난자에서 배아를 형성하는 것을 보증할 수는 없는 일이다. 과거에 배아를 많이 만든 기록을 가진 반복 제공 공여자와, 난자공여 대행기관을 통해 계약을 했다면 비용을 지불한 주기에 나온 난자는 모두 수혜자에게 주어진다.

대행기관을 통한 공여자 체외수정시술 비용은 미국의 경우, 약 3,600만 원 이상이다. 공여자, 대행사, 법적·의학적 비용(공여자의 의학적·심리적·유전적 선별검사 포함)을 합한 것으로, 난임 적용 보험에 가입되어 있어도 공여자 관련 비용은 보험 적용이 되지 않는다.

처음 난자공여가 소개되었을 때는 반 정도가 익명이었다. 익명이 아닌 공여자와 의뢰한 부모는 공여자 선정 전 그리고 주기 동안 서로 만났다. 오늘날 대부분의 대행기관이나 공여 프로그램은 익명으로만 운영하고 있으며, 공여자와 의뢰부모 모두가 이를 선호한다. 최근의 경향은 '신원을 밝히는' 익명의 공여자로 가고 있다.

난자공여자의 선별은 정자공여자보다 더 엄격한데, 이는 시술 과정에서의 의학적 요구 사항 때문이다. 난자공여자는 재정적인 보상을 넘어 동기가 중요하고, 치료 주기에 확실하게 공여할 수 있는지, 과도한 스트레스가 없는 생활 습관을 가지고 있는지, 의학적 요구 사항과 위험성을 이해하고 난자를 너무 자신과 동일시하거나 자기 것으로 여기는 것은 아닌지 선별해야 한다.

의뢰한 부모의 대부분은 공여자 선정 기준으로 인종이나 민족, 신체적·개인적 특성, 개인과 가족의 의학적 건강 배경, 교육, 지능과 취미, 생활 습관 행동과 더불어 '직관적인 느낌'을 중요하게 생각한다.

미국생식의학회(American Society of Reproductive Medicine: ASRM)에서는 공여자 선별 지침을 정하고, 믿을 만한 유명 병원은 모두가 이를 지키고 있다. 지침에 의하면, 공여자는 난임 전문가에 의해 의학적·유전적·심리적 선별검사를 받아야 한다. 심리적 선별검사는 한 시간짜리 인터뷰와 성격검사질문지(Personality Assessment Inventory: PAI)에 의한 성격분석표 또는 미네소타다면인성검사(Minnesota Multiphasic Personality Inventory: MMPI)를 실시하여 정신병리학적 심사를 한다. 이들 분석에는 공여지원자가 자신을 제대로 기술하였는가를 보는 타당성 척도도 포함된다.

난자공여자가 가족이나 친구인 경우를 식별공여자라고 한다. 여자 형제가 공여자라면 유전적으로 50%를 공유하므로 가족과 유전적으로 연결된다고 볼 수 있다. 난자와 정자의 식별공여자와 식별대리모는 **최상일수도**, **최악**의 선택일 수도 있다. 형제 사이에 경쟁심 같은 해결되지 않은 문제가 없는 사이라면 공여자와 서로 합의하여 편안하게 공개하고 가족의 지지도 받을 수 있다. 반면에 그렇지 않다면 가족 휴가나 모임이 어색해지고 긴장되며 관계 유지가 힘들어질 수도 있다. 식별공여는 공여자에게는 아량을, 수혜 부모에게는 감사하는 마음을 갖게 하여 모두의 삶에 전향적인 개인 간 계약이 될 것이다.

미국생식의학회는 난자공여를 의뢰한 부모에 대해서도 선별 지침을 주었다. 정자공여에서와 같이 심리상담은 난자공여와 관련된 문제와 그 결과를 다룰 준비가 되어 있는가에 초점을 맞춘다. 예를 들어, 공여를 드러낼 것인가, 유전적인 끈을 놓을 수 있는가, 기타 의학적 · 재정적 · 법적 문제를 잘 알고 있는지 여부를 확인한다. 성격에 관한 설문 조사는 필요하지 않다.

난자은행이나 공여자 대행기관에서 얻은 배아는 대부분 이식 전에 냉동하기 때문에 공여자와 의뢰자 간에 주기 조정이 반드시 필요하지는 않다. 만일 신선배아가 필요한 경우라면 조정을 해야 한다.

배아공여

공여자 체외수정은 성공률이 상당히 높아서 성공 후 더 이상 필요 없는 여분의 냉동배아를 보존하게 되는데, 이때 미국의 경우에는 개인 혹은 부부가 매년 800만 원 정도의 보관료를 내야 하고, 1~2년이 지나면 어떻게 할 것인가에 대해 결정을 해야 한다. 처리하거나, 연구를 위해 기증하거나, 필요한 사람에게 공여하게 된다. 대부분 처음 두 가지 방법을 선택하지만 난임으로 고통받는 사람에게 기증하는 부모가 점차 늘고 있다.

일부 난임 센터에서는 배아공여 프로그램이 있어서 배아, 난자, 정자 또는 난자와 정자를 함께 공여받아 체외수정시술을 한다. 공여자와 의뢰부모는 배아공여에 대한 문제와 그에 따른 결과에 대하여 각각 상담을 한다. 성격설문검사는 필요하지 않다. 배아공여는 난자공여에 비하여 비용이나 소소한 의학적 시술이 줄어드는 장점이 있으나, 선택 기준에 모든 것을 맞추기 어려운 단점을 가지고 있다. 독신녀로 부모가 되고 싶은 경우에 난자와 정자 모두가 필요하다면 좋은 선택이 될 수도 있을 것이다. 기독교에 기반을 둔 공여대행사에서는 배아공여가 필요한 사람에게 입양에 준해서 공여를 주선해 주기도 한다.

생식자 공여의 장단점

문제점

- 의뢰부모와 유전적 관련성이 없거나 어느 한쪽만 있게 된다.
- 아이와 다른 사람에게 공개할 것인가에 대해 고심한다.

- 동일한 공여자(특히 정자공여의 경우)에게서 탄생한, 유전적 연관성을 가진 형제가 있을 수 있다.
- 결과가 실패할까 걱정한다.
- 재정적 부담이 있다.

좋은 점
- 임신의 가능성이 있다.
- 계획된 출생이다.
- 공여자로 하여금 임신에 영향을 주는 생활 습관을 조절하게 할 수 있다.
- 공여자에 대한 상당한 정보를 알고 있는 상태에서 선택이 가능하며 건강한 유전적 배경을 가진다.

대리출산의 용기

대리출산은 부부가 어떻게든 아이를 갖기 바라면서 마지막으로 의지하는 일이기도 하다. 그러나 부모가 되는 이 길, 삶과 희망에 대한 지극히 사사로운 거래이기도 한 이 길은 공여자와 수혜자 모두를 바꾸어 놓기도 한다. 대리출산은 하나의 여정이다. 다른 모든 여행같이 한 지점에서 다른 지점으로 가는 것 그 이상이다. 대리출산은 '가슴으로 하는 행로'에 들어가는 것이다. 이를 통해 자신과 세상 그리고 아이에 대한 관점이 달라진다.

선택

대리출산 경험에서 가장 중요한 부분은 자신과 대리모와의 관계이다. 이 관계가 아이에게 남길 유산을 만들기 시작하는 지점이다. 대리출산 과정의 핵심인 사랑과 믿음을 진심으로 나눌 수 있도록 둘 사이 관계에 공을 들여서, 이렇게 셋이서 관용과 자비심으로 태어날 아이를 창조하는 것이다.

대리출산으로 출생이 가능한 토대는 의뢰부모와 대리모와의 인간적 양립성을 근거로 한다. 이 관계에서 아이는 태어나서 자라고 자기 정체성의 일부를 만들게 된다. 잘 맞는 대리모 선택은 정직하게 자신을 평가하는 데서 시작한다. 대리출산은 지극히 사사로운 경험이기 때문에 절대적으로 신뢰가 필요하다. 이 과정을 시작하려면 복잡한 대리출산에 대한 각자의 관점을 공유해야 하고, 살면서 다른 어려움을 어떻게 헤쳐 왔는가를 서로 나누어야 한다.

때론 힘들지만 대리모와의 관계가 실로 자신을 변화시키는 계기가 될 수 있다. 통제하려는 마음을 내려놓고, 내 아이를 갖기 위해 다른 사람을 우리 사이에 들어오게 한다는 것은, 자아를 붙잡고 있던 힘을 내려놓는 일이다. 내 것이라고 여기고 소유하면서 개인적으로 좋아했고, 나의 정체성이라고 추구해 왔던 나의 일부를 내려놓는다는 것이 쉽지는 않다. 그 문이 열리면 많은 일이 생길 수 있고, 어떤 일이 생기는가는 전적으로 자신에게 달려 있다. 대리출산은 인생에서 내 마음대로 통제가 되지 않는 일이 있다는 것을 받아들이라고 요구한다. 다른 여인의 자궁 속으로, 인간에 대한 사랑의 품속으로 나를 데려간다.

'감히 달라지고자 용기를 낸다면' 그리고 이제까지 꿈꿔 왔고 사회 통념상 보편적이라고 여겼던 것과는 다른 방법으로 아이를 가지려 한다면 당신은 위험해 보이는 원형경기장에 들어가는 것이다. 자신이 편안하게 여겼던 영역 너머로 팔을 뻗은 것이다. 이제 확장 외에는 다른 선택의 길이 없다.

대리모와의 관계

대리모와의 관계에서 중요한 것은 얼마나 친한가보다는 서로에게 얼마나 진심인가이다. 시작할 때 만든 합의를 존중해야 한다. 차이를 인정하고 힘든 일이 생기면 함께하기로 다짐했던 것을 지켜야 한다. 관계가 가지는 힘은 두려움을 누그러뜨리고 없앤다. 서명한 계약서가 지불한 것의 몇 배의 가치가 있는 일이다.

대리모와의 관계를 가슴으로 품으면, 이렇게 출생한 아이를 자랑스러워하는 부모가 된다. 친구, 가족 그리고 아이에게 알려질까 봐 두려워하던 마음을 내려놓을 수 있다. 아이는 내가 느끼는 대로 느낀다. 이렇게 용감한 방법으로 이 세상에 데려오려고 열과 성을 다했다면, 아이는 아무 상처도 없이 온전하다고 느낄 것이다. 인간을 사랑하는 모습으로 대리출산을 맞았다면 아이에게도 관대하고 편견 없는 세상을 대물림할 수 있다.

배우자와의 관계

대리출산이 특히 배우자와의 관계에 위협이 될 수도 있지만 힘든 일을 겪으면서 관계가 더 깊어질 수도 있다. 다른 여자가 나의 비밀스러운 영역에 들어와서 아이를 갖는 모습을 보면서 질투, 적의, 죄책감, 분노를 느낀다. 대리모는 아이에 대한 나의 희망을 상징하지만 또한 아이를 가지려는 나 자신의 상실을 의미하기도 한다. 이런 상실감 없이 대리출산을 받아들이는 사람은 아무도 없다.

이 임신이 서로 의논하고 계획된 일이라는 것을 충분히 알지만 그럼에도 불구하고 가끔은 부정적인 생각이 불현듯 마음을 차지한다. 이런 위기의 순간이 내가 성장하는 시간이 될 수 있다. 이때가 바로 인생의 긴 리듬에 자신을 맞춰 가는 법을 배우고 '이제 일어나려 하는' 것들과 맺어지는 지점이다. 이 경험의 의미와 본질인 아이를 이 세상에 데려오는 것에 집중한다. 이것은 믿음의 문제이고 궁극적으로는 사랑의 문제이다. 이를 통해 배우자와의 관계가 더 깊어진다. 왜냐하면 당신은 진정 중요한 것과 만나기 때문이다. 사랑으로 이루어 낸 이 계약을 시작함으로써 혼인 서약 당시의 다짐이 다시 떠오르고 서로의 관계에서 존중하고 지켜야 한다고 여겼던 것들을 더욱 강화하게 된다.

가슴으로 낳은 아이

어떻게 슬퍼하고, 어떻게 두려움을 내려놓고, 어떻게 받아들이고 신뢰하는가에 관한 여정이 대리출산이다. 이를 통해 개인으로서의 자신과 부부로서의 우리가 누구인가를 깊이 깨닫고 관계를 강화하게 된다. 이것은 결국 아이는 사랑의 징표이고, 가슴으로 낳는다는 것을 확실히 알게 해 주는 모험이다.

대리출산의 방법, 유형과 문제점

방법
- 기관을 통해서, 또는 가족이나 친구를 통한 개인적인 방법 그리고 권하지는 않지만 독자적으로 광고를 통해 할 수 있다.

유형
- 배우자의 정자 또는 공여정자를 이용하여 실시한다.
- 의뢰모의 난자로 체외수정을 통해 생성된 배아를 대리모에 이식하여 임신한다.
- 공여난자로 체외수정을 통해 생성된 배아를 대리모에게 이식하여 임신한다.
- 대리모의 난자로 인공수정을 통해 임신하는 과거 시술법으로 권장하지 않는다.

문제점
- 기관을 통하지 않으면 전문가 부재로 의뢰부모들이 좋지 않은 상황을 만날 수 있다. 예를 들면, 법적 계약, 의료 보험, 비용 지불 등이 문제가 된다.
- 기관 선택, 대리모 선택에 관한 결정을 해야 한다.
- 유전적 문제로 인한 유산, 선택적 태아감축술, 양수천자, 이식할 배아 수, 가까운 정도를 고려하여 적합한 사람을 찾아야 한다.
- 대리출산 비용 지불 능력이 있어야 한다.
- 대리모와 의뢰부모 사이에 적절한 관계를 확립해야 한다.
- 개인적 감정 조절과 부부간 문제나 관계 관리가 필요하다.

출생 의례 공개

이제는 공개 입양이 일반적이다. 비공개 입양에서 보듯, 비밀스러움은 수치심을 동반하게 되고 아이가 우연히 입양 사실을 알게 되면 배신감을 느낀다. 생식자 공여의 공개 여부에 대하여 아직 충분한 논의가 이루어진 것은 아니다. 오늘날 세태는 익명의 공여자가 기본이고, 모든 의뢰부모가 공개하지는 않는다. 대부분의 공여자는 공여등록을 하지 않으며, 의뢰부모도 대부분 등록된 공여자에게서 공여받지 않는 것이 현실이다.

입양, 생식자 공여 또는 대리출산으로 아이를 얻은 부모는 고심한다. 어디에서 왔고, 왜 그렇게 오게 되었는가에 대하여 언제, 무엇을, 어떻게 아이에게 이야기할 것인가?

■ 왜? 사실을 밝히는 것에 대해 머뭇거리게 되는 이유 중 하나는 아이가 어떤 면에서건 심리적으로 상처받을까 걱정하기 때문이다. 제3자 공여의 효과와 그 결과에 대하여 요약한 논문을 보면, 그린펠드(Greenfeld, 2015)는 제3자 공여에 의해 태어난 아이들이 심리학적으로 잘 지내며 성장 발달에도 문제가 없다고 하였고, 즈바이펠(Zweifel, 2015)은 의뢰부모도 대부분 문제가 없었고, 다만 아이에게 밝히지 않은 엄마가 공개한 엄마들에 비해 부정적 스트레스가 더 높았다고 보고하였다.

유전적인 사실이나 임신에 관하여 아이에게 이야기하는 것은 더 이상 논란의 대상이 아니다. 왜냐하면 공개적으로 드러냄으로써 얻는 것이 잃는 것보다 훨씬 많기 때문이다. 특히 전문가들은 모든 아이가 자신의 출생에 관한 이야기에 대하여 '알 권리'가 있다고 믿는다. 우발적으로 입양이 밝혀지면 수치스럽고 배신감을 느낀다는 것을 여러 문학 작품에서도 보여 주고 있다. 생식자 공여의 경우, 친구나 가족에 의해서 '비밀'이 밝혀지기도 하지만 혈액형이나 유전적 소견과 같이 의학적 검사 과정에서 드러나기도 한다. 최근 의학의 발전으로 유전인자 관련 병력이 점차 중요해지고, 질병의 예방이나 치료에 결정적인 과학 지식을 아이가 이용할 권리를 인정하지 않는 것은 최선의 치료를 가로막는 일이 될 수도 있다. 이렇게 공개를 지지하는 것이 미국의 경우이고, 나라마다 다양한 문화적 요인도 중요하기 때문에 공개 여부는 숙고하여 결정해야 한다.

■ 어디에서? 왜 아이를 원하는가에 대해 고심하다 보면, 반드시 가족이란 무엇이고 유전 대비 환경, 본성 대비 양육의 상대적 중요성에 대해 곰곰이 생각하게 된다. 이제 자신에게 반드시 물어야 한다. "아이는 어디에서 오는가? 유전자를 물려준 사람? 임신을 유지한 사람? 아니면 나의 가슴에서인가?" 자신의 두려움에 맞서, 나는 아이와 결속될 것이고 아이도 나와 결속될 것이라고 믿어야 한다. 아이의 유전자도, 엄마 배 속에 있을 때의 환경도 나쁘거나 부족하지 않았을 것이라고 믿어야 한다. 가족이나 친구, 내가 속한 사회가 아이를 받아들이고, 내가 아이를 진정으로 사랑한다는 것을 의심하지 않을 거라고 믿어야 한다. 그렇지 않다면 그건 그들의 한계이자 상실이니까! 자신의 가치가 인정받을 것이며 아이는 언제가 되었건, 어떻게든 반드시 내게로 오리라는 것을 믿어야 한다.

■ 어떻게? 유전적 끈을 놓은 사실이나 임신이 불가능함을 애도하고 나서, 제3자 공여에 의해 부모가 되기로 결정했을 때 아이는 나의 편안함을 비추는 거울이 된다. 내가 이 길을 기쁜 마음으로 간다면 아이도 상실감이나 정체성 문제를 거의 겪지 않을 것이다. 숨김없이 털어놓는다는 것은 서서히 발전하는 과정이다. 아이의 이해력 발달단계에 맞추어야 한다. 사진첩도 귀중한 역할을 할 수 있다. 보조생식술로 태어난 아이에 관한 어린이용 책자에도 여러 가지 모습의 가족이 색과 모양, 크기도 다양하게 나와 있어서 많이 권하고 있다.

■ 언제? 제3자 공여로 부모가 되는 것에 대한 지식을 나이에 맞게, 인지 성숙도에 맞추어서 알려 주면 유전적으로 물려받는다는 것이 무엇인가를 이해하고 내재화하는 데 도움이 될 수 있다. 사춘기 동안에 이야기하는 것은 절대 권장하지 않는다. 또 사춘기 이후에 말한다면 "왜 이제야 이걸 말하는 거죠?"라며 배신감으로 분개할 수도 있다.

■ 무엇을? 자신이 믿는 것이나 사실로 알고 있는 것을 말해야 한다. 이는 과정을 통해 알게 된 것과 어떻게 제자리로 돌아왔는지를 반영하는 것이다. 예를 들면 다음과 같다.

"이분이 너를 갖게 도와주신 분이란다."
"우리가 가슴속에 너를 키우는 동안 너는 이분 자궁 속에서 크고 있었단다."
"네 가계도를 그려 보면 참 가지가 많지?"

"사랑은 많을수록 좋은 거란다."

"세상은 참 너그럽고 좋은 곳이란다."

"도움을 청해 보면 어떻게 되는지 알 수 있단다."

가족을 만드는 방법으로 생식자 공여와 대리모의 역할은 점점 늘어 가고 책자나 자료도 부족하지 않은 실정이다. 이제 막 시작한 초보자라면 다이엔 에렌사프트(Diane Ehrensft)의 『엄마, 아빠, 공여자와 대리모(Mommies, Daddies, Donors, and Surrogates: Answering Tough Questions and Building Strong Families)』(2005)와 켄 다니엘스(Ken Daniels)의 『공여자의 도움으로 가족 만들기(Building a Family with the Assistance of Donor Insemination)』(2004)가 도움이 된다. 미국 내의 공여자 임신 네트워크(www.dcnetwork.org)는 공여자 임신에 대하여 어떻게 이야기할 것인가에 대한 정보를 제공하는 유용한 사이트이다. '선구자 부모'는 '선구자 아이'를 만든다. 인간으로서의 가족 구성원이 된다는 의미에 대한 믿음, 관용과 신뢰를 바탕으로 인류를 깊이 사랑하는 마음이 이 아이들이 이어 갈 유산이다.

🌱 연습: 적극적 듣기 훈련

가임 계획 전반에 관해 의논할 때, 이해에 중점을 두고 서로 이야기하기 위해 적극적 듣기를 훈련한다. 제8장에서도 했듯이, 한 명이 질문에 답하고 상대는 대답을 듣고 나서 들은 것을 말한다. 처음 말한 사람이 충분하게 이해 받았다고 느끼면 역할을 바꾼다. 다음은 바람직한 질문의 예이다.

- "우리가 진행하고 있는 임신 계획을 어떻게 이해하고 있나요? 두려운 점은 무엇인가요? 당신의 마음 속 의도는 무엇인가요?"
- "자연 임신이나 체외수정으로 임신이 안 되면 제3자 공여에 의한 임신의 가능성도 열어 놓고 있나요? 무엇이 걱정되나요? 당신의 마음속 의도는 무엇인가요?"
- "지금 시도하는 방법으로 아이를 가지려는 노력을 언제까지 해야 하는지, 언제가 되면 이제까지 하던 방법 대신 다른 길을 가야 하는 건지 어떻게 알 수 있을까요?"

감사의 미소

난임으로 인해 느끼는 감정의 공간을 감사함으로 채우게 되면, 모두 내려놓고 힘든 일을 향해 마음을 여는 데 도움이 된다. 몇 년 전 나의 친구 아들이 스물이라는 나이에 비극적인 사고로 세상을 떠났다. 오랫동안 명상을 해 온 그 부부는 영적인 스승에게 도움을 구했고, 스승은 감사하는 마음으로 깊은 상실감을 견디라고 조언하였다. 아들의 일생을 기념하는 모임에서 그 부부는 사랑은 사라지지 않는다는 것과 사랑과 지원을 아끼지 않는 이런 사람들이 가까이에 있다는 것이 얼마나 고마운지, 또한 살면서 아들과 함께할 수 있었던 것이 얼마나 축복이었는지를 역설하였다. 가슴속이 감사한 마음으로 가득 차면서 그제야 아들을 잃었다는 것을 인정할 수 있었다. 이제는 다른 모든 사람에게도 도움을 청할 수 있게 되었다.

틱낫한은 삶이란 기적이라고 강조하면서 '주어진 고마운 것들을 귀하게' 여기는 것이 얼마나 중요한가를 역설하였다. 푸른 하늘, 들숨과 날숨, 잘 자란 수풀이 그것이다. 인생은 고통과 아름다움으로 가득하다는 것과 잘못되지 않은 것들에 감사하라고 상기시켜 주었다. "마음이 슬픔으로 가득한데 어떻게 미소 지을 수 있단 말인가? 당연히 가능하다. 슬픔을 향해 미소 지어라. 왜냐하면 슬픔이 그대의 전부가 아니기 때문이다."(Ryan, 2007, p. 55) 틱낫한은 인생이 잘 나갈 때 내 앞에 있는 감사해야 할 것을 인정하는 것도 중요하지만, 인생이 힘들 때 감사해야 할 것이 무엇인가를 아는 것은 더 중요하다고 강조하였다. 고통과 감사가 공존하는 마음의 방을 만들면 마음이 진정되고 영혼이 달래진다.

감사와 행복을 연구하는 로버트 에몬스(Robert Emmons)는 『감사(Thanks: How the New Science of Gratitude Can Make You Happier)』(2007)에서 감사란 "누군가의 삶에서 다행이다 싶은 것들을 인정하는 것"이라고 정의하였다. "인생에 '네'라고 답하는 것이며 이 좋은 것들의 원천이 적어도 부분적으로는 자기 외적인 것임을 알고 그것을 준 사람에게 고마움을 표하는 것"이라고 하였다(2007, p. 4). 에몬스는 감사가 인생에 대한 만족, 희망과 행복감을 높이고, 물질적인 것을 추구하는 경향이나 타인의 성공을 시기하는 마음을 감소시킨다고 하였다.

작가 라이언(Ryan, 2009)은 어떻게 감사하는 마음을 통해 기쁨을 주고받는 일로 삶을 가득 채우는지 보여 주었다. 다음은 감사하는 마음이 정서적·신체적으로 어떤 혜택을 가져오는가에 대한 그의 연구에서 인용한 것이다.

자신과 삶을 제대로, 귀중한 기회로 보게 되면 자신을 더 잘 보살피게 되는 것 같다. 삶을 귀중한 기회로 여기면 타인에게 더 친절하고 관대하며, 더 많이 용서하며, 스트레스를 잘 견디고 덜 물질적이고 덜 괴로워하며, 질투하거나 분노하지 않으며 욕심을 덜 부리게 된다. 이 모든 좋은 효과를 합하면, 감사하는 마음 훈련으로 수명이 6.9년 길어진다. 이는 담배를 끊거나 운동하는 효과보다 통계적으로 의미가 더 크다.

라이언은 감사하는 마음과 같은 긍정적인 생각을 한다는 것은 마치 우리의 몸/마음/영혼을 좋은 화학 물질에 담그는 것과 같고, 생각이 나쁘면 나쁜 화학 물질에 담그는 것과 같으며, 그중에서도 감사는 가장 강력한 긍정의 화학 물질이라고 하였다(Ryan, 2009, pp. 15-16).

감사는 인류 공통의 인간다움 속에 자신도 속해 있다는 느낌과 관대한 마음이 들게 한다(Moffitt, 2002). 자비 훈련 가운데 감사하는 마음이 가장 연마하기 쉽고, 특히 난임 문제로 힘들 때 도움이 된다. 감사 훈련을 하면 할수록 어두운 시기에 밝은 희망의 빛을 비춰 주는 것과 같다. 감사하는 마음은 힘과 용기를 주어 가시만 가득했던 숲에 꽃을 피운다.

🌱 연습: 잘못되지 않은 것-감사 목록

잘못되지 않은 것 연습은 감사하는 마음을 기르는 마음챙김 훈련이다. 잘못된 것보다는 잘못되지 않은 것에 주의를 집중하도록 뇌를 훈련시키는 것이다. 뇌가 바람직한 방향으로 나아가도록 조종하는 훈련이 '감사 목록 만들기'이다. 종이 위에 감사할 일을 적고 매일 추가하면서 맨 아래까지 적어 내려간다. 침대 옆에 감사 목록을 두어서 축복받은 일들을 일일이 기억하면서 잠들고, 기억하면서 눈을 뜬다!

🌱 일상 훈련: 감사하는 마음 갖기

일상에서 감사한 마음이 자신의 기분이나 행동에 미치는 영향을 알아차린다. 감사한 마음이 어떻게 영향을 주었는지 기록한다. 예를 들어, 길을 걸으면서 푸르른 나무, 얼굴에 비치는 햇살에 감사하면 어떤 기분인지, 행동은 어떻게 영향을 받았는지 훈련 기록지에 일상적 감사 훈련을 기록한다.

염원 명상

염원 명상은 내 안에 있는 타고난 치유 잠재력에 다가가는 명상이다. 전통적 수련에서는 행복해지고 싶은 의도와 자신이 두려워하는 대상에 자진해서 가까이 가려는 의지를 나타낸다. 자신이 하는 모든 일은 의도에서 시작되기 때문에 염원 어구를 담아 명상을 하면 지금 이 순간 존재하는 이곳에서, 자신이 되고자 의도하는 곳으로 건너갈 수 있다.

염원 수련은 공식·비공식 훈련 모두에서 사용할 수 있고, 어떤 상황이나 난관에도 각기 다른 방법으로 적용할 수 있다. 호흡을 이용하여 감사함을 연마할 수 있다. 보통은 자신에게 주어진 삶이나 호흡을 당연한 것으로 여기는 경향이 있다. 이런 성향은 다른 사람과 상관없다는 느낌이나 외로움의 근원이 된다. 호흡의 감사함을 알게 되면 생명의 원천과 이어져 있음을 강하게 느끼고 모든 생명체와의 연결이 강화된다. 보편적인 인간다움에 따른 유대감을 느낀다.

🌱 명상 수련: 염원 명상

고요한 장소를 찾아서 명상을 시작한다. 호흡에 가볍게 주의를 보내고 몸에서 호흡을 가장 현저하게 느끼는 곳을 알아차린다. 호흡의 주기에 따라 순환하는 흐름을 느낀다. 입가에 반 미소를 띤다. 살짝 입가를 올리는 작은 움직임이 심장을 들어 올리는 듯이 영혼을 밝게 비춘다. 마음속이 평온해지는 것을 느낀다. 감사의 염원을 담을 수 있도록 마음을 연다. 숨을 들이쉬고 내쉴 때마다 감사의 염원을 더 깊이 내면화한다. 들이쉬고 내쉬는 호흡과 조화를 이루면서 문구를 말할 수도 있고, 단지 호흡을 마음챙김 하면서 문구를 말할 수도 있다. 다음 문구를 말하거나 자신만의 문구에 감사의 염원을 담아도 좋다.

"들이쉬고 내쉬는 호흡에 감사하기를."
"매 순간 감사하기를."
"내가 연마하는 심성에 감사하기를."
"나를 둘러싸고 있는 사랑에 감사하기를."
"자연과 인생의 아름다움에 감사하기를."

훈련 기록지에 기록하고 새롭게 알게 된 것도 기록한다.

🌿 마음챙김 질의응답: 원하는 것이 임신인가, 부모가 되는 것인가

편안한 자세로 눈을 감고 자연스럽게 호흡을 알아차림 한다. 가볍게 호흡에 주의를 가져가 호흡이 자연스레 느리고 깊어지게 놔둔다. 호흡의 파도를 타면서 순환하는 흐름을 느끼고, 몸에서 느껴지는 호흡의 감각을 따라가면서 알아차림 한다.

심장까지 숨을 들이쉬고 심장에서 숨이 나간다고 여기면서 심장과 연결되어 있다고 느낀다. 숨을 들이쉬면서 심장이 열리듯이 확장되고, 숨을 내쉬면서 심장이 고요해지고 편안하게 이완된다고 느낀다. 이제 자신에게 이렇게 묻고 답하는 훈련을 시작한다. "내가 진정 열망하는 것이 임신인가, 아니면 부모가 되는 것인가? 내 아이와 결속되기 위해서 유전적인 끈이 실로 필요한가, 아니면 사랑을 통해 결속될 수 있는가?" 가슴을 활짝 열고 어떤 답이 오는지 기다린다.

명상 수련: 염원 명상

무엇을 배웠고/어떤 도움이나 혜택이 있었는가? 어려운 점/방해 요인은 무엇인가?

1일

2일

3일

4일

5일

6일

7일

훈련 기록지 9–2

일상 훈련: 감사하는 마음 갖기
감사하는 마음이 기분과 행동에 어떤 영향을 미치는가?

1일

2일

3일

4일

5일

6일

7일

제 10 장　너를 만나러 가고 있단다

나 자신으로 거듭나기

나 자신으로 거듭나기

길이 막히면 다른 길을 찾아라. 길을 바꾸면 그 길을 가게 된다.

－역경(I Ching)

　난임에 대해 잘 모르지만 기꺼이 모험을 해 보겠다고 마음먹으려면 진정한 용기가 필요하다. 소설가이자 수필가인 아나이스 닌(Anais Nin)이 말했듯이, "인생은 용기에 비례하여 쪼그라들거나 확장된다." 그러나 자비심의 품에 안겨 마음챙김이 만든 길을 걸어간다면 어찌 인생이 풍요롭게 확장되지 않을 수 있겠는가? 어찌 자신이 찾던 것을 발견하지 않을 수 있겠는가?

　지금까지 배우고 수련한 것을 난임이란 여행 속에서 함께한다면 자신을 향한 믿음이 생기고 내 안에 있는 진실을 볼 수 있게 된다. 온전하고도 완전한 자신이 이미 그곳에 있음을 알게 된다. 내가 본래 지니고 있던 본성이 수면 위로 드러나고, "진정으로 온전하여라. 그러면 모든 것이 네게로 올 것이다."라는 노자 말씀의 의미를 깨닫게 된다.

공(空)에서 모든 것으로

바라는 것 없이 아낌없이 주는 것, 즉 너그러움은 붓다가 최우선으로 여기는 가르침이자 최고의 덕목이다. 괴로움의 근원은, 원하는 것이 있으면 마치 인생이 걸린 듯이 집착하고 원치 않는 일은 어떻게든 벗어나고자 애쓰는 것 때문이니, 관대함은 이로부터 우리를 자유롭게 하는 가장 근본적인 행동이다. 가정, 기대, 요구, 갈망하는 생각을 내려놓는 순간, 여유와 행복한 편안함이 생긴다. 갈망이라는 손잡이를 놓으려면 너그러워지는 법을 연습하기 시작해야 한다.

결핍에서 풍요로, 나 혹은 내 것이 아니라 모두가 서로 인연으로 연결되어 있다는 입장으로 변하려면 너그러움이야말로 반드시 필요한 내 편이다. 자비로운 마음으로 타인과 관계를 형성할 줄 알게 되면, 자기 자신도 조건 없는 사랑으로 대할 수 있게 된다. 관용은 타인으로부터 격리시키는 장벽을 부수어 버린다. 당신의 진정한 모습은 이미 온전하고 완전하다는 것을 알 수 있게 한다.

🌱 일상 훈련: 너그러운 마음 연마하기

하루를 되돌아보면서 친절한 행동, 선물이나 지지하는 태도, 미소의 형태로 자신의 이기심과 무관하게 누군가에게 뭔가를 베풀었을 때 어떤 기분이 드는지 살펴본다. 또 타인이 내게 너그러운 행동을 했을 때 기분이 어땠는지도 살펴본다.

친절함과 호의 그리고 보편적 인간다움을 경험한 순간을 음미한다. 또한 너그러운 마음으로 인해 자기 자신 또는 타인 안에 내재된 근본적인 선량함과 서로 만난 순간을 떠올리고 음미하여 이 기쁨이 온몸에 스며들게 한다. 당신이 어디에 있건 잊지 않고 이런 긍정적인 마음이 갖고 싶어지도록! 훈련 기록지에 경험을 기록한다.

주고받는 통렌 수련

통렌 '주고받기 훈련'은 자신을 비롯하여 타인을 돌보고 서로 연결된 힘을 강화하는 수련이다. 이 수련은 우리가 원하는 것에 매달리고 원치 않는 것을 멀리하고 싶어 하는 마음과 반대로 행하는 역설의 지혜에서 만들어졌다. 이 훈련은 숨을 들이쉬면서 고통을 내 안으로 받아들이고, 내쉬면서 평온함과 건강을 내보냄으로써 고통에서 벗어나 안도하는 마음을 보낸다.

통렌은 감정을 느끼는 능력을 확장시켜 열린 마음을 갖도록 연마하는 수련이다. 통렌은 자신과 타인에게 조건 없는 수용과 자비로운 마음을 보냄으로써 관용의 마음을 닦는다. 또한 통렌 수련을 통해 현실의 세 가지 진리를 연마한다. 첫째, 고통을 피하려 애쓰지 말고 고통과 함께 하는 법을 배운다(일체개고, 一切皆苦). 둘째, 모든 것은 변한다는 것을 인정하고, 영원히 존재할 것이라는 욕심을 줄여야 한다(제행무상, 諸行無常). 셋째, 나는 영원히 변치 않는 실체라는 아집에서 벗어나 내 안의 진정한 특성이자 원래 지닌 본성을 깨달아야 한다(제법무아, 諸法無我).

수련을 통해 개인에서 서로로, 독립적인 것에서 상호 의존적으로, 자기-중심에서 무욕의 나, 무아로 관점을 바꾸는 것이다. 보편적 인간다움을 느끼고 모든 생명체의 건강과 행복을 빈다.

통렌은 다양한 공식 훈련과 비공식 훈련이 있다. 그중 하나는 숨을 쉴 때 내게 가까운 누군가의 고통을 들이마시고 그 고통에서 벗어난 안도감을 내쉬는 호흡과 함께 보내 주는 것이다. 다른 방법으로는 숨을 들이쉬면서 나 자신의 고통과 타인의 고통을 받아들이고 숨을 내쉬면서 나 자신과 타인에게 편안함과 행복을 보내는 것이다. 당신이 행복하다면, 모든 사람이 고통에서 벗어나길 바라면서 그 고통을 들이마시고, 모든 이의 행복을 빌면서 구원하는 마음을 호흡과 함께 내보내는 훈련도 한다. 통렌에 관해서는 페마 초드론(Pema Chodron)의 『삶이 무너져 내릴 때(When Things Fall Apart)』(2000, pp. 93-97)에 잘 나와 있다.

🌱 명상 수련: 통렌

마음을 열고 편안한 자세로 숨을 들이쉬고 내쉰다. 심장까지 숨을 들이쉬고 심장에서 숨이 나간다. 호흡을 하면서 마음이 열리고 확장되어 편안해지는 것을 알아차림 한다. 일단 호흡에 주의를 가져가면서 몸을 근간으로 삼고 심장을 열어, 매번 호흡을 할 때마다 난임으로 인한 마음고생의 무게, 압박감 그리고 어두움을 모두 천천히 들이마신다. 불안한 마음, 믿지 못하는 마음, 두려움과 혼란스러운 마음도 모두 들이마신다. 들이쉬는 호흡이 이런 마음으로 가득할수록 내쉬는 호흡에는 여유로움, 편안함, 상쾌함 그리고 자신감,

온전한 느낌, 평온함이 담긴다. 숨을 들이쉬면서 난임의 무게, 압박감, 어두움이 더 깊어지게 놔둔다. 숨을 내쉬면서 밝은 마음으로 온화하고 부드럽게 안도하고 편안히 이완한다.

숨을 들이쉬면서 나의 고통과 함께 난임으로 고생하는 다른 사람들의 고통까지 확장하여 들숨과 함께 받아들인다. 시작은 아끼는 사람을 대상으로 시작하고 점차 잘 알지 못하는 사람도 포함한다. 난임으로 고생하는 이 도시에 사는 사람, 이 나라에 사는 사람 그리고 궁극적으로 전 세계 사람들까지 확장한다. 숨을 내쉬면서 안도감, 짐을 벗은 가벼운 마음과 자비심을 타인에게 보낸다.

자비로운 존재로 만난다면 자신과도 그리고 타인과도 깊이 연결되는 느낌을 가지며 서로 행복하길 비는 마음을 느낀다. 매번 호흡을 하면서 평안하길 바라는 마음속 의도가 점점 강해지고 깊어지는 것을 느낀다. 수련 내용을 훈련 기록지에 기록한다.

마음속 심오한 의도로 돌아와

등을 바닥에 대고 눕거나 척추를 바로 하고 앉아서 천천히 눈을 감고 깊고 길게 세 번 호흡한다. 코로 숨을 들이쉬고 입으로 내쉬면서 긴장감이나 압박감을 내보낸다. 이제 본래의 자기 호흡으로 돌아와 코로 숨을 들이쉬고 내쉰다. 가볍게 호흡에 주의를 가져가면 호흡이 스스로 길고 깊어지게 된다. 숨을 들이쉬고 내쉬면서 마치 호흡의 파도를 타듯이 몸에서 호흡을 느낀다.

심장에서 숨이 나가고 심장으로 숨을 들이쉰다고 상상하면서 심장에 닿는다고 여긴다. 숨을 들이쉬면서 심장이 열리고 확장된다고 느끼고, 내쉬면서 심장이 부드럽고 편안하게 이완된다고 느낀다.

마음챙김 여행을 하기로 마음먹었을 때 가졌던 원래 의도를 떠올리면서 묻고 답하는 훈련을 해 본다. "이 책을 읽게 만든 마음속 깊은 동기는 무엇이었는가? 내 목표와 바람이 무엇인지 알게 되었는가? 이 여행을 계속하기 위해서 어떤 심성을 연마하였는가? 앞으로 나아가는 모험을 계속하면서 어떻게 자신의 의도를 잘 가꾸고 강화시킬 것인가?"

가슴을 크게 열고 마음의 존재를 기꺼이 받아들이며, 난임의 길을 통해 얻은 심성이 자신의 삶에서도 펼쳐지길 빌어 본다.

훈련 기록지 10-1

명상 수련: 통렌
무엇을 배웠고/어떤 도움이나 혜택이 있었는가? 어려운 점/방해 요인은 무엇인가?

1일

2일

3일

4일

5일

6일

7일

훈련 기록지 10-2

일상 훈련: 너그러운 마음 연마하기
사심 없이 베풀거나 타인의 관대한 행동으로 인한 수혜자가 되면 어떤 변화가 생기는가?

1일

2일

3일

4일

5일

6일

7일

맺음말

　목적지보다 여정이 중요하고, 모순 속에 지혜가 있다는 것을 마음챙김이 알려 준다. 난임을 장애물로 여기기보다는 함께 풀어 나가는 쉽지 않은 문제로, 위기가 아닌 성장을 위한 숨겨진 기회로 보는 것이다. 지금 모습 그대로 함께하며 수용하고, 자신이 저항하던 것을 향해 마음을 여는 연습을 하고 연마하는 것이다. 반드시 그래야만 고통에서 벗어날 수 있고 "끝까지 길을 가야 출구가 나온다."라는 옛말도 이해하게 된다.

　과거를 후회하고 미래를 걱정하는 강박적 사고에 빠지는 습관적 경향과 "그렇게 되기만 한다면, 왜 나에게만, 이건 불공평해."와 같이 자신이 망상 속에 빠져 있다는 것을 알아차린다. 지금 여기에 뿌리를 두고, 평온한 마음으로 인생의 문 앞에 선다. 아무 제한 없는 명료한 비전과 지키고 유지하려고 애써 가꾼 심성을 품고, 지혜로운 생각과 열린 마음으로 자신의 길을 그려 나간다.

　판단하지 않고 단지 알아차림 하는 렌즈를 통해서 바라보면 성공이나 실패는 존재하지 않는다. 모든 것은 가르침을 주기 위해 이곳에 있다. 난임 치료에서도 매번 시도를 통해 얻은 정보로 내가 가는 길을 조정한다면 실패가 아니다. 어느 한 지점에서 다른 지점으로 가는 지름길이 마음에서 진실로 찾던 길이라면 그 길이 반드시 직선이거나 최상일 필요는 없다.

난임은 해결하는 것이 아니라 **함께**하는 것이다. 난임에도 **불구하고**가 아니라 난임이기 **때문에** 당신의 아이가 당신에게 오는 것이다. 가능성을 열고 있으면 아이를 갖게 된다는 것을 깨달으면서 힘이 생긴다.

예기치 못한 파도가 갑판을 치고 나가듯이 친구나 가족으로 인해 힘든 상황이 오면 '가장 나쁜 적이 가장 위대한 스승'이라는 것을 알게 된다. 막다른 골목을 만나 이제 어디로 가야 하나 헤맬 때 늘 잊지 말고 질문하는 것을 즐겨야 한다. 답이 중요한 것이 아니라 질문이 더 중요하기 때문이다. 폭풍우가 멈추지 않을 것 같아 두렵더라도, 어느 것도 영원한 것은 없다는 것을 알아야 한다. "이 또한 지나가리라."라는 진언에서 편안함을 얻는다.

고통스러운 생각이 뭉게구름처럼 일어나면 마음은 하늘과 같아서 끝이 없다. 그러다 마음이 만든 구름이 형체를 잃고 떠가는 것을 바라본다. 감정을 간직할 수 있는 여유가 생기면 슬픔이 드러나고 슬픔은 자비로운 마음에 자리를 내주며 자비심은 감사한 마음에 길을 양보한다는 것을 알아야 한다.

매번 상실감을 느낄 때마다 아이에게 한 걸음씩 다가간다. 이제까지와는 다른 의미로 가족을 만나고 예전의 나보다 더 강한 나로 태어난다는 것을 알게 되면서 힘이 생긴다. 아이를 갖게 되었을 때 느끼는 감사한 마음은 이 일을 겪지 않았다면 꿈꾸지 못했을 그런 좋은 부모가 되게 할 것이다.

결과에 매달리기보다는 과정 그 자체가 중요하다는 것을 알아야 한다. 자신이 바뀌거나 상황이 바뀌기를 바라면서 무언가에 매달리는지, 아니면 피하는지 알아차림 한다. 저항하는 자신을 알아차린다! 망가졌다고 착각해서 고치려 하지 말아야 한다. 왜냐하면 있는 그대로의 자신을 받아들여야만 비로소 자유로워지고 변할 수 있기 때문이다. 변하려고 애쓰지 않아야 자연스레 변한다는 것을 잊지 말아야 한다. 스스로 변화 요원이 되는 것이다.

아무 조건 없이 자신을 받아들이면 **자신**과 **타인** 사이에 놓인 경계가 사라진다. 자신을 그릇되게 규정짓거나 자신에 대한 의미를 제한하는 전제나 해석을 내려놓으면, 난임이 더 이상 자신을 정의하는 것이 아니라 단지 의학적 문제로 남게 된다. 사실 의학적 문제일 뿐이다. 자신의 진정한 품성과 날 때부터 지닌 본성이 드러나는 광경을 눈앞에서 보게 된다. 여러 가지 결함과 부족함에도 불구하고, 온전하고 완전한 자신을 보게 된다. **자신**은 따로 분리된 존재라는 잘못된 망상을 버리고 내가 세상의 일부이고 세상이 나의 일부라는 것을 깨닫는다.

새 생명을 세상에 데려오는 바로 그 일을 추구하는 가운데 온전하고 완전한 있는 그대로의 자신과 만나게 된다. 자신을 안으로만 축소시키면 임신은 내가 닿을 수 없는 먼 곳에 있지만 내 **안에서 밖으로** 확장해 나간다면 임신은 이미 여기에 존재한다.

난임은 말 그대로 재앙이다.

내 삶의 모든 영역에 남아 있는 자원을 고갈시키고 허우적거리게 만든다.

그러나 그 난임이 바로 근원적으로 나를 채워 주고 더 발전시켜 준다.

밖에서 행복을 찾지 말고 안에서 찾으라고 명한다.

분노, 두려움, 당황스러움으로 움츠러들고, 되풀이되는 위축감은 비로소

믿음, 수용, 평화 그리고 궁극적으로 자유에 이르기까지

자신을 확장시키길 간절히 원하게 만든다.

누구나 행복해지고 싶어 한다.

행복을 잃어버린 것 같은 지금 이 순간이

우리 영혼이 행복이 있는 곳을 찾으려고 가장 애쓰는

바로 그 순간이다.

난임이 필연적으로 탄생 과정이라는 것이 얼마나 모순인가!

출산은 힘들고 놀라운 일이다. 이에 인간은 매달린다.

그 과정을 겪으면서 새로운 영혼이 탄생한다.

마음을 열고 있는 우리 모두의 몸속에서.

역자 후기

　고통스러운 상황에 처한 세상 모든 사람이 그렇겠지만, 난임을 겪는 사람들은 스스로 어떻게 해 볼 수가 없는 아픔을 지닌 채, 또 한편으로는 지속적으로 뭔가를 하라고 요구받는 드물고 기묘한 상황을 견디고 있다. 분명 의료 영역에서 다루어져야 할 일임에도 각자 다른 여러 상황과 맞물리면서 겪지 않아도 될 고통 속에 살고 있는 것이 현실이다. 또한 부부 모두가 고통을 느끼고 서로 위로가 필요한 상황임에도 오히려 서로에게 상처가 되어 마음 아픈 일을 만들고 갈등하는 경우가 많다. 희망과 실망의 반복으로 지쳐서 어떻게든 일단락이 되지 않으면 한 발짝도 움직이지 못한다. 나라에서도 환자들을 위해 상담센터도 운영하며 도와주려고 애쓰지만 스스로 자꾸 움츠러들고 혼자 조용히 해결하려 애쓰는 경우가 많은 것은 안타까운 일이다. 또한 외적인 상황이 바뀌기를 기다리는 것은 어찌 보면 타인이 해결해 주기를 기다리는 것이라서 거의 불가능한 일을 기대하고 바라는 것이다. 이보다는 오히려 힘들지만 자신의 치유력을 찾아내는 것이 해 볼 만한 일이 아닌가? 그 방법의 하나로 마음챙김을 소개하고자 한다.

　난임 환자를 위한 심신건강 프로그램을 시작하면서 우연히 찾은 이 책은 바로 그런 고통을 겪었던 작가의 진솔하고 절절한 이야기를 자상하고 따뜻한 마음으로 들려주면서, 다양한 교육적 내용을 담고 있어 꼭 권하고 싶었다. 생식자 공여나 대리출산은 말하기도, 듣기도 싫은 부분일 수 있다는 것을 이해하면서도 오히려 아이를 갖는 모든 선택지에 마음을 열 뿐 아니라, 임신을 해야 한다는 강박에서 진정 벗어나면서 부모가 된다는 역설을 알았으면 하는 바람이 있다.

명상을 하고 또 연구하는 입장에서도 이 책은 각 명상의 의도와 의미를 알기 쉬운 언어로 자세히 설명하고 있으며, 실제 수련도 세세하게 알려 주고 있어 우리 같은 명상 초보자(^-^)는 꼭 읽어야 할 책이라고 말하고 싶다. 마음챙김에 근거한 스트레스 감소 프로그램을 운영하는 미국 센터에서 실제 어떻게 진행되고 있는지 적절한 배경지식과 함께 자세히 알려 주고 있어서 프로그램을 제대로 정립하고자 애쓰는 이곳의 우리에게 큰 도움이 되는, 꼭 소개하고 싶은 책이다. 명상을 해 본 사람이라면 "아하, 이런 것이었구나." 하고 무릎을 칠 구절이 여기저기 보이고, 편안하게 명상을 만나고 좋아할 수 있게 인도한다. 책을 따라가다 보면 명상 수련으로 어떻게 마음 근육이 튼튼해지는지, 또 어떻게 역경에 대처하는 능력이 생기는지 깨닫게 된다. 난임이라는 상황 대신에 자신의 고통스러운 상황을 대입하면 누구나 이 책을 통해 마음챙김을 배우고 연마할 수 있다. 우리 모두는 똑같기 때문이다.

인간은 누구나 종류와 정도가 다를 뿐 고통을 느끼고 그 고통에서 얼마나 자유로워질 수 있는가를 고민하면서 살고 있다. 자신에게만 생기는 일이 아니라는 것을 어느 날 알게 되면서 느껴지는 안도감이랄까……. 우리 난임 친구들도 같은 마음으로 편안하게 난제를 풀어 나갔으면 한다. 명상을 처음 접한다면 같이 모여 책을 읽거나 프로그램에 참여하면서 명상을 배우고 마음챙김이라는 존재의 방식으로 전환을 가져와 조금이라도 편한 마음으로 난임에 대처할 수 있게 되기를 희망한다. 그야말로 조금이라도…….

환자와 함께 꾸려 나가 보자는 심정으로 심신건강클리닉 운영을 제안했을 때 흔쾌히 동의해 준 미래와 희망 이승재 원장에게 감사한다. 아마 평소 환자를 걱정하면서 고민하던 일이 아니었나 싶다. 또 소수의 참가자를 위해 늘 미소로 프로그램을 준비해 준 정해민 선생에게도 무한 감사를 표하고 싶다. 클리닉 센터 3층 식구들에게도 감사하고 책을 내기로 어렵게 결정해 준 학지사 식구들에게도 감사를 전한다.

마음챙김이라는 내용을 알기 때문이겠지만 아끼는 사진을 책에 넣도록 허락해 준 이진희 작가에게도 고마움을 표한다.

마음챙김은 난임을 비롯하여, 고통을 겪는 우리 모두가 반드시 만나야 하는 삶의 원칙이다. 힘들었지만 마음챙김을 알게 된 것을 뿌듯하게 생각하고 이 책을 선택한 자신을 토닥이면서 고마워하길 바란다.

2019년
심신건강클리닉 진료실에서

추천의 글

  난임이라는 특별한 역경을 견뎌 내고 있는 당신은 이제 지혜와 자비로 가득한 보물을 손안에 갖게 된 것이다. 이 책은 여전히 현재 진행형인 당신의 여정에서, 마치 배가 암초에 부딪혀서 난파했을 때 던져진 구명정과 같이 귀한 것이며, 개인적으로 여러 번의 유산과 난임으로 인한 슬픔과 절망을 경험한 여인만이 가져다줄 수 있는, 가슴 깊은 곳에서 우러나온 귀중한 자원이다. 만일 당신 자신이나 사랑하는 주변 사람이 어쩔 수 없이 이런 짐을 지고 있다면 아이를 가지려고 애쓰는 과정이 얼마나 힘들고 용기가 필요한 일인지 알 것이다.

  자네티 마로타(Janetti Marotta)는 이 과정을 겪으면서, 험난한 바다에서 항해하는 법을 배우듯이 수년간의 노력을 통하여 사랑과 친절한 마음, 자기-자비뿐 아니라 감정 조절, 회복탄력성 높이기와 같은 귀중한 마음챙김 수련법을 알게 되었다. 그녀는 이 보물을 당신에게 모두 내주고자 한다. 힘든 여정을 가야 하는 모든 이에게 사랑과 자비심 가득한 선물로 축복하며, 즐거운 여행이 되길!

-스티브 플라워즈(Steve Flowers)

『수치심을 이겨 내는 마음챙김의 길』의 저자

『마음을 크게 열고』의 공동 저자

난임은 힘든 여정이다. 마로타 박사는 난임으로 인한 스트레스와 불확실성을 헤쳐 나가는 길을 보여 주고 있다. 살면서 겪는 커다란 사건, 예를 들어 암이라는 진단을 받거나 사랑하는 사람을 잃었을 때만큼이나 난임이라는 진단은 충격적이다. 마음챙김은 인생에서 견디기 힘든 모든 일을 다룰 수 있는 힘을 준다. 이 책을 통해서 마음챙김의 힘과 능력을 얻게 될 것이며 난임을 이겨 내는 과정은 물론이고 여기서 배운 방편은 난임을 넘어 인생의 모든 장면에서 도움이 될 것이다. 마음챙김은 강력한 지지 과정 그 이상이다. 우리의 삶을 향상시키는 방법이기도 하다. 마로타 박사는 자비심을 가지고 전문가적인 접근을 하는 것은 물론, 자신이 난임을 직접 경험한 사람으로서 독창적이고 감동적인 견해를 제공한다. 난임 치료를 고려하는 모든 부부에게 꼭 읽어 보라고 권하고 싶다.

－휴 테일러 의학박사(Hugh S. Taylor, MD)
예일 의과대학교 산부인과장

이 책은 아주 지혜롭고 자비로운 마음으로 쓴 책이다. 난임에 대해 모르고 있다가 졸지에 난임을 겪는 사람들을 위한 애정 어린 안내서이다. 특히 어떻게 치유에 이르는가를 반복해서 강조하면서 임신 여부에 상관없이 반드시 치유가 가능하다고 이야기하는 점을 특히 좋아한다. 난임 극복의 여정에 그리고 인생을 살면서 아주 중요한 책이다.

－밥 스탈 박사(Bob Stahl, PhD)
『MBSR 워크북』 『마음을 크게 열고』 『몰아치는 공포를 잠재우며』
『불안증을 위한 마음챙김 워크북』 『매일 MBSR』의 공동 저자 마로타 박사는 모두 내려놓고, 내 앞에 놓인 것에 마음을 열고, 몸과 마음이 하나라는 사실을 잘 이해한다면 따뜻한 마음으로 하는 모든 모험이 성공적일 것이라는 중요한 진실을 이 책을 통해 보여 주고 있다. 난임이라는 난제에 맞서는 가능한 모든 방법을 재미있고 자세하게, 힘이 되는, 건전한 방법으로 알려 준다.

–그레고리 심스 박사(Gregory Sims, PhD)
『초자연적 질환의 치료』의 저자
『나만의 평화』의 공동 저자

마로타 박사는 난임이라는 힘든 여정에서 만나는 모든 일을 견딜 수 있는 힘을 주기 위해서 깊은 자비심과 지혜로, 높은 회복탄력성과 마음챙김 자기–관리 능력을 키울 수 있는 일련의 전인적인 진료 모델을 제시하였다. 마로타 박사 자신이 겪은 난임 과정도 자세히 안내하였다. 난임을 겪으면서 느꼈던 혼란스러움, 쉽게 상처받았던 취약함, 슬픔, 스트레스를 깊고 폭넓게 기록했을 뿐 아니라 포기하고 깊이 절망했다가 치유하고 일대 전환을 맞이한 과정까지 자세히 조심스럽게 기록하였다. 이렇게 생생한 책을 읽는다는 것은 지혜롭고 사랑이 깊은 친구나 스승이 당신과 함께 손잡고 길을 찾아 걸어가는 것과 같다.

–데보라 주커 박사(Deborah Zucker, ND)
『생명력 지도』의 저자

이 책은 난임과 그 치료를 둘러싸고 있는 복합적인 사회적 · 심리적 스트레스 요인을 분별력을 가지고 마음을 다치지 않으면서 효과적으로 헤쳐 나갈 수 있게 도와주는 훌륭하고 전인적인 안내서이다. 페이지마다 지혜가 가득하고, 새 생명을 탄생시키는 여정에 함께하며 좋은 친구 역할을 하는 이 책은 안내서 그 이상이다. 난임에 도움이 되는 여건을 마련하기 위한 해박한 길잡이일 뿐 아니라 난임을 넘어 인생의 가르침을 주고 우리 모두가 깊이 열망하는 즐겁고 깨어 있는, 마음챙김 하는 삶을 살게 이끌어 줄 것이다.

−샤일라 캐서린(Shaila Catherine)

『두려움은 버리고 집중한다』의 저자

이 책은 난임 치료를 시작했거나 치료 중에 있는 모든 사람이 반드시 읽어야 하는 책이다. 체외수정시술을 하기 위해 필요한 정보와 이를 지원하는 예리하고 중요한 내용들을 종합하였다. 또한 마음챙김에 근거한 삶을 통해 가임 가능성을 최적화하고, 가족 구성에 대한 관점의 확대에도 도움을 준다.

−로빈 시어드(Robin Sheared)

블루오바 난임 클리닉

마로타 박사는 난임이라는 스트레스를 겪는 남녀 모두가 힘을 낼 수 있는 실용적 안내서를 썼다. 그녀가 쓴 이야기는 온화하고 긍정적이다. 그녀는 난임의 길에 마음챙김이라는 원칙을 적용하라는 특이한 제안을 한다. 난임을 힘겹게 겪고 있는 모든 이에게 강력하게 이 책을 권한다.

－발레리 베이커 의학박사(Valerie Baker, MD)
스탠퍼드 대학교 의과대학 생식내분비 난임 분과 교수

난임 치료의 미로를 지나는 여정은 때로는 너무 견디기 힘들다. 마로타 박사는 이 책을 통해서 난임에 대처하는 방법과, 필연적으로 스트레스를 초래하는 난임 과정을 잘 견디고 궁극적으로 성공적인 여정이 되도록 도와줄 청사진을 제시하고 있다. 환자와 의료인 모두가 종종 간과하는 전인적이고 온화한 접근법에 중점을 두어 심신 연관성의 의미와 중요성을 강조하였다. 이 책이 제시한 방법은 스트레스를 초래하는 인생의 다른 난제에도 적용할 수 있다. 난임을 극복하려고 애쓰거나, 스트레스를 유발하는 다른 문제와 씨름하고 있다면 여기서 보여 주는 해결 방법을 권하고 싶다.

－조엘 뱃조핀 의학박사(Joel Batzofin, MD)
뉴욕 난임 전문병원
『한 번에 한 걸음씩』의 저자

그룹 프로그램 참가자들의 이야기!

난임과 힘겹게 싸우고 있는 사람들에게 이 프로그램은 말할 수 없이 귀중하다. 자신을 원래의 모습으로 회복시키고, 사고방식을 되찾게 해 주어 가슴이 터질 듯한 이 여정을 지속할 수 있는 힘과 수단을 마련해 주었다. 투자한 돈이 하나도 아깝지 않았다. 어떤 면에서는 내 생명을 구해 준 것이다!

나 자신의 가치를 다시 일깨워 준 프로그램이다. 나 자신이 난임이나 난임 치료 그 이상임을 깨달았고 드디어 그 사실을 받아들일 수 있었다······.

마로타 박사와 함께한 심신건강 프로그램은 난임의 여정 내내 나를 제정신으로 지낼 수 있게 해 주었다. 난임 과정을 좀 더 긍정적으로 달리 바라보게 만들었다. 늘 뭔가를 요구하는 난임 치료, 이것은 내가 계획하거나 원하던 것이 아니었다. 치료에 대한 결정을 할 때도 편안하게 그리고 유전적 관련이 없는 내 아이를 가질 수도 있겠다는 가능성에 대해서도 편안히 생각해 볼 수 있게 하였다. 힘든 여정이었지만 그 과정에서 얻은 것이 있었고, 성숙해지는 기회라는 것도 알게 되었다. 치료를 시작할 때의 나와 지금의 나는 다른 사람이다. 늘 중도에 포기해야 하는 일들이 생기는 체외수정시술을 이렇게 침착하고 편안하게 견뎌 낼 줄은 생각도 못 하였다!

예전에는 내가 스트레스를 잘 견딘다고 생각했었다. 난임을 겪으면서 실상은 그게 아니라는 것을 알게 되었다. 내가 기대하지도, 그 가능성조차도 생각하지 않았던 방법으로 난임의 길을 편안하게 가도록 해 준 이 프로그램은 선물이자 축복이었다······.

참고문헌

Akhter, S., Marcus, M., Kerber, R. A., Kong, M., & Taylor, K. C. (2016). The impact of periconceptional maternal stress on fecundability. *Annals of Epidemiology*, *26*(10), 710-716.e7. https://doi.org/10.1016/j.annepidem.2016.07.015.

Boivin, J., & Gameiro, S. (2015). Evolution of psychology and counseling in infertility. *Fertility and Sterility*, *104*(2), 251-259.

Boivin, J., Scanlan, L., & Walker, S. (1999). Why are infertile patients not using psychosocial counseling? *Human Reproduction*, *14*, 1384-1391.

Brach, T. (2012). *True refuge: Finding peace and freedom in your own awakened heart*. New York: Random House.

Burns, D. (1980). *Feeling good: The new mood therapy*. New York: Harper Collins Publishers.

Burns, D. (1990). *The feeling good handbook*. New York: Penguin Books.

Campagne, D. (2006). Should fertilization treatment start with reducing stress? *Human Reproduction*, *21*, 1651-1658.

Catherine, S. (2008). *Focused and fearless: A meditator's guide to states of deep joy, calm, and clarity*. Somerville, MA: Wisdom Publications.

Chavarro, J., Willett, W., & Skerrett, P. (2008). *The fertility diet: Groundbreaking* research reveals natural ways to boost ovulation and improve your chances of getting pregnant. New York: McGraw Hill Companies.

Chen, T. H., Chang, S. P., Tsai, C. F., & Juang, K. D. (2004). Prevalence of depressive and anxiety disorders in an assisted reproductive technique clinic. *Human Reproduction, 19*(10), 2313-2318.

Chodron, P. (2000). *When things fall apart: Heart advice for difficult times*. Boston, MA: Shambhala.

Cooper-Hilbert, B. (1998). *Infertility and involuntary childlessness: Helping couples cope*. New York: W. W. Norton & Company.

Daniels, K. (2004). *Building a family with the assistance of donor insemination*. Palmerston North, New Zealand: Dunmore Press.

Davidson, R. J., Kabat-Zinn, J., Schumacher, J., Rosenkranz, M., Muller, D., Santorelli, S. F., Urbanowski, F., Harrington, A., Bonus, K., & Sheridan, J. F. (2003). Alterations in brain and immune function produced by mindfulness meditation. *Psychosomatic Medicine, 65*, 564-570.

Deveraux, L., & Hammerman. A. J. (1998). *Infertility & identity*. San Francisco, CA: Jossey-Bass Publishers.

Domar, A. (2004). Impact of psychological factors on dropout rates in insured infertility patients. *Fertility and Sterility, 81*, 271-273.

Domar, A. (2015). Creating a collaborative model of mental health counseling for the future. *Fertility and Sterility, 104*(2), 277-280.

Domar, A. D., Smith, K., Conboy, L., Iannone, M., & Alper, M. (2010). A prospective investigation into the reasons why insured United States patients drop out of In Vitro Fertilization treatment. *Fertility and Sterility, 94*, 1457-1459.

Domar, A. D., Zuttermeister, P. C., & Friedman, R. (1993). The psychological impact of infertility: A comparison to patients with other medical conditions. *Journal of Psychosomatic Obstetrics & Gynecology, 14*, 45-52.

Ehrensaft, D. (2005). *Mommies, daddies, donors, surrogates: Answering tough questions and building strong families.* New York: Guilford Press.

Emmons, R. (2007). *Thanks! How the new science of gratitude can make you happier.* New York: Houghton Mifflin.

Eugster, A., & Vingerhoets, A. L. (1999). Psychological aspects of In Vitro Fertilization: A review. *Social Science & Medicine, 48*(5), 575-589.

Frederiksen, Y., Farver-Vestergaard, I., Skovgard, N. G., Ingerslev, H. J., & Zachariae, R. (2015). Efficacy of psychosocial interventions for psychological and pregnancy outcomes in infertile women and men: A systematic review and meta-analysis. *BMJ Open, 5*, e006592.

Freeman, E. W., Boxer, A. S., Rickels, K., Tureck, R., & Mastrionni, L. (1985). Psychological evaluation and support in a program of In Vitro Fertilization and embryo transfer. *Fertility and Sterility, 43*, 48-53.

Fronsdal, G. (2001). *The issue at hand: Essays on Buddhist mindfulness practice.* Redwood City, CA: Insight Meditation Center.

Gameiro, S., Boivin, J., & Verhaak, C. M. (2012). Why do patients discontinue fertility treatment? A systematic review of reasons and predictors of discontinuation in fertility treatment. *Human Reproduction Update, 18*(6), 652-669.

Germer, C., Siegel, R., & Fulton, P. (2005). *Mindfulness and psychotherapy.* New York: Guilford Press.

Goldin, P. (2010). Effect of mindfulness training on the neural bases of emotion regulation in social anxiety disorder. Paper presented at the Center for Mindfulness Conference, Worchester, MA.

Gray, J. (1992). *Men are from Mars, Women are from Venus: A practical guide for improving communication & getting what you want in your relationships*. New York: Harper Collins.

Greenfeld, D. (2015). Effects and outcomes of third-party reproduction: Parents. *Fertility and Sterility, 104*(3), 520-524.

Hanson, R. (2009). *Buddha's brain: The practical neuroscience of happiness, love, and wisdom*. Oakland, CA: New Harbinger Publications.

Hayes, S. (2005). *Get out of your mind and into your life: The new acceptance and commitment therapy*. Oakland, CA: New Harbinger Publications.

Hullender Rubin, L., Opsahl, M., Wiemer, K., Mist, S., & Caughey, A. (2015). Impact of whole systems traditional Chinese medicine on In Vitro Fertilization outcomes. *Reproductive BioMedicine Online, 30*(6), 602-612.

Kabat-Zinn, J. (1990). *Full catastrophe living: Using the wisdom of your body and mind to face stress, pain, and illness*. New York: Dell.

Kabat-Zinn, J. (2005). *Coming to our senses: Healing ourselves and the world through mindfulness*. New York: Hyperion.

Kabat-Zinn, J. (2013). *Full catastrophe living: Using the wisdom of your body and mind to face stress, pain, and illness* (Revised ed.). New York: Bantam Books.

Kornfield, J. (2008). *The wise heart: A guide to the universal teachings of Buddhist psychology*. New York: Bantam Books.

Kübler-Ross, E. (1969). *On death and dying: What the dying have to teach doctors, nurses, clergy and their own families*. New York: Simon & Schuster.

Kung, C. (2006). *Heart of a Buddha*. Taiwan: Amitabha Publications.

Levine, S. (1979). *A gradual awakening*. New York: Anchor Books.

Lutz, A., Brefczynski-Lewis, J., Johnstone, T., & Davidson, R. J. (2008a). Regulation of the neural circuitry of emotion by compassion meditation: Effects of meditative expertise. *PLOS One, 3*(3), e1897.

Lutz, A., Slagter, H. A., Dunne, J. D., & Davidson, R. J. (2008b). Attention regulation and monitoring in meditation. *Trends in Cognitive Sciences, 12*(4), 163-169.

Marotta, J. (2013). *50 mindful steps to self-esteem: Everyday practices for cultivating self-acceptance and self-compassion.* Oakland, CA: New Harbinger Publications.

Moffitt, P. (2002). Selfless gratitude. *Yoga Journal, 168,* 61-66.

Neff, K. (2011). *Self-compassion: Stop beating yourself up and leave insecurity behind.* New York: Harper Collins.

Nhat Hanh, T. (1976). *The miracle of mindfulness: An introduction to the practice of meditation.* Boston, MA: Beacon Press.

Nhat Hanh, T. (1992). *Peace is every step. The path of mindfulness in everyday life.* New York: Bantam Books.

Nhat Hanh, T. (2004). *Mindful living.* Boulder, CO: Sounds True.

Paulus, W., Zhang, M., Strehler, E., El-Danasouri, I., & Sterzil, K. (2002). Influence of acupuncture on the pregnancy rate in patients who undergo assisted reproduction therapy. *Fertility and Sterility, 77,* 721-724.

Pei, J., Strehler, E., Noss, U., Markus, A., Piomboni, P., Baccetti, B., & Sterzik, K. (2005). Quantitative evaluation of spermatozoa ultrastructure after acupuncture treatment for idiopathic male infertility. *Fertility and Sterility, 84*(1), 141-147.

Ryan, M. J. (2007). *Giving thanks: The gifts of gratitude.* San Francisco, CA: Conari Press.

Ryan, M. J. (2009). *Attitudes of gratitude.* San Francisco, CA: Red Wheel/Weiser.

Salzberg, S. (2002). *Lovingkindness: The revolutionary art of happiness.* Boston, MA: Shambhala.

Sandberg, S., & Grant, A. (2017). *Option B: Finding adversity, building resilience, and finding joy*. New York: Knopf.

Schlaff, W., & Braverman, A. (2015). Introduction: Role of mental health professionals in the care of infertile patients. *Fertility and Sterility, 104*(2), 249–250.

Siegel, B. (1986). *Love, medicine and miracles: Lessons learned about self-healing from a surgeon's experience with exceptional patients*. New York: Harper & Row, Publishers.

Siegel, D. (2010). *Mindsight: The new science of personal transformation*. New York: Bantam Books.

Smeenk, J., Verhaak, C., Stolwijk, A., Kremer, J., & Braat, D. (2004). Reasons for dropout in an In Vitro Fertilization/Intracytophasmic Sperm Injection Program. *Fertility and Sterility, 77*, 505–510.

Speroff, L., Glass, R. H., & Kase, N. G. (1999). *Clinical gynecologic endocrinology and infertility* (6th ed.). Baltimore, MD: Lippincott Williams and Wilkens.

Stahl, B., & Goldstein, E. (2010). *Mindfulness-based stress reduction workbook*. Oakland, CA: New Harbinger Publications.

Weil, A. (2005). *Dr. Andrew Weil's mindbody tool kit*. Boulder, CO: Sounds True.

Young, S. (2004). *Break through pain: A step-by-step mindfulness program for transforming chronic and acute pain*. Boulder, CO: Sounds True.

Zweifel, J. (2015). Donor conception from the viewpoint of the child: Positives, negative, and promoting the welfare of the child. *Fertility and Sterility, 104*(3), 513–519.

자료

대한산부인과학회

www.ksog.org/

대한생식의학회

www.ksfs.or.kr:4443/

대한가임력보존학회

www.ksfp2013.org/

국가생명윤리정책원

www.nibp.kr:5002/xe/

한국난임가족연합회

www.agaya.org/pcindex.html

한국명상학회

www.k-mbsr.com/

명상 이인실

www.youtube.com/channel/UCV9CLKVQsCLJp8pZxQziqxw

Mindfulness

Barre Center for Buddhist Studies
bcbsdharma.org

Buddhist Information and Education Network
buddhanet.net

Center for Mindfulness—University of Massachusetts Medical School
(Jon Kabat-Zinn; Saki Santorelli)
umassmed.edu/cfm

Center for Mindfulness at UC San Diego Health
health.ucsd.edu/specialties/mindfulness

Pema Chodron
shambhala.org/teachers/pema-chodron
gampoabbey.org

Compassion Cultivation Training
ccare.stanford.edu

Daily Dharma
tricycle.org

Steve Flowers
mindfullivingprograms.com

Christopher Germer

mindfulselfcompassion.org

Thich Nhat Hanh

plumvillage.org

Insight Meditation Centers—World Wide

buddhanet.net/wbd

Insight Meditation Center—Redwood City, CA (Gil Fronsdal; Andrea Fella)

insightmeditationcenter.org

Insight Meditation South Bay—Mountain View, CA (Shaila Catherine)

imsb.org

Insight Meditation Society, Barre, MA (Joseph Goldstein; Sharon Salzberg; and others)

dharma.org

Janetti Marotta

janettimarotta.com

Kristin Neff

self-compassion.org

Skillful Means (practices with spiritual and psychological emphasis)

yourskillfulmeans.com

Spirit Rock (Jack Kornfield; Sylvia Boorstein; and others)
spiritrock.com

Bob Stahl
mindfulnessprograms.com

Infertility

American Pregnancy Association
americanpregnancy.org

American Society for Reproductive Medicine (ASRM)
asrm.org

Adoption Guide
adoptionguide.com

ARC Fertility (Advanced Reproductive Care, Inc.) (network of fertility specialists, support
    services, and financing programs)
arcfertility.com

Blue Ova Health & Acupuncture (Robin Sheared, LAc)
blueova.com

Creating a Family: The National Infertility & Adoption Education Nonprofit
creatingafamily.org

Donor Conception Network (series of books on disclosure downloaded free)

donor-conception-network.org/telltalkpubs.htm

Fertility Resources

ihr.com

Infertility Network

infertilitynetworkuk.com

Mental-Health Screening Tools

mentalhealthamerica.net

National Council for Adoption: Adoption Advocacy and Awareness

adoptioncouncil.org

Organization of Parents Through Surrogacy (OPTS)

opts.com

Palo Alto Medical Foundation (PAMF) Fertility Physicians

pamf.org/fertility

RESOLVE: The National Infertility Organization

resolve.org

SANDS (miscarriage, stillbirth or neonatal death)

sands.org.au

www.sandsforum.org

부록
─────
난임 101

진단과 치료에서 고려할 점

임신하는 데 얼마나 걸리나요?

20~30세 여성은 매월 임신할 확률이 평균 20~25%, 30~35세 여성의 경우 15%이고, 35세가 넘으면 10% 이하이다. 가임력은 전형적으로 35세부터 감소하기 시작해서 40세 이후부터는 빠르게 감소한다. 연령의 증가는 난자의 양과 질에 영향을 미치고 유전적으로 정상인 난자의 비율에도 영향을 미친다.

난임 전문가를 언제 만나야 하나요?

30세 이상의 여성은 전문가를 만나기 전 6개월 동안 임신하기 위해 노력해야 하고, 30세 미만의 여성은 12개월 동안 임신을 시도한 후에 결정한다. 그러나 최근 결과에서는 6개월을 더 기다리는 것에 큰 의미를 두지 않는다. 생식 문제 관련 병력이 있었던 여성은 3~4개월 정도 시도한 후 임신이 안 되면 전문가를 만날 것을 권한다. 연령이나 얼마나 오래 임신하려고 노력했는지에 따라 뭔가 문제가 있는 것 같다는 걱정이 되면 일반 산부인과보다는 직접 난임 전문 클리닉에 가도록 한다.

난임에 관한 검사는 무엇을 하나요?

남성은 병력, 정액 분석, 필요하면 정자검사, 혈액검사와 배양검사를 실시하고 구조적 문제나 폐쇄 여부를 검사한다. 여성은 병력, 난자의 질 분석, 배란검사, 나팔관과 자궁에 대한 검사를 실시하고 자궁경부 점액검사를 한다.

전반적인 비용과 보험 적용은 어떻게 되나요? 체외수정시술도 보험 적용이 되나요?

병원에 따라 비용은 차이가 있겠지만 미국에서 체외수정시술 비용은 대략 2,400만 원 정도이고, 난자 세포질내 정자주입술과 같은 미세조작술이 필요하게 되면 비용이 증가한다. 미국은 주마다, 또한 보험 종류에 따라 보험 적용이 다르다. 일부 클리닉에서는 체외수정시술 보험으로 자금 조달 방안을 포함하여 임신이 안 되는 경우 일부 비용을 돌려주는 위험분담 패키지식으로 보험을 들기도 한다.

우리나라에서는 난임 부부 수술비 지원사업을 실시하고 있다. 보건복지부 콜센터(국번 129)를 통해 자세히 알 수 있다(우리나라 좋은 나라 ^-^).

난임 전문 병원은 어떻게 선택하나요?

학회가 인정한 믿을 수 있는 병원을 선택하고 보조생식술 경험과 이제까지의 실적을 기준으로 선택한다. 가끔 병원 통계를 볼 때 환자를 너무 선택해서 나온 결과는 자료를 왜곡시킬 수 있기 때문에 조심하도록 한다.

호르몬과 검사

호르몬

- 에스트로겐: 기본 여성 호르몬으로 난소, 태반과 부신에서 만든다.
- 테스토스테론: 기본 남성 호르몬으로 정자의 생성과 성숙에 관여한다.
- 난포자극호르몬(FSH): 뇌하수체에서 분비하는 성선자극호르몬으로, 난자를 둘러싸는 난포의 성장을 자극하는 호르몬이다. 체외수정시술을 하는 동안 주사를 맞기도 한다.
- 항뮬레리안호르몬(AMH): 난소의 과립막세포에서 분비되며 난소예비능 검사로 남아 있는 난포 수를 반영한다.
- 황체형성호르몬(LH): 뇌하수체에서 분비하는 호르몬으로 배란과 난자의 성숙에 관여한다.
- 성선자극호르몬분비호르몬(GnRH): 시상하부에서 분비하는 호르몬으로 뇌하수체에서 난포자극호르몬과 황체형성호르몬을 분비하게 만드는 호르몬이다.
- 인간융모성선자극호르몬(HCG): 태반에서 분비되는 호르몬으로 임신 검사에서 측정한다. 배란과 난자의 성숙을 촉진하기 위해서 주사로 사용하

기도 한다.

검사

- **기초체온표(BBT):** 배란 여부를 확인하기 위해서 매일 체온표를 작성한다. 체온 변화는 배란 직후에는 프로게스테론이 증가하고, 월경 직전이나 월경 때에는 에스트로겐과 함께 프로게스테론이 감소하기 때문이다.
- **난포자극호르몬(FSH) 검사:** 월경 3일째에 혈액검사로 난소예비능, 난자생존력을 검사하는 것이다. FSH가 높을수록 예비능이 낮다. 10 이하로 측정되면 임신 성공 확률이 높다고 볼 수 있다.
- **자궁난관조영술(HSG):** 난관 개통 여부와 자궁 내부 이상을 확인하는 영상검사이다.
- **복강경 검사:** 특정 질환의 진단과 자궁내막증 같은 질환에서 수복외과적 치료를 위해 사용한다.
- **임신 검사:** 혈액과 소변검사로 임신을 진단한다. HCG가 높으면 임신을 확진한다. HCG가 낮은 화학적 임신은 검사로는 임신 반응을 보이나 확인을 위해 좀 더 검사를 해야 하는 경우이다.

난임 진단 용어

- **여성 요인:** 난임이 여성에 의한 경우
- **남성 요인:** 난임이 남성에 의한 경우
- **난소과자극증후군(OHSS):** 호르몬 주사로 난소가 과도하게 자극되어 발생

하는 과배란유도의 합병증이다. 난소가 커지고 혈류 증가와 액체 잔류, 체중 증가를 가져온다. 체외수정시술 후에 초음파로 경과를 면밀하게 관찰하여 극히 드물지만 생명을 위협하는 요인이 될 수 있는 상황을 피하도록 해야 한다.

- 자궁내막증: 자궁내막조직이 자궁의 바깥에 존재하는 양성 질환으로 반흔, 통증과 심한 출혈을 가져오며 난소와 나팔관을 손상시킬 수도 있다.
- 자궁근종: 자궁 내 종양으로 착상을 방해하거나 유산의 원인이 되기도 한다.
- 다낭성난소증후군: 가임기 여성에서 가장 흔한 내분비 질환으로 5~10% 정도에서 발병한다. 난소에 작은 낭종과 난포가 있으나 정상적으로 자라지 않아서 배란이 되기 전에 퇴행한다. 증상은 월경불순과 가임력 손상이다. 다낭성난소증후군을 가진 여성은 배란이 안 되기 때문에 임신이 안 되는 가장 흔한 원인이다.
- 자가면역 요인: 가임력에 손상을 입히거나 감소시키는 면역 요인을 말하며, 정자에 대한 항체 형성으로 정자가 서로 교착되거나 정자 표면을 덮거나 정자를 죽이기도 한다. 갑상선 질환에서도 자가면역 요인으로 인해 가임력이 감소할 수 있다.

치료와 시술 과정

- 자궁강내정자주입술(IUI): 인공수정이라고도 한다. 임신 가능성을 높이기 위해서 배우자의 정액을 세척, 제거한 정자를 자궁에 직접 주입하는 것이

다. 클로미드와 다른 난소 자극 주사제를 추가로 사용하기도 한다.

- 보조생식술(ART): 난자와 배아를 다루는 최신 의학적 치료 방법 전반을 말하며 가장 공인된 방법으로는 체외수정시술이 있다.

- 체외수정시술(IVF): 과배란을 유도하기 위해서 호르몬 주사제를 사용한다. 초음파 검사로 호르몬에 대한 난소의 반응을 관찰하고 성숙된 난포를 체취한다. 난자와 정자를 연구소 실험실에서 수정시켜 제3일 배아 또는 제5일 포배를 자궁에 이식한다. 약물 치료를 지속하면서 이식 10일째에 임신 여부를 확인하기 위한 혈액검사를 한다.

- 신선배아 주기와 냉동배아 주기: 배아나 포배 채취 후 며칠 이내에 이식하는 신선 주기와 이를 동결 보존하였다가 다음 주기에 녹여 이식하는 냉동 주기가 있다.

- 난자 세포질내 정자주입술(ICSI): 체외수정시술에서 하나의 정자를 난자에 직접 주입하여 수정시키는 것으로 정자의 운동성이나 형태에 문제가 있는 경우에 사용한다. 착상 전 유전진단을 위해서 실시하기도 한다.

- 포괄적 염색체 선별검사(CCS) 또는 착상 전 유전진단(PGD): 유산 가능성을 줄이고 유전적 질환의 이환 방지를 위해서 실시하는데, 체외수정시술 단계에서 채취 5일째에 생검을 실시하여 유전적 이상 유무를 검사한다. 단일유전자질환에서 착상전 유전진단이 연구되고 사용되어 왔다.

- 선택적 태아감축술: 고난도의 다태아 특히 쌍태아 임신을 감소시키기 위해 살아 있는 태아의 수를 줄이는 시술로 임신 3개월 이전에 실시한다.

- 단일배아 이식(SET), 두배아 이식(DET): 단일배아 이식을 더 권장한다. 쌍둥이는 유산의 위험, 조산아, 출생 관련 위험 증가를 초래할 수 있기 때문이다.

약물

- **클로미드(클로미펜):** 하나 이상의 난자의 배란 유도를 위한 경구용 합성 호르몬이다. 인공수정에서 임신 가능성을 높이기 위해 또는 다낭성난소증후군의 주기 조절에 사용한다.
- **헤파린:** 체외수정시술에서 난자가 들어 있는 액체 안의 혈액응고를 방지하기 위해 사용한다.
- **메트포르민:** 경구용 당뇨 약제로 다낭성난소증후군에서 인슐린 민감성을 향상시키기 위해서 사용한다.

제3자 공여에 의한 부모 되기

유전자의 제공이나 임신이 제3자에 의해 이루어지거나 공여에 의해서 부모가 되는 방법이다.

- **입양:** 기관이나 변호사를 통해 이루어지며 국내, 국제, 위탁가정 입양이 있다. 국내 입양은 공개적이고 생모와 만나 일정한 관계를 형성한다. 국제 입양은 생모와 만나지 않는 폐쇄적인 경우가 대부분이다.
- **정자공여:** 정자은행이나 친구, 가족에게서 공여받아 인공수정이나 체외수정을 통해 임신한다.
- **난자공여:** 기관, 난자은행이나 클리닉 프로그램에 의해서 이루어지며 난소예비능 감소 시에 권한다. 성공률은 다태 이식의 경우 60~80% 정도

로 알려져 있다.

- 배아공여: 체외수정시술이나 공여자에 의한 체외수정시술에서 나온 여분의 냉동배아를 공여 프로그램을 통해서 수혜 부모에게 이식한다.
- 대리출산: 대리출산은 배아를 임신 · 출산을 할 여성에게 이식하여 출산하는 방법이다. 공여임신대리출산은 공여자 체외수정시술 과정에서 얻은 배아를 이식한 경우이다. 과거와 같은 자궁강내 정자주입술을 이용한 대리출산은 더 이상 권장하지 않는다.

저자 소개

Janetti Marotta

자네티 마로타 박사(Janetti Marotta PhD)는 본인의 난임 치유 여정은 물론, 이제까지 난임 환자 상담을 통해 얻은 경험을 나누면서, 난임과 함께하는 방편의 하나로 마음챙김을 통한 가르침과 수련을 소개한다. 그녀는 5년에 걸쳐 반복된 유산과 체외수정시술, 공여자 체외수정시술과 입양 실패를 겪고 나서 대리모를 통해 딸아이의 엄마가 되었다. 임상심리사이면서 책을 출판한 작가이자 인기 있는 강연자, 워크숍 진행자이며 1990년 이후 지속적으로 난임에 관한 전문가로 활동 중이다.

마로타 박사는 예일 대학교와 네바다 대학교를 졸업하였고 스탠퍼드 대학교 정신건강의학과에서 심리상담을 하였다. 국가적 난임 조직인 리졸브의 지역 이사회에서 일하였으며, 팔로 알토 지역 난임 의사들과 함께 난임 환자를 위한 마음챙김 프로그램을 설립하였다. 오랫동안 마음챙김과 명상 수련을 해 왔고, 『자긍심을 높이는 50가지 마음챙김 단계(50 Mindful Steps to Self-Esteem: Everyday Practices for Cultivating Self-Acceptance and Self-Compassion)』의 저자이기도 하다. 더 자세한 내용은 www.janettimarotta.com을 참조하기 바란다.

역자 소개

이인실(Insil Lee)

서울대학교 의과대학을 졸업하고 동 대학원에서 박사학위를 받았다. 미국 슬로 안케터링 암센터에서 임상전임의 수련을 받았고 미국 애리조나 대학교에서 보완통합의학 과정을 수료하였다. 심신의학과 명상에 관심이 많은 소아과 전문의이자 명상지도자이다.

명상 안내를 듣고 싶다면 www.youtube.com/c/LeeInsil을 참조하기 바란다.

사진작가 소개

이진희(Jinhee Lee)

마음챙김 수련에 정진하고 있는 사진작가이다.

너를 만나러 가고 있단다
-난임 스트레스 극복을 위한 마음챙김-
A Fertile Path
: Guiding the Journey with Mindfulness and Compassion

2019년 11월 5일 1판 1쇄 인쇄
2019년 11월 10일 1판 1쇄 발행

지은이 • Janetti Marotta
옮긴이 • 이인실
펴낸이 • 김진환
펴낸곳 • ㈜ 학지사

　　　　04031 서울특별시 마포구 양화로 15길 20 마인드월드빌딩
대표전화 • 02-330-5114　팩스 • 02-324-2345
등록번호 • 제313-2006-000265호

홈페이지 • http://www.hakjisa.co.kr
페이스북 • https://www.facebook.com/hakjisa

ISBN 978-89-997-1949-3 03180

정가 20,000원

이 도서의 국립중앙도서관 출판시도서목록(CIP)은 서지정보유통지
원시스템 홈페이지(http://seoji.nl.go.kr)와 국가자료공동목록시스템
(http://www.nl.go.kr/kolisnet)에서 이용하실 수 있습니다.
(CIP 제어번호: CIP2019037263)

출판 · 교육 · 미디어기업 학지사

간호보건의학출판 학지사메디컬 www.hakjisamd.co.kr
심리검사연구소 인싸이트 www.inpsyt.co.kr
학술논문서비스 뉴논문 www.newnonmun.com
원격교육연수원 카운피아 www.counpia.com